ADJ-Handbuch
Band 1

Arbeitsgemeinschaft Deutscher Junglehrer (ADJ)
im Verband Bildung und Erziehung (VBE)

Schulwirklichkeit heute

Lehren und Lernen in veränderter Gesellschaft

dp Druckerei und Verlag Reimund Paquet, Überherrn 1994

Die Deutsche Bibliothek - CIP-Einheitsaufnahme

Schulwirklichkeit heute : Lehren und Lernen in veränderter Gesellschaft / Arbeitsgemeinschaft Deutscher Junglehrer (ADJ) im Verband Bildung und Erziehung (VBE). - Überherrn : Paquet, 1994
(ADJ-Handbuch ; Bd. 1)
ISBN 3-9802785-2-2
NE: Arbeitsgemeinschaft Deutscher Junglehrer: ADJ-Handbuch

WG: 22 DBN 94.209014.4 94.09.01
2026 rt

Redaktion: Konrad Fees
Satz und Layout: Peter Paquet

Vorwort

Für die Fortentwicklung von Schule und Ausbildung junger Menschen eröffnen sich - so scheint es - gerade in diesem Jahrzehnt neue Dimensionen. Dabei liegt Lehrerinnen und Lehrern als den "Anwälten" der Kinder und Jugendlichen eine herausragende Bedeutung von Bildung und Erziehung im gesellschaftlichen und politischen Leben besonders am Herzen. Die um sich greifende Gefährdung dieser Werte, nicht zuletzt durch verstärkt propagierte finanzpolitische "Zwänge", bereitet vor allem uns Junglehrern/-innen zunehmend Sorge.

Die Arbeitsgemeinschaft Deutscher Junglehrer (ADJ) vertritt innerhalb des Verbandes Bildung und Erziehung (VBE) die Belange der Junglehrer/-innen, Lehramtsanwärter sowie Studenten/-innen. Sowohl die konstruktive Einmischung in die Schulpolitik als auch Fortbildungsangebote wie Schulungen, Seminare und die Herausgabe von Broschüren und Zeitschriften innerhalb der einzelnen Landesverbände und auf Bundesebene sind wesentliche Aspekte der Arbeit. Die ADJ will als "Sprachrohr junger Fachleute für Unterricht und Erziehung" auch ermutigende Zeichen setzen, gerade da, wo Einzelkämpfer im heutigen Schulalltag keine Chance haben.

Das vorliegende ADJ-Handbuch schließt an die Tradition des ABJ-Handbuches in Bayern an. Es ist die erste Buchpublikum der ADJ auf Bundesebene und vereint Autorinnen und Autoren aus den Bereichen Grund-, Haupt-, Real- und Sonderschule sowie Hochschule aus den alten und neuen Bundesländern. Damit wird der Forderung der ADJ nach einer bundeseinheitlichen Lehrerausbildung Vorschub geleistet.

Dank gebührt allen Autorinnen und Autoren für die geleistete Arbeit, insbesondere Herrn Dr. Konrad Fees für die Redaktion und Herrn Peter Paquet für die Erstellung des Layouts und des Drucksatzes.

November 1993

Uschi Essigkrug
Bundesvorsitzende der ADJ

Thomas Bader
Stellvertretender Bundesvorsitzender der ADJ

Vorbemerkungen

Unterrichtsorganisation in der Tradition preußischer Verwaltung, Beamtenstatus der Lehrer, Schulaufsicht und Dienstweg auf der einen Seite - zerfallende Familien, Gewalt, Medienkonsum, Orientierungslosigkeit, Werteverlust in Gesellschaft und bei den Schülern auf der anderen Seite: in den 90er Jahren wird sich die Schule mehr verändern als in den Jahrzehnten davor. Die Ressourcen werden knapper, der Optimismus der 70er Jahre ist verflogen, Bildungspolitik hat als Thema ausgedient. Die Gesellschaft versucht ständig, der Schule additiv neue Aufgaben zuzuweisen, ohne dabei zu erwähnen, wo sich an anderer Stelle Möglichkeiten für Entlastung bieten.

Das vorliegende Handbuch stellt eine Sammlung von Aufsätzen dar, die sich vor allem an Studenten und Anwärter des Lehramts wie auch an Junglehrer richtet. Es wird kein Anspruch einer umfassenden Situationsanalyse der Gegenwart erhoben, vielmehr befassen sich die Aufsätze exemplarisch mit ausgewählten Themen von Belang. Ein Handbuch ist stets pragmatisch ausgerichtet - übersichtlich sowie in verständlicher Form und Sprache sollen Denkanstöße gegeben werden, die konkretes Handeln ermöglichen und insbesondere zur weiteren Ausgestaltung durch den Leser anregen.

Das Buch ist in zwei Teile gegliedert. Die Aufsätze des ersten Teiles befassen sich mit übergreifenden Fragen zur schulischen Erziehung, Lehrerausbildung und Didaktik; die Aufsätze des zweiten Teiles mit konkreter Unterrichtspraxis.

Die Autorinnen und Autoren sind tätig in Schule, Lehrerausbildung und Hochschule. Neben ihrem Hauptamt nehmen sie sämtlich weitere Aufgaben in Verbänden und Gremien wahr. Ihnen allen gilt mein herzlicher Dank dafür, daß sie sich bei der großen persönlichen Belastung dennoch für das Projekt ADJ-Handbuch zur Verfügung gestellt haben.

November 1993

Konrad Fees
Bundesgeschäftsführer der ADJ

Vorbemerkungen

[illegible]

Inhaltsverzeichnis

Teil II : Unterrichtspraxis

Albin Dannhäuser

Pädagogische Praxis und Theorie verbinden

❑❑❑❑❑❑❑❑❑❑❑❑❑❑❑❑❑❑❑❑❑❑❑❑❑❑❑❑❑❑❑❑❑❑❑

Die Professionalisierung pädagogischer Berufe und die Verbindung von pädagogischer Theorie und Praxis ist seit je ein zentrales Anliegen der Arbeitsgemeinschaft Deutscher Junglehrer im Verband Bildung und Erziehung. Dieser Zielstellung liegt ein spezifisches Bewußtsein des Lehrer- und Erzieherberufes zugrunde: Lehrer und Erzieher legen nicht nur das ökonomische und kulturelle Fundament für die Zukunft des einzelnen wie für die Gesellschaft, sie haben vor allem auch eine Schlüsselfunktion inne im Blick auf die persönliche und soziale Entwicklung junger Menschen. Der Beruf von Lehrern und Erziehern ist unstrittig ein Beruf von herausgehobener Verantwortung.

Die Profession von Pädagogen erlaubt es deshalb nicht, in der Praxis theorieloses Handwerk zu betreiben. Gleichwohl darf pädagogische Theorie nicht abgehoben und beziehungslos zur täglichen Unterrichts- und Erziehungsarbeit sein. So wie die pädagogische Praxis ihre eigene Dignität hat, so ist die wissenschaftliche Grundlegung des unterrichtlichen und erzieherischen Handelns unabdingbar. Diese Einsicht hat sich jedoch in Gesellschaft und Politik noch keineswegs als eine selbstverständliche durchgesetzt. Zwar hat der Verband Bildung und Erziehung und seine Landesverbände die akademische Ausbildung aller Lehrer erstritten. Aber die erziehungswissenschaftlichen Anteile für die verschiedenen Lehrämter weichen erheblich voneinander ab, zum Teil spielen sie lediglich eine untergeordnete Rolle.

Wenn aber jedes Kind in seiner Schulzeit erfährt, wie der Lehrer und Erzieher zum Schicksal seiner Persönlichkeitsentwicklung werden kann und wenn die Politik definitiv um die gesellschaftliche Bedeutung des Lehrer- und Erzieherberufs weiß, dann ist die Unterbewertung der Erziehungswissenschaften in der Ausbildung geradezu tragisch!

Der Verband Bildung und Erziehung vertritt in der Lehrerausbildung klare Prioritäten. Die pädagogische Ausbildung muß einerseits wissenschaftlichen Ansprüchen genügen, andererseits muß sie berufsfeld-bezogen sein in dem Sinne, daß sie auf die Erziehung in der Schule unter veränderten Bedingungen in Familie und Gesellschaft vorbereitet.

Neu zu klären ist vor allem das sog. Theorie-Praxisverhältnis in der Lehrerausbildung. Damit ist nicht gemeint, daß die zweckfreie Grundlagenforschung und wissenschaftliche Lehre zurücktreten müsse hinter sog. Handlungsanleitungen, die ohnehin fragwürdig wären. Es geht vielmehr darum, wissenschaftliches Wissen mit den Handlungsansprüchen der Praxis zu vermitteln. Die Theorie-Praxis-Verbindung bedarf vor allem der personellen Kooperation, der Einrichtung von Universitätsschulen und der engen Verzahnung von Studium, Referendariat und Weiterbildung.

Einen wichtigen Ansatz, Theorie und Praxis von Unterricht und Erziehung zu verbinden, leisten die "Handbücher der ADJ". Auch das vorliegende Werk will Studenten, jungen Lehrern und Erziehern Hilfe und Anregung sein. Den Verfassern, Koordinatoren und Herausgebern danke ich namens des Verbandes Bildung und Erziehung für Ideen und Engagement.

Teil I

Aktuelle Brennpunkte

Hubert Lohrenz

Lehrerausbildung in den 90er Jahren - Bestandsaufnahme, Perspektiven

❑❑❑❑❑❑❑❑❑❑❑❑❑❑❑❑❑❑❑❑❑❑❑❑❑❑❑❑❑❑❑❑❑❑❑❑

1. Weshalb wird das Thema Lehrerausbildung (L. A.) gegenwärtig von "Experten" wieder thematisiert, weshalb werden bisherige Konzepte in Frage gestellt?

Nachfolgende Aspekte lassen sich u. a. anführen:

a. Wandel der Familie, veränderte Kindheit/Jugend
- Demographische Entwicklung (um 1900: 60 % der Familien hatten vier Kinder und mehr, 1993: 60 % der Familien haben ein Kind oder keines)
- Hohe Scheidungsraten (über 30 % der Ehen werden heute geschieden)
- Zunahme der Alleinerziehenden (ca. 10 % der Kinder wachsen bei Alleinerziehenden auf)
- Berufstätigkeit der Mütter (über 40 % der Mütter sind erwerbstätig)
- Kindheit als Medienkindheit
- Ausgeprägte Konsumorientiertheit
- Aufwachsen in einer multikulturellen Gesellschaft
- Zunahme von Gewalt, Lernstörungen, Verhaltensauffälligkeiten, Ich-Bezogenheit...[1)]

b. Integration der Pädagogischen Hochschulen (PH) in die Universitäten
Durch die Integration der PH - bis auf Baden-Württemberg und Thüringen - in die Universitäten ergeben sich für die L. A. ganz neue Bedingungen.

c. Steigende Studentenzahlen
Seit 1988/89 gibt es in den alten Bundesländern erhebliche Zuwachsraten in den Lehramtsstudiengängen. Diese immense quantitative Ausdehnung traf auf einen in den 80er Jahren reduzierten und heute stark überalterten Lehrkörper.

d. Veränderte Anforderungsprofile der Arbeitswelt
In zunehmendem Maße werden seitens der Arbeitgeber/der Industrie neue Kompetenzen wie
- Ich-Stärke
- soziale Kompetenz
- Methodenkompetenz

neben dem Fachwissen verlangt.

e. Beginnende Bildungsreformdiskussion
- Der große Bildungsgipfel des Bundeskanzlers schwebt seit dem Frühjahr 1992 über der Republik.
- Eine Arbeitsgruppe des Kanzlers/der Ministerpräsidenten hat jüngst ein "Eck-

---

1) vgl. Deutsches Jugendinstitut (Hrsg.): Wie geht's der Familie?, München 1988
Fölling-Albers, M. (Hrsg.): Veränderte Kindheit. Veränderte Grundschule. A. K. Grundschule, Frankfurt a. M. 1989

wertepapier" zur Vorbereitung des Gipfels veröffentlicht.

- Auf verschiedenen Bundes- und Landesparteitagen der großen Parteien werden Bildungs-, Ausbildungsfragen thematisiert, u. a. auch die L. A.

f. Auflösungstendenzen des gegliederten Schulsystems (vgl. "Hamburger Abkommen" der KMK von 1964)
Die Schülerströme in der gegliederten Sek I-Stufe haben sich dramatisch verändert. Insgesamt ist eine ständig wachsende Bildungsexpansion feststellbar, was u. a. zur Folge hat, daß die Hauptschule in einigen Bundesländern in Kürze kaum noch zu halten ist. Im Saarland, in Rheinland-Pfalz und in den neuen Bundesländern läuft die Entwicklung auf eine neue Struktur in der Sek.I-Stufe hinaus, was erhebliche Konsequenzen für einige Lehrämter bedeutet (z. B. für das "Lehramt für Grund- und Hauptschulen").

All diese Aspekte führen dazu, daß sie ihren Niederschlag in neuen Inhalten und Strukturen der L. A. finden müssen.

2. Zur gegenwärtigen Situation der Lehrerausbildung[2)]

Um den gegenwärtigen Stand besser einschätzen zu können, ist es sinnvoll, sich wichtige Etappen der L. A. (in diesem Falle geht es nur um die Volksschullehrerausbildung) zu vergegenwärtigen.

Eine erste, systematisch betriebene L. A. begann in Deutschland Anfang des 19. Jhd.'s (Ausnahmen fanden sich in einigen Ländern auch schon im 18. Jhd.) in der Form der Seminarausbildung. Sie war durch eine starke Theorie-Praxis-Verbindung und durch eine eher schulmäßige Struktur (feste Stundenpläne) gekennzeichnet. Voraussetzung für die Aufnahme war der Volksschulabschluß. Es folgte eine dreijährige Vorbereitungsphase (Präparandie), bevor die eigentliche dreijährige Seminarausbildung folgte. Bis zur Weimarer Republik lassen sich immer stärkere Professionalisierungsentwicklungen feststellen.

Nachdem die in der Weimarer Verfassung in Art. 143, Abs. 2 vorgesehene reichseinheitliche Lehrerbildung 1923 aufgrund der veränderten politischen Verhältnisse aufgegeben wurde, gab es bis 1933 länderspezifische Lösungen, die sehr unterschiedlich waren. Einerseits gab es weiterhin die Seminarausbildung (z. B. in Bayern und Württemberg), andererseits gab es neue Ansätze mit der Gründung der "Pädagogischen Akademien" (Preußen und Baden) und der Volksschullehrerausbildung an Universitäten (u. a. Sachsen, Thüringen, Hamburg, Braunschweig) mit einer Studiendauer von vier oder sechs Semestern.

Während der NS-Zeit wurde eine reichseinheitliche Lösung nach preußischem Vorbild mit der "Hochschule für Erziehung" (1935) durchgesetzt, die später in eine "Lehrerbildungsanstalt" (1941) umgewandelt wurde. Diese Strukturwandlung war durch einen starken Niveauverlust gekennzeichnet, der viele Merkmale der Seminarausbildung des 19. Jhd.'s enthielt.

Nach 1945 knüpfte die Volksschullehrerausbildung an die unterschiedlichen Ausbildungskonzepte der 20er Jahre an. Hamburg setzte die universitäre Lösung fort, Niedersachsen und Nordrhein-Westfalen entschieden sich für die "Pädagogischen Akademien", das Modell der "Pädagogischen Hochschulen" bevorzugten Berlin, Bremen, Schleswig-

2) vgl. Kap. I in: Strukturkommission Lehrerbildung 2000: Lehrerbildung in Baden-Württemberg, Abschlußbericht. Herausgegeben vom Ministerium für Wissenschaft und Forschung Baden-Württemberg, Stuttgart, Juli 1993

Holstein, Rheinland-Pfalz, Saarland und - etwas verspätet - auch Baden-Württemberg, während Bayern und Hessen die Tradition der Lehrerseminare fortführten.

Heute ist in allen Bundesländern - mit Ausnahme von Baden-Württemberg und Thüringen - nur noch die universitäre Lösung mit einem mindestens sechssemestrigen Studium vorfindbar.

Insgesamt lassen sich im Laufe der fast zweihundertjährigen Entwicklung folgende Tendenzen feststellen:

- Entkonfessionalisierung
- Immer stärkere fachliche Spezialisierung
- Zunehmende Verwissenschaftlichung
- Verlängerung des Studiums
- Verstärkung des Stufenbezugs
- Annäherung der Ausbildungsstrukturen der verschiedenen Lehrämter in einigen Bereichen
- Expansion der erziehungswissenschaftlichen Fachbereiche an den Universitäten
- Festigung der Zweiphasigkeit mit 1. und 2. Staatsexamen

Zur Beurteilung der eigenen Situation scheint es auch sinnvoll, sich die Lehrerausbildungsstukturen in den europäischen Nachbarländern anzusehen. Dabei werden die Merkmale der L. A. weitgehend durch die nationalen Schulsysteme und das Verständnis von Professionalität geprägt.

In den übrigen EG-Staaten lassen sich grundsätzlich zwei verschiedene Konzeptionen feststellen:

a. - Die L. A. findet an nichtuniversitären Einrichtungen in drei bis vier Jahren statt.
   - Es ist eine einphasige L. A. mit hohen Praxisanteilen..
   - Die Ausbildung erfolgt in vielen Fächern/Fachgebieten (z. B. in Dänemark eine "Klassenlehrerausbildung" mit einem großen Fächerkanon).
   - Diese Struktur gilt für die Primar- und Sek.I-Stufe.

b. - Die L. A. durchläuft zwei aufeinanderfolgende Stufen:
   - Die erste Stufe beinhaltet ein fachwissenschaftliches Studium in einem Fach an der Universität mit einem akademischem Examen nach ca. vier Jahren.
   - In der zweiten Stufe geht es um eine pädagogisch-didaktische Zusatzausbildung an universitären Instituten oder eigenen Lehrerausbildungseinrichtungen. Dieses Modell findet sich z. B. in Frankreich.

Bei einem Vergleich der Diskussionen und der Reformbestrebungen in den EG-Ländern zeigen sich folgende Entwicklungstendenzen:

- Es gibt einen Konzentrationsprozeß auf wenige Fächer.
- Die universitäre Ausbildung gewinnt an Bedeutung.
- Die Professionalisierung wird stärker gewichtet.

Nach dem Rückblick in die Geschichte und den "Blick über den Zaun" zurück zu den aktuellen Merkmalen der L. A. in Deutschland. Ein Kennzeichen der heutigen Situation ist die unterschiedliche Amtsbezeichnung der Lehrämter in den verschiedenen Bundesländern, die natürlich auch Hinweise auf die unterschiedliche Gestaltung der Ausbildung enthält:[3)]

1. Lehramt an Grundschulen
   Lehramt für die Primarstufe / mit Schwerpunkt Primarstufe.

---

3) Strukturkommission Lehrerbildung 2000 ... S. 30

2. Lehramt an Grund- und Hauptschulen,
   Lehramt an Volks- und Realschulen,
   Lehramt an der Grund- und Mittelstufe,
   Amt des Lehrers.
3. Lehramt an Realschulen,
   Lehramt an Hauptschulen und Realschulen,
   Lehramt an Hauptschulen,
   Lehramt für die Sekundarstufe I / mit Schwerpunkt Sekundarstufe I,
   Lehramt für die Mittelstufe,
   Amt des Lehrers mit fachwissenschaftlicher Ausbildung in zwei Fächern.
4. Lehramt an Gymnasien,
   Lehramt für die Sekundarstufe II und I / mit Schwerpunkt Sekundarstufe II,
   Lehramt an der Oberstufe - Allgemeinbildende Schulen -,
   Lehramt für die Mittelstufe und die Oberstufe
   Amt des Studienrats.
5. Lehramt an beruflichen/berufsbildenden Schulen,
   Lehramt für die Sekundarstufe II / Sekundarstufe II mit beruflicher Fachrichtung,
   Lehramt der Oberstufe - Berufliche Schulen -,
   Amt des Studienrats mit einer beruflichen Fachrichtung.
6. Lehramt an Sonderschulen / für Sonderpädagogik.

Merkmale der ersten Phase

Grundsätzlich enthält die L. A. vier Elemente mit unterschiedlicher Gewichtung - je nach Lehramt und Bundesland:
- Erziehungswissenschaftliche Anteile
- Fachwissenschaftliche Anteile
- Fachdidaktische Anteile
- Schulpraktische Studien

b. Die Organisationsstruktur der L. A. an den Universitäten zeigt nach der Integration der PH die nachfolgenden Lösungen:
   - Entweder ist es zu einer Fach zu Fach-Zuordnung gekommen (die Fachdidaktiker der PH wurden den fachwissenschaftlichen Instituten der Universitäten zugeordnet),
   - oder die ehemaligen PH wurden als erziehungswissenschaftliche Fachbereiche (mit den Grundwissenschaften und Fachdidaktiken) integriert.
   - Die Schulpraktischen Studien (SPS) werden entweder von Zentren organisiert und durchgeführt, oder sie liegen in der Verantwortung der Institute/Fachbereiche.

c. Die Personalstruktur besteht in Forschung und Lehre aus hauptamtlichen Professoren und hauptamtlichen oder befristeten Mitarbeitern des Mittelbaus.

d. Im Laufe der Entwicklung nach 1945 hat sich die erste und zweite Ausbildungsphase immer weiter voneinander getrennt. Heute gibt es so gut wie keine Berührungspunkte zwischen erster und zweiter Phase.

Merkmale der zweiten Phase

a. Die Ausbildungszeit beträgt 18 oder 24 Monate.

b. Die Ausbildung enthält zwei Elemente:
   - einen mehr oder minder großen Anteil eigenverantwortlichen Unterrichts (mit Beratung eines Lehrers/Mentors in der Schule,

- theoriegeleitete Seminare, die zum einen den allgemeindidaktischen/erziehungswissenschaftlichen, zum anderen den fachwissenschaftlich/fachdidaktischen Aspekt umfassen.

c. Das Personal setzt sich aus hauptamtlichen Kräften aus Schule/Hochschule zusammen, das - je nach Funktion - immer auch noch eine Unterrichtsverpflichtung in der Schule hat.

d. Die zweite Ausbildungsphase schließt mit dem zweiten Staatsexamen. Die Beurteilung erfolgt hauptsächlich durch die an der Ausbildung beteiligten Personen.

e. Nach dem ersten Staatsexamen für ein Lehramt hat jeder das Recht, die zweite Ausbildungsphase machen zu dürfen.

3. Defizite gegenwärtiger Lehrerausbildung

Im Rahmen der Verwissenschaftlichung der L. A. sind Grenzen unzureichender Ausbildung überwunden worden, aber neue Fehlstellen hinzugekommen. Viele der neuen Defizite hängen mit dem unvollkommenen Integrationsprozeß der PH in die Universität zusammen, viele Defizite haben aber auch etwas mit der Wertschätzung der L. A. durch die Politik in den 80er Jahren zu tun.

Folgende Defizite der heutigen L. A. lassen sich u. a. konstatieren:

- Die Verwissenschaftlichung in der L. A., die ja eine Fachlehrerausbildung ist, hat sich immer stärker den fachwissenschaftlichen Inhalten zugewandt, zuungunsten der fachdidaktischen Orientierung.
- Damit im Zusammenhang steht das ungeklärte Verhältnis von Erziehungswissenschaften und Fachdidaktiken als theoretische Universitätsdisziplinen zu der "praktischen Handlungsebene" des Praxisfeldes Schule.
- Dies bildet sich auch im Curriculum der L. A. ab, das eine eindeutige Dominanz der Fachstrukturen und nicht fächerübergreifende Lernfelder aufweist, die eher ganzheitlichen Lernstrategien von Kindern entsprächen.
- Durch die Integration (vor allem bei der Fach zu Fach Zuordnung), aber auch durch den Egoismus der Einzeldisziplinen, ist es vielfach zu einer Zersplitterung der Ausbildungselemente gekommen, so daß darunter oft die Abstimmung zwischen fachwissenschaftlichen, fachdidaktischen, erziehungswissenschaftlichen und schulpraktischen Studieninhalten leidet.
- L. A. findet heute in der Regel unter den Bedingungen einer Massenuniversität statt. Eine wirklich pädagogische Ausbildung und damit die Stärkung "pädagogischer, sozialer und personaler Kompetenz" ist unter diesen Bedingungen kaum mehr leistbar. Viel mehr geht es vielfach nur noch um "die informationsgestützte Vermittlung einer pädagogischen Wahrnehmungs- und Urteilskraft und im Minimum (um) ein bloßes Informiertsein über Theorien und Resultate von Erziehungswissenschaft, Schulpädagogik und Didaktik etc. ..."[4)]
- Seit Ende der 70er Jahre hat es eine Reduktion der allgemeindidaktischen/erziehungswissenschaftlichen Anteile zugunsten der fachwissenschaftlich/fachdidaktischen Inhalte gegeben. Der Fachlehrer kann aber z. B. Disziplinprobleme o. ä., die in seinem Unterricht auftreten, nicht mit Kategorien seiner Fachausbildung lösen.
- Nach wie vor sind der grundwissenschaftliche/fachdidaktische Anteil und die schulpraktischen Studien in der gymnasialen L. A. gegenüber den fachwissenschaftlichen

---

4) Terhart, E.: Lehrerausbildung: Unangenehme Wahrheiten. In: Pädagogik 9/92

Elementen zu gering gewichtet - und dies bei der heute ganz anderen Zusammensetzung der gymnasialen Schülerschaft.

- Das Studienwahlverhalten für die verschiedenen Lehrämter, Stufenschwerpunkte, für bestimmte Fächerkombinationen geht zum Teil erheblich am Bedarf vorbei (z. B. viel zu hohe Zahlen für das höhere Lehramt, für den Stufenschwerpunkt Grundschule, starker Rückgang bei den naturwissenschaftlichen Fächern für das Lehramt an Grund- und Hauptschulen usw.). Dies führt zu extrem unterschiedlichen Auslastungen der einzelnen Fachdisziplinen.
- Die Fächerstruktur an den Universitäten hat sich durch Reduktion, Umsetzung und anderes in den 80er Jahren durch Zufall ergeben, jedenfalls ist nur selten eine Planung des zuständigen Ministeriums erkennbar.
- Durch eine starke Betonung der Forschung (der fachwissenschaftlichen Forschung) hat es eine "Verflüchtigung" der an der L. A. beteiligten Lehrenden aus den schulpraktischen Studien gegeben.
- Das größte Problem stellt sicherlich die gegenwärtige Personalstruktur dar. Das Personal in der L. A. ist in den 80er Jahren stark reduziert, die Lehrenden sind heute überaltert, es fehlt der wissenschaftliche Nachwuchs.

Auf die Defizite der zweiten Ausbildungsphase soll nur insoweit eingegangen werden, wie sie für einen Außenstehenden wahrnehmbar sind:

- Durch den Abbau der Ausbildungsseminare in den 80er Jahren und durch den starken Anstieg der Studentenzahlen ab 1988 kommt es heute vielfach zu Wartezeiten, um einen Platz im Ausbildungsseminar/Studienseminar zu bekommen. Die Zulassung wird teilweise von einem NC abhängig gemacht. Dies hat wiederum unerwünschte Rückwirkungen auf das Studienverhalten der ersten Phase (der Zwang zur Erringung mindestens guter Zensuren hat vielfach zu erheblichen Belastungen zwischen Lehrenden und Studierenden geführt).
- Durch die geringen Einstellungszahlen bekommt die Benotung im zweiten Staatsexamen eine hohe Bedeutung. Da das Lehrpersonal der zweiten Phase gleichzeitig ausbildet, berät und beurteilt, wird der Ausbildungs- und Beratungsaspekt von der Beurteilung überlagert.
- Dadurch wird die Innovationsbereitschaft der Referendare/Anwärter stark beeinträchtigt. Wochenplanarbeit, Formen des "Offenen Unterrichts" lassen sich mit dem gültigen Beurteilungsraster schwer erfassen und stoßen deshalb in der zweiten Phase vielfach auf Ablehnung seitens der Ausbilder.
- Das Curriculum ist oft an überholten theoretischen Positionen orientiert (z. B. nach wie vor starke Lehrzielorientierung in den Fachseminaren), ohne den Anwärtern/Referendaren theoretisch begründete Alltagshilfe bei der Bewältigung des eigenverantwortlichen Unterrichts zu gewähren.
- Ausbilder in der zweiten Phase werden nach sehr unterschiedlichen Kriterien, die dem Ausbildungsziel nicht immer angemessen sind, ausgewählt. Auch die betreuenden Lehrer an den Schulen (Mentoren/Fachlehrer) werden in der Regel für diese Aufgabe nicht vorbereitet, so daß die Anwärter/Referendare eher zufällig auf qualifizierte Lehrer, die ihnen auch wirklich helfen können, stoßen.

4. Konsequenzen/Forderungen für eine zukünftige Lehrerausbildung

Eine notwendige Vorbemerkung: Die L. A. hat in diesem Jahrhundert verschiedene Konzepte verfolgt (z. B. die Vorstellung vom "geborenen" oder intuitiven Erzieher, den im

Sinne einer Meisterlehre geprägten Lehrer, den reinen Fachwissenschaftler u. a. m.), die immer mit der Hoffnung verbunden waren, über den gut ausgebildeten Lehrer und sein Wirken in der Schule die Gesellschaft "sittlicher", vernünftiger zu machen - kurz - auf einen höheren Entwicklungsstand zu führen. Diese überhöhte Erwartungshaltung sollte einer realistischen Einschätzung der tatsächlichen Möglichkeiten weichen. Keiner sollte glauben, daß "im Kern gesellschaftliche(r) Probleme mit pädagogischen Mitteln bzw. durch eine verbesserte Lehrerausbildung tatsächlich" gelöst werden können. "Die Eskalation der Ansprüche an Pädagogik und die Pädagogen ... bedeutet immer auch ein Stück weit Entpolitisierung gesellschaftlicher Probleme".[5)]

Welche Aufgabenfelder der L. A. sollen zukünftig gelten?

Nach wie vor scheinen die Beschreibungsmerkmale des Deutschen Bildungsrates im "Strukturplan" von 1970 brauchbar zu sein, wenn auch mit neuer Akzentuierung. Danach sind die Haupttätigkeiten des Lehrers: unterrichten, erziehen, beurteilen, beraten, innovieren.

Hartmut von Hentig hat die Tätigkeitsfelder 1973 ("Schule als Erfahrungsraum"), noch stärker an den Bedürfnissen der Schüler orientiert, etwas anders akzentuiert:

Lehrer sind:

- Vermittler von Informationen
- Organisatoren von Lernprozessen und Lernsituationen
- ein Modell eines lernenden, handelnden, genießenden, sich selbst bestimmenden Menschen
- ein Freund der Kinder (verstehen, fördern, schützen, herausfordern)

Wie immer man auch die Akzente setzt, für die L. A. sind für die 90er Jahre nachfolgende Forderungen zu stellen, unter der Annahme, daß die Zweigliedrigkeit der Ausbildung beibehalten wird (erste Phase für alle Lehrämter):

- Die universitäre L. A. gilt für alle Lehrämter. Alle Vorstellungen von getrennten Ausbildungsinstitutionen (Fachhochschule, Pädagogische Hochschule ...) verfolgen entweder andere Ziele (z. B. Orientierung an Besoldungsfragen) oder sind von nostalgischen Erinnerungen an frühere "gute, alte Zeiten" getrübt.
  Diese Forderung gilt aber nur, wenn ein theoretisch begründetes und ein in den Institutionen abgesichertes Theorie-Praxis-Konzept ("klinischer Anteil") gewährleistet ist. Mindeststandards sind zwei Schulpraktika (mit Vorbereitung, Durchführung unter Begleitung von Hochschulangehörigen, Nachbereitung) und die Einrichtung einer zentralen Organisationseinheit, die nicht der Verwaltung unterstellt ist. Wünschenswert wäre ein drittes Schulpraktikum am Ende des Studiums, das eine Synthese aus dem allgemeindidaktischen und dem fachdidaktischen Praktikum sein könnte, das stark forschungsorientiert wäre, aus dem z. B. Examensarbeiten erwachsen könnten.
- Überfällig ist eine Stufenlehrerausbildung für die Primar-, Sekundar I- und Sekundar II-Stufe. Notwendig erscheint eine Überlappung, damit die Einsatzmöglichkeiten in mindestens zwei Stufen gewährleistet ist.
- Die Ausbildungselemente Erziehungswissenschaften, Fachdidaktik, Fachwissenschaft und Schulpraktische Studien sollten beibehalten werden, aber anders gewichtet werden. Die erziehungswissenschaftlichen Anteile, die Schulpraktischen Studien

5) Terhart, E.: Lehrerausbildung ... In: Pädagogik 9/92

und die fachdidaktischen Elemente müssen verstärkt und inhaltlich neu bestimmt werden (z. B. Schulsozialarbeit), die fachwissenschaftlichen Anteile reduziert werden.

- Das fächerorientierte, nach Fachdisziplinen strukturierte Studium muß an mindestens zwei oder drei Stellen zugunsten fächerübergreifender Bereiche erfassender Studienelemente (z. B. Sprachen, Naturwissenschaften, Schulpädagogik und pädagogische Psychologie ...) aufgelöst werden. Diese Studienelemente müßten vorwiegend in Projekten realisiert werden.
- Neben der fachwissenschaftlichen/fachdidaktischen Ausbildung sollte eine übergreifende Qualifikation erworben werden, die das in einigen Bundesländern vorfindbare dritte Fach ersetzen kann.
  Solche übergreifenden Studienelemente könnten z. B.
  - multikulturelle Erziehung,
  - Integration von Behinderten,
  - Diagnostik und Förderung,
  - Gestaltung des Schullebens ...

  sein. Dieses Studienelement sollte im weitesten Sinne eher dem Erziehungs- als dem Unterrichtsbereich zugeordnet sein.
- Am vordringlichsten scheint die Rückführung der in den 80er Jahren abgebauten Personalressourcen in den Erziehungswissenschaften und Fachdidaktiken zu sein. Die zuständigen Fachministerien müßten - je nach Stufenschwerpunkt an den einzelnen Standorten - die ganze Breite des Fächerspektrums gewährleisten.
  Dringend nötig erscheint auch die in den 80er Jahren vernachlässigte Nachwuchsförderung. Eines der bewährten Modelle der jüngsten Vergangenheit - der abgeordnete Lehrer an der Hochschule - sollte schnellstens wieder aktualisiert werden, damit die in hoher Zahl in der zweiten Hälfte der 90er Jahre frei werdenden Lehrstühle von qualifiziertem Personal besetzt werden können, das die Binnenstruktur von Schule kennt.
- Unhaltbar ist die gegenwärtige Trennung - ohne jede Berührungspunkte - zwischen der ersten und zweiten Phase. Die Ausbildungseinrichtungen müssen sowohl personell als auch curricular stärker miteinander verbunden werden (vgl. Praxis der 60er/70er Jahre).

Forderungen für die zweite Ausbildungsphase:

- Die Ausbildungszeit für alle Lehrämter sollte vereinheitlicht werden. 24 Monate wären sinnvoll, aber es scheint so, daß das 18 Monate-Sparkonzept sich durchzusetzen beginnt.
- Der eigenverantwortliche Unterricht ist ein bedeutsames Ausbildungselement. Dies kann er aber nur bleiben, wenn diese Stunden <u>nicht</u> dem Stundenpool einer Schule zugerechnet werden. Die Entscheidung, wieviel Stunden eigenverantwortlichen Unterrichts jemand leisten kann, sollte den Anwärtern/Referendaren in Absprache mit den betreuenden Lehrern und den Ausbildern überlassen bleiben.
- Notwendig erscheint eine stärkere Trennung der Beurteilungs- und Beratungsfunktion, damit letztere eine größere Bedeutung erhält. Wie dies geschehen kann - z. B. durch die Reduktion der Beurteilungsskala in "bestanden, nicht bestanden" und Entscheidung über Einstellung in den Schuldienst durch Vorstellungsgespräche bei Einstellungsbehörde und Schule - ist noch weitgehend ungeklärt. Die jetzige

Beurteilungspraxis ist aber dem Ausbildungsziel vielfach entgegengesetzt.

- Damit im Zusammenhang steht die andere Akzentuierung der Ausbildungsinhalte. Auch in der Fachlehrerausbildung - also in den Fachseminaren - müßten Erziehungsaspekte stärker berücksichtigt werden. Gerade der Fachunterricht in vielen verschiedenen Klassen wird heute von Disziplinproblemen überlagert, die mit fachwissenschaftlichen/fachdidaktischen Mitteln nicht zu bewältigen sind. Hilfreich könnten dabei Versuche von Supervision sein, die Verhaltensstrategien, Lösen von Konflikten, Finden der eigenen Berufsrolle usw. thematisieren würden.

Das Spektrum der angesprochenen Probleme in der L. A. ließe sich sicherlich noch erweitern. Deutlich ist aber, daß ein aktueller Handlungsbedarf besteht, daß sowohl die Politik als auch die Universitäten selbst die Modernisierung der L. A. beginnen müssen. Ansonsten wird die Schere zwischen den Bedürfnissen in der Schule und den Ausbildungsstrukturen immer größer.

Bernd Urlaub

Was tun bei Disziplinproblemen und Verhaltensstörungen?

Provokation

Man sollte sich einmal fragen, ob wir Lehrer zu jener Reparaturkompanie gehören, die der Gesellschaft dazu dient, sozusagen mit der linken Hand jene Wunden zu behandeln, die sie mit der rechten Hand geschlagen hat. Geschlagen mit der scharfen Waffe der Lieblosigkeit, des Desinteresses und des rücksichtlosen Kampfes um die Sonnenseite dieses unseres Lebens. Zusammen mit der Schulverwaltung und den Psychologen hat der Lehrer eine Beschwichtigungs- und Verschleierungsfunktion: verschleiert werden muß die tiefe Zwiespältigkeit der Gesellschaft in ihrer Einstellung gegenüber dem, der durch möglicherweise zwanghaftes, ungesteuertes (Fehl)-Verhalten *aus dem Rahmen fällt*.

Problem

Unsere Schulwirklichkeit ist ein sensibler Seismograph für die Entwicklungsschwankungen der Gesellschaftsordnung. Die fortschreitende Unregierbarkeit der Welt und die *Unwirtlichkeit unserer Städte* (MITSCHERLICH) spiegelt sich wider in der progressiven *Unbelehrbarkeit* vieler unserer Schüler. Kein Tag und keine Unterrichtsstunde vergehen ohne Störungen von außen und von innen. Lärm, Unruhe, Leistungsverweigerung und Disziplinlosigkeit stellen in ihrer Summierung den Unterrichtserfolg in Frage. Gewalttätigkeiten gegen Sachen, Mitschüler und Lehrer, wie sie in den Großstadt-Schulen an der Tagesordnung sind, ruinieren die Nerven der Lehrer.

Noch sind wir noch nicht so weit wie in den Vereinigten Staaten, dem Land der seit neuestem sehr begrenzten Möglichkeiten, wo die Lehrer Pistolen, Gewehre, Dolche, Ketten, Eisenstangen, Schlagringe und Eispickel aus den Büchertaschen holen und wo allein in New Yorker Schulen im letzten Jahr durch Diebstahl und Vandalismus ein Schaden von 20 Mill. Dollar entstand.

Australien

Am 8.10.1992 berichtete die *Süddeutsche Zeitung* aus Australien, daß sich dort die Lehrer in den Schulen nicht mehr sicher fühlten. Neuerdings sind die in den Pausen mit der Aufsicht auf den Schulhöfen betrauten Mitglieder der Lehrerkollegien mit Funkgeräten ausgerüstet, um Hilfe herbeirufen zu können, wenn sie tätlich angegriffen werden. Wegen der zunehmenden Gewalttätigkeiten in den Lehranstalten sind auch die Befugnisse der Schuldirektoren erweitert worden; so sind sie jetzt ermächtigt, Jugendlichen den Schulbesuch bis zu einer Dauer von fünfeinhalb Jahren zu untersagen. In ihrer Not haben Lehrer Parlamentsabgeordnete aufgefordert, einen Maßnahmenkatalog für die Erhöhung der Sicherheit im Schulbetrieb zu erlassen. Sie führen die Zunahme von Disziplinlosigkeit und Gewalttätigkeiten auf den Alkohol- und Drogenkonsum der Jugendlichen während der Unterrichtsstunden zurück und verweisen darauf, daß der erhöhte Streß der Lehrer auch dem Steuerzahler zu schaffen mache - in den vergangenen drei Jahren sei die Summe der an nervlich angeschlagene Lehrer ausgezahlten Krankengelder um 60 Prozent gestiegen.

In einer Schule hat ein Jugendlicher die Lehrerin, unter deren Aufsicht er *nachsitzen* mußte, beim Kopf genommen und ihr ein Messer an den Hals gesetzt. Nach Angabe des Leiters der Erziehungsbehörde könnten sich Lehrer heute sogar im Kreise von Dreizehnjährigen nicht mehr sicher fühlen. Gewalttätigkeiten machten auch vor Tieren nicht mehr halt. So seien in einer Landwirtschaftsschule sämtliche dort gehaltenen Lämmer des Nachts mit einer Mistgabel erstochen worden.

Doch auch bei uns werden Lehrer gebissen, Mitschüler verletzt, Einrichtungen zerstört. In meiner Nachbarschule wurde kürzlich auf den Konrektor geschossen und fand sich Gift in der Kaffeekanne des Lehrerzimmers. Viele Lehrer, besonders in den Großstädten, haben primär nicht mit Problemen der Stoffvermittlung, sondern mit der Durchsetzung eines Unterrichts überhaupt zu kämpfen. Verhaltensgestörte Schüler sind das Spiegelbild einer gestörten Welt. Da wir in dieser Welt leben müssen, bleibt uns nur zu fragen: wie bekommt man die Verhaltensstörungen in der Schulklasse in den Griff?

Agenturmeldung

> *"In Straßburg sind innerhalb von zwei Tagen vier Lehrer an Schulen von Jugendlichen angegriffen, verprügelt und in einem Fall sogar durch einen Messerstich verletzt worden. Die Lehrergewerkschaft überlegt, ob als Antwort auf das Verhalten der Rowdies ein Streik ausgerufen werden soll. Die Lehrergewerkschaft hat in einem Brief an den Erziehungsminister verstärkte Sicherheitsmaßnahmen gefordert."*

Diese Horrormeldung tickerte *Associatet Press* kürzlich in die Fernschreiber der deutschen Redaktionsstuben. Sie kann als Spitze eines Eisbergs angesehen werden; sie möge hier stellvertretend stehen für das, worüber man nicht spricht, was aber in Wirklichkeit - wenn auch meist in stark abgemildeter Form - Alltag ist auf dem *Schlachtfeld Schule*. Wer Bescheid weiß, schweigt; wer es nicht weiß, glaubt es nicht. Die Schulaufsicht gibt hilflose Ratschläge, wie "Sie müssen eben mit den Kindern reden" oder gar "Sie müssen Ihren Unterricht besser vorbereiten".

Hamburg

Rosemarie RAAB, die Schulsenatorin der Hansestadt, hat die erste systematische Erhebung in einem Bundesland zum Thema Schülergewalt vorgestellt. Befragt wurden die Leitungen von 169 als repräsentativ geltenden der insgesamt 421 staatlichen Schulen in Hamburg, aber auch Beratungslehrer und Schüler. Es ging um Vorfälle und Beobachtungen im Zeitraum vom August 1991 bis zum April 1992.

Gewalt in den Medien, Vernachlässigung im Elternhaus, gesellschaftspolitische Konflikte, etwa mit ausländischen Mitschülern, und schulspezifische Belastungen wie Anonymität und Leistungsdruck - das sind nach Meinung von Jungen und Mädchen an Hamburger Schulen die wesentlichen Gründe für die wachsende Brutalität an vielen Lehrinstituten.

Immerhin 26 Schulen teilten mit, daß ihre Arbeit durch gewalttätiges Verhalten der Schüler *erheblich belastet* werde. Insgesamt gaben 96 Schulen (56 Prozent) an, Probleme mit Gewalt zu haben. Vorfälle wie Nötigung, Bedrohung und Erpressung meldeten 75 Lehranstalten, 67 hatten Körperverletzung rigistriert, 47 berichteten von *Aneignung von Sachen unter Gewaltandrohung beziehungsweise -anwendung*. An 26 Schulen waren Sexualvergehen vorgekommen.

Bei der Erhebung stellte sich heraus, daß es sich bei den *Tätern* zu 90 Prozent um Jungen handelt. *Opfer* waren überwiegend männliche Schüler, die als einzelne auftraten. Schutz vor Gewalt bietet die Gruppe. In 32 Fällen richtete sich physische Gewalt von Schülern gegen Erwachsene, und zwar gegen Pädagogen (sechzehnmal), gegen schulfremde Personen (fünfmal) und gegen Eltern (zweimal).

An 30 Schulen mußte mindestens einmal die Polizei gerufen werden. In fast zwei Dritteln der 169 befragten Schulen gab man an, daß auch die verbale Aggressivität zugenommen habe. Schüler *machten sich häufiger an*, beleidigten sich öfter. Uneinheitlich waren die Einschätzungen der Lehranstalten hinsichtlich der Bedeutung von Waffen. Während 42 Schulen eine Zunahme der Bewaffnung von Schülern kontatierten, beobachteten 30 andere Schulen eine Abnahme.

Eine weitere Frage befaßte sich mit möglichen Sozialisationsdefiziten, die der Lösung von Gewaltproblemen entgegenwirken. Genannt wurden unter anderem: fehlendes Schuldbewußtsein bei den Kindern und Jugendlichen, nachlassendes Unrechtsbewußtsein, eine niedrigere Hemmschwelle bei verbalen und körperlichen Aggressionen, eine extreme Ichbezogenheit, Imponiergehabe, Rücksichtslosigkeit und Intoleranz. Auch das Erziehungsverhalten vieler Eltern wurde kritisiert. Nach der Devise "Wehr dich, schlag zu" werde Gewalt verharmlost, die Erziehungsberechtigten empfänden Gewaltanwendung bei der Durchsetzung von Interessen oder der Lösung von Konflikten *zunehmend als normal*.

Die Befragten berichteten, Gewalt werde vor allem auf drei Gebieten ausgeübt: bei Willkürhandlungen von Stärkeren gegen Schwächere, beim Kampf um Machtpositionen und im Zusammenhang mit Nationalitätenstreitigkeiten, etwa, wenn sich türkische Schüler in ihrer Ehre beleidigt fühlten. Waffenbesitz sehen die Schüler als legitim an, wenn er zum Schutz vor körperlichen Übergriffen diene.

Verhaltensgestörte Schüler - streßgeplagte Lehrer

Man braucht nicht jene *Horrorberichte* der Tageszeitungen zu zitieren, die über tätliche Angriffe von Schülern gegen Lehrer, von Aggressionen gegen Mitschüler und Sachen und von Entwaffnungsaktionen berichten, um eine allgemeine Tendenz unseres gegenwärtigen Schullebens zu erkennen: das Unterrichten und Erziehen wird schwieriger. Während vieler Schulstunden ist nicht die didakisch geschickt zubereitete Stoffvermittlung das Hauptproblem, sondern die einigermaßen disziplinierte Aufrechterhaltung eines geordneten Schulbetriebes.

Die Diskussion um wirkungslose, nicht *greifende* Schulstrafen und die Erregung über ein sogenanntes *Watschenurteil* gehen leider völlig am Problem vorbei, weil alle Srafmaßnahmen das Fehlverhalten von Schülern nur zeitweise unterdrücken, jedoch nicht längerfristig ändern. Zu fragen ist vielmehr: Wie kann dem verhaltensgestörten Schüler, dem streßgeplagten Lehrer und einer verunsicherten Schulorganisation geholfen werden?

Symptome

Praktikanten lassen sich gut zur Verhaltensbeobachtung der Klasse einsetzen. Statistische Auswertungen ihrer Strichlisten ergaben bei manchen meiner Schüler: 75 Prozent der Zeit werden mit Lachen, Sprechen, Streiten, Spielen, Gummischnalzen, Stuhlschaukeln, Bocken, Widersprechen und anderen Störungen verbracht. Andere Störungen sind habitueller Art: Nägelbeißen, Tic, Bettnässen, Eß- und Schlafstörungen und andere körperliche Symptome. Die Bandbreite der Störungen reicht von Sprachstörungen und Lernstörungen bei normaler Intelligenz, isolierten Funktionsausfällen bis hin zu Verwahrlosungserscheinungen, Phobien, Überkompensationen und Rohheitsdelikten. Diese Liste kann von jedem Praktiker beliebig ergänzt werden.

Verbreitung

Grob gerechnet (Untersuchungen von THALMANN) ist jedes zweite Kind verhaltensgestört. Jedes fünfte Kind zeigt deutliche Symptome und gehört zu den sogenannten *Problemkindern* mit akuter Behandlungsbedürftigkeit. Jedes dritte Kind ist mäßig verhaltensgestört und bedürfte zumindest Präventivmaßnahmen. Nur 20 Prozent der Kinder sind symptomfrei. Nach Beendigung einer babylonischen Sprachverwirrung einigte man sich in der Fachliteratur auf den Begriff *Verhaltensstörung*, da dieser Begriff (angeblich) etwas Vorübergehendes und deshalb Behandelbares impliziert; außerdem wird *Störung* als (relaltiv) wertfrei empfunden.

Definitionen

Das Verhalten des Menschen ist ursprünglich frei. Jeder hat Eigenheiten. Erst wenn diese Eigenheiten zu größeren Schwierigkeiten führen, zu ernsten Störungen und Konflikten im Umgang mit der Welt und mit sich selbst - und wenn diese Konflikte aus eigener Kraft nicht mehr bewältigt werden können - spricht man von Verhaltensstörungen. Diese müssen sehr differenziert gesehen werden. Aus ihrer Art kann man weder auf die Tiefe und die Intensität ihrer Wirksamkeit noch auf die Ursachen und die Zusammenhänge, die zu Verhaltensstörungen geführt haben, schließen. Denn jede Verhaltensstörung hat ihr individuelles Bedingungsgefüge.

Therapie

Die von SKINNER (Rattenbox) und der klinischen Psychologie ausgehende Verhaltenstherapie wird in der Pädagogik als *Verhaltensmodifikation* bezeichnet. Sie ist erstmals praktizierte und in der Schule praktizierbare Psychologie. Sie kann im Unterricht täglich relativ einfach angewandt werden und sie bringt relativ schnelle Ergebnisse. Als Methode experimenteller Lernpsychologie dient sie zur Beobachtung und Registrierung, zum Ab- und Aufbau und zur Stabilisierung von Verhaltensweisen.

Man geht davon aus, daß Fehlverhalten ebenso gelernt wird wie erwünschtes Verhalten. In der Verhaltensmodifikation leitet und steuert der Lehrer bewußt Lernprozesse, deren Ziel es ist, unerwünschtes Schülerverhalten ab- und erwünschtes Verhalten aufzubauen. Da Lernvorgänge zu jedem Entwicklungszeitpunkt möglich sind und bei allen Organismen (hier: Kindern) weitgehend nach den gleichen Mechanismen ablaufen, verspricht die Verhaltenstherapie auch bei hartnäckigen Fällen Erfolg.

Therapieplanung

Bevor man sich an die mühselige und frustrierende Arbeit der Verhaltensmodifikation macht - pro Jahr und Klasse nur bei einem Schüler möglich - ist eine genaue Verhaltensbeobachtung nötig. Man muß zunächst die auslösenden Momente des Fehlverhaltens (sog. Steuerreize) identifizieren. Danach plane man Situationen, die es dem Schüler ermöglichen, das vorher mit ihm besprochene erwünschte Verhalten zu zeigen.

Verstärkung

Grundgedanke der Verhaltensmodifikation ist die *positive Verstärkung*. Kurz gesagt: Eine Person reagiert auf ihre Umwelt, diese reagiert auf eine für sie typische Weise, meldet dies an die Person zurück (Feedback, Reinforcement = Verstärkung), die daraufhin wieder reagiert. Die Konsequenzen des Lehrerverhaltens können angenehm, unangenehm oder neutral sein. Strafe wird in einer Therapie nicht angewandt, da sie mehrere unerwünschte Nebenwirkungen hat: sie läßt in ihrer Wirkung rasch nach, muß in ihrer Intensität ständig gesteigert werden und wirkt nur in Gegenwart des Strafenden. (Der Therapeut sollte ein verhaltensgestörtes Kind nicht als böswillig, sondern als krank betrachten). *Positive Verstärkung* nennt man sowohl die Darbietung eines angenehmen Reizes als auch die Beendigung eines unangenehmen Zustandes. Daraufhin nimmt das Verhalten an Häufigkeit zu. Die Darbietung eines unangenehmen Reizes und die Beendigung eines angenehmen Zustandes heißt *negative Verstärkung*, das Verhalten nimmt zeitweise an Häufigkeit ab. Neutrales Verhalten, d. h. weder positive noch negative Reaktionen des Lehrers nennt man *Extinction* (Löschung), das Verhalten nimmt an Häufigkeit ab.

Verstärker

Bei Grundschülern oder Geistigbehinderten wird zweckmäßig mit *materiellen Verstärkern* gearbeitet: Süßigkeiten, Spielzeug, Stifte usw. Der amerikanische Psychologe PREMACK stellte ein ganzes *Verstärkermenü* zusammen. Da gibt es: Sprechen, Schreiben, Malen, Zeichnen, Lesen, Mit-den-Füßen-Baumeln usw. Schulische Privilegien haben häufig gute Verstärkerwirkung: Karten holen, Blumen gießen, Nachrichten übermitteln. Zusätzliche Freizeiten wie Verkürzung des Schultages und Verlängerung der Pause bringen bei uns rechtliche Probleme. Materielle Verstärker können *generalisiert* werden: Chips, Token oder Sternchen im Heft, die als solche nichts wert sind, können gesammelt und am Ende des Tages oder Woche eingetauscht werden (Spielzeugkiste). Dieses Punktesammeln kann auch von einer Gruppe geleistet werden.

Für ältere Kinder verlieren diese materiellen Verstärker ihren Reiz. Hier kann zu den *sozialen Verstärkern* übergegangen werden: Zuwendung, Blickkontakt, Lächeln, Loben (Zusammensein mit geliebten Personen oder Tieren). Eine weitere Art sind die *Aktivitätsverstärker*: eine beliebte Tätigkeit wird als Belohnung für eine ungeliebte Tätigkeit eingesetzt. Später geht man zur *Quotenverstärkung* über. Das bedeutet, daß bei fortschreitender Therapie nur jedes zweite, fünfte, zehnte usw. erwünschte Verhalten verstärkt wird. Wenn nach einer gewissen, vorher abgesprochenen Zeit (Stunde, Tag, Woche) verstärkt wird, spricht man in der Fachliteratur von *Intervallverstärkung*.

Löschung

Erfahrungsgemäß fällt es dem Lehrer am schwersten, überhaupt nicht zu reagieren. Das

Grundübel im Schulalltag ist, daß das Fehlverhalten der Schüler durch eine deutliche Reaktion des Lehrers ständig aufs neue verstärkt wird. Denn genau das bezweckt der verhaltensgestörte Schüler: die Zuwendung um jeden Preis, meist als Ausgleich eines häuslichen Defizits. Wenn Fehlverhalten erst kurz besteht oder nicht allzu gravierend ist, sollte sich der Lehrer neutral verhalten. Auffälliges Schülerverhalten zu ignorieren erfordert vom Lehrer ständige Beherrschung und starke Nerven, von der übrigen Klasse ein Mitmachen und Verstehen der Problematik. Falls das Störverhalten nicht mehr ignoriert werden kann, empfehlen die Therapeuten *Time Out*. Der Schüler soll in einen "reizarmen" Raum gebracht und dort seine Beruhigung abgewartet werden.

Möglichkeiten

Der Führungsauftrag des Lehrers ergibt sich aus seiner Position. Die Klasse als soziale Gruppe verlangt nach Führung, da die Kinder sich in der Schulsituation nicht selbstverantwortlich führen können, denn sie sind in der Regel keine homogene, freiwillige Gruppe. Die Disziplin, die zur Verwirklichung dieses Erziehungsauftrages benötigt wird und die bei so vielen unserer Schüler so schmerzhaft vermißt wird, kann durch verschiedene Therapieansätze und praktische Möglichkeiten zumindest teilweise erreicht werden. Eine davon ist die Vermeidung von Kunstfehlern des Unterrichtens, als da sind: falsch formulierte Fragen und Impulse, unanschaulicher Unterricht, Bevorzugung der sich vordrängenden Schüler, sprachliche Nachlässigkeiten, ungeduldige Lehrer, unbeschäftigte Schüler, unübersichtliche oder mangelhaft gestaltete Tafelanschriften, unvorbereitet eingesetzte Lehrmittel, fehlende Hilfen durch falschverstandene Selbständigkeit und nicht deutlich artikulierte Stundenbilder. Eine andere Möglichkeit zur Aufrechterhaltung der Disziplin liegt in der Organisation des Schulhauses und der Lehrerkonferenz. So sollte beispielsweise innerhalb einer Schule ein einheitliches Erziehungskonzept beraten und beschlossen werden: Störungen, die im Bereich der äußeren Schulverhältnisse liegen, können beseitigt werden, eine einfach formulierte Hausordnung, die gemeinsam mit der Schülervertretung erstellt wurde, muß kontrollierbar sein. Das Gespräch mit Kollegen über Erziehungsschwierigkeiten und Lösungsmöglichkeiten kann bereits eine Hilfe bedeuten. Der Schulleiter sollte sich Zeit für pädagogische Konferenzen nehmen. Gegenseitige Hospitation mit anschließender kritischer, offener Aussprache kann helfen, Fehlhaltungen zu vermeiden. Besonders wichtig sind die Kontakmöglichkeiten mit den Eltern, schulische Veranstaltungen und die Einbeziehung der Schüler in Verantwortungen. In hartnäckigen Fällen hat sich der Einsatz von Verhaltenspsychologen und therapeutischen Maßnahmen als erfolgreich erwiesen.

Schulpraxis

Es ist den Lehrern nicht gestattet zu therapieren, dies ist den Ärzten und Psychologen vorbehalten. Da eine Therapie ein gezielter Eingriff in die Psyche eines Menschen ist, und da sie eine exakte Therapieplanung mit wissenschaftlicher Grundlegung benötigt, sollten wir Lehrer uns auf die Möglichkeiten beschränken, die uns der Unterricht bietet. Da ein Teil des Verhaltens durch Beobachtung und Nachahmung gelernt wird, sollte der Lehrer sein eigenes Verhalten dahingehend überprüfen, ob es *vorbildhaft* ist. Aggressive Erzieher werden in kurzer Zeit vor einer aggressiven Klasse stehen. Jedes Lehrerverhalten sollte so sein, daß es von den Schülern direkt übernommen werden kann. Ein Lehrer, der verhaltenstherapeutische Grundsätze im Unterricht verwirklichen möchte, sollte das Schülerverhalten durch eine andere Optik als die bisher gewohnte betrachten.

Beispielsweise wird das erwünschte und angemessene Schülerverhalten meist als selbstverständlich betrachtet und nicht eigens hervorgehoben oder gelobt. Der Grundsatz der *positiven Verstärkung* ist aber der zentrale Begriff der Verhaltenspsychologie. Als Faustregel kann deshalb gelten: Man sollte im Unterricht häufiger loben, bestätigen und verstärken!

Ein Schülerverhalten, das spontan auftritt, wird in Zukunft dann wiederholt, wenn es zu positiven Ergebnissen führt. Erfolge in einem Schulfach können in Zukunft zur intensiveren Beschäftigung mit diesem Fach führen. Da manche verhaltensgestörte Schüler im Unterricht selten oder nie die Möglichkeit bekommen, positives Verhalten zu zeigen, sollten vom Lehrer bei der Unterrichtsvorbereitung bereits Situationen eingeplant werden, die positives Verhalten direkt provozieren. Selbstverständlich muß solches Verhalten vom Lehrer sofort bemerkt und verstärkt werden. Für den Anfang gilt: viele kleine Belohnungen für viele kleine erwünschte Verhaltensweisen. Später müssen die Intervalle gedehnt werden. Als Belohnung unterscheidet man materielle (vom Bonbon bis zum Filzstift) und soziale Verstärker (verbales Lob, Zuwendung, Nicken, Lächeln). Man kann davon ausgehen, daß die Verstärkung einer bestimmten Verhaltensweise dazu führt, daß diese Verhaltensweise in Zukunft häufiger gezeigt wird. Selbstverständlich funktioniert dieses Prinzip auch beim Erlernen des unerwünschten Verhaltens. Lehrer, die automatisch ihre Zuwendung dem Störenfried gewähren, bestätigen diesen sofort in seinem Störverhalten. Denn für solche Kinder gilt der Grundsatz: "Lieber geschimpft als ignoriert werden". Der Lehrer sollte diesen Teufelskreis erkennen und durchbrechen.

Konsequenz

Wenn für bestimmte Verhaltensweisen genaue Vorschriften bestehen, müssen sie auch konsequent eingehalten werden. Die Schüler müssen wissen, was sie zu tun haben. Das erwünschte Verhalten muß also in kleinen Schritten eingeübt werden. Bevor eine strikte Vorschrift erlassen wird, sollte man sichergehen, daß sie vom Schüler eingehalten werden kann. Das Lob bzw. die Verstärkung müssen unmittelbar als Konsequenz des erwünschten Verhaltens eintreten. Nur dann werden Lob und Erfolg mit der gezeigten Verhaltensweise verknüpft werden. Solange ein Verhalten nicht zum festen Repertoire gehört, sollte es jedesmal verstärkt werden. Bloß für das Zeugnis strengen sich wenige an.

Bei verhaltensgestörten Kindern sollte man besser das Richtige in einer Sache sehen und loben als den falschen Aspekt kritisieren, schließlich kann man bei jeder Verhaltensweise und bei jeder Antwort auch ihre guten Seiten und ihre relative Richtigkeit betonen. Für viele Schüler bedeutet das erwünschte Verhalten keine Selbstverständlichkeit, sondern tägliche Mühe. Viele Lehrer berücksichtigen zu wenig, daß die meisten verhaltensgestörten Schüler aus anderen sozialen Schichten stammen, mit einer anderen Interessenlage als der Lehrer und mit völlig anderen Normen und Konfliktstrategien.

Strafe

Strafe oder Tadel (in der Fachsprache *aversive Reize* genannt) löschen das Fehlverhalten nicht aus, sondern unterdrücken es nur. Wenn sie zu keinen angenehmen Folgen, z.B. Zuwendung, führen, lassen sie nach einiger Zeit an Intensität nach. Gleichzeitig muß dem Schüler natürlich die Möglichkeit eines alternativen, nämlich erwünschten Verhaltens geboten werden. Wenn er sich schon mal meldet, anstatt herauszurufen, wird er angenommen und gelobt. Denn wenn erwünschtes Verhalten ignoriert wird, wird es gelöscht. Man muß sich als Lehrer bewußt sein, daß nach einer manchmal durchaus nötigen Strafe das Klima in der Klasse anders ist als zuvor. Um das verschlechterte Klima wieder aufzuhellen, müssen vom Lehrer Wege zur Versöhnung und Entspannung angeboten werden. Beim Unterrichtsschluß sollte kein bitterer Rest übrigbleiben. Da auch Schimpfen und Tadeln eine Form der Zuwendung zum Schüler ist, ist es besser, Kleinigkeiten häufiger zu ignorieren, als sie ständig durch den Tadel zu verstärken und damit aufrechtzuerhalten.

Effektivität

Die Effektivität der Verhaltensmodifikation kann gesteigert werden, wenn folgende Grundsätze beachtet werden:

Die Belohnung sollte unmittelbar auf das gewünschte Verhalten erfolgen. Bei Therapiebeginn sollten bereits kleinste Schritte in Richtung auf das erwünschte Verhalten verstärkt werden. Für viele kleine Schritte sind viele kleine Verstärker zu vergeben. Später kann zu größeren Einheiten übergegangen werden. Beim *Verträgeschließen* sollte man nicht personen-, sondern sachbezogen vorgehen. Ein Vertrag sollte fair sein, d. h. der Schüler soll nicht überfordert werden. Die Belohnung muß in einem angemessenen Verhältnis zur Schülerleistung stehen. Der Therapeut muß konsequent sein, der Vertrag sollte positiv formuliert sein.

Kritik

Diese Therapieform mußte sich den Vorwurf der Manipulation gefallen lassen. Sie sei nicht Pädagogik, sondern Dressur. Zu ihrer Ehrenrettung sei gesagt: Der Schüler soll in seiner Eigenständigkeit, Spontanität und Kreativität nicht beeinträchtigt, sondern von seinen neurotischen Einengungen befreit werden. Damit soll ihm eine angemessene Auseinandersetzung mit der Umwelt und somit eine Verbesserung seiner Lebensqualität ermöglicht werden.

Verhaltensstörungen - Disziplinschwierigkeiten

Der Unterschied zwischen Verhaltensstörungen und Disziplinschwierigkeiten ist gravierend, doch sollen hier beide Begriffe im Hinblick auf möglichst konkrete Hilfen für den Lehrer gleichgesetzt werden. Da jene Verhaltensstörungen, die sich nicht in Form von Disziplinschwierigkeiten äußern, dem Pädagogen zwar ebenfalls stets bewußt sein müssen, jedoch zur geordneten Unterrichtsführung nicht so *brandaktuell* erscheinen, sollen sie im folgenden vernachlässigt werden.

Disziplinschwierigkeiten gab es bereits zu Zeiten unserer Großeltern, als die Klassen bis zu 80 Schüler umfaßten. Im Gegensatz zum Selbstverständnis vieler Lehrer, deren pädagogisches Selbstbewußtsein beim Auftreten von Disziplinschwierigkeiten verunsichert wird, bedeuten sie keine Schande. Es stellt sich allerdings sofort die Frage nach ihrer Bewältigung. Diese muß pädagogisch gerechtfertigt sein. Idealrezepte sind abzulehnen, da sie inhuman werden können. Ginge die Humanität allerdings auf Kosten der Lehrer, so wäre dies nur eine neue Inhumanität. Für die Formen und die verschiedenen Ursachen der Disziplinschwierigkeiten findet sich in der Fachliteratur eine relativ große Anzahl von Theorien, die hier knapp skizziert werden sollen.

Ursachen

Als Arbeitshypothese mag gelten: Die Ursachen der Disziplinschwierigkeiten liegen außerhalb der Schule, sie manifestieren sich aber größtenteils in der Schule. Als Schlagwörter können hier die Reizüberflutung, die Macht der Verführer, die modernistische Toleranz gegen alles, als Zügellosigkeit mißbrauchte, falsch verstandene Freiheit, schädliche, pädagogische Halbwahrheiten und die sogenannte Verwöhnung-Verwahrlosung genügen. Auch die Schulorganisation kann zum Teil an Disziplinschwierigkeiten schuld sein: Größe der Schulbauten, unpädagogische Konzepte, Lehrplanüberfüllung mit kognitiven Zielen und durch Anonymität geförderte Unverantwortlichkeit. Aus Unsicherheit in der Theorie entsteht so manche Disziplinschwierigkeit auch nur in den Köpfen einzelner Lehrer.

Erziehungsziel

Der Erziehungsauftrag der Schule ist uns Lehrern vom Staat und den Eltern als unabdingbar aufgegeben. Erziehungsziele sind nicht nur Wissensvermittlung, sondern auch eine Hinführung zum humanen Zusammenleben und eine Sensibilisierung zur Kulturfähigkeit. Somit ist die Forderung nach Disziplin legitim und unabdingbar. Sie bedeutet Anerkennung auf das Recht und die Existenz der Anderen, sowie die Zurücknahme der eigenen Bedürfnisse. Disziplin ist die Grundlage des menschlichen Zusammenlebens, nur mit ihr kann ein Ziel erreicht und ein Sachverhalt bewältigt werden. Die Hochform der Disziplin bedeutet die Einsicht in die Notwendigkeit und damit die innere Beziehung, durch den Einzelnen. Da die Schüler dieses Ziel noch nicht erreichen können - denn sonst wären Schule und Erziehung unnötig - leben Lehrer im Spannungsfeld von Ist- und Sollzustand. Jede Forderung nach Disziplin muß vom Lehrer begründet sein, jedoch nicht dauernd und in jeder Situation, sondern nur prinzipiell immer wieder einmal.

Familientherapie

Glücklich sind jene Lehrer zu nennen, die nur alle paar Jahre in ihrer Klasse ein Kind haben, das praktisch alle pädagogischen Bemühungen während der Schulstunden zunichte macht. Weniger gut dran sind jene Kollegen, die Jahr für Jahr mit mehreren dieser Sorgenkinder zu *kämpfen* haben: Kinder, die zerstören, die im Unterricht ständig stören, die unzuverlässig und aufsässig sind. Die Möglichkeiten der Hilfe kommen leider in unserem bestehenden Schulsystem noch immer viel zu kurz. Der erste Schritt dazu ist: *Verstehen*, das Wissen um die Ursachen dieser abweichenden Verhaltensweisen, die Kenntnis der auslösenden Faktoren, die fast immer in der Familie liegen. Kurt LEVINS Feldtheorie definiert das Verhalten eines Menschen als eine Funktion des Lebensraumes; dieser wiederum ist zu verstehen als intrapsychische Person und Umwelt.

Konkret gesprochen: häufig versucht ein autoritär erziehender Vater seine Erziehungsprinzipien gegen die Nachgiebigkeit der Mutter durchzusetzen. Liebe wird durch Geldscheine ersetzt, der kleinste Verstoß gegen die gewünschte Ordnung mit Liebesentzug bestraft. So sind Kinder oftmals Opfer elterlicher Gewalt, die nicht gleichbedeutend mit Schlägen sein muß; seelische Mißhandlungen verletzen sehr viel tiefer.

Seit einiger Zeit gehen Psychologen und Therapeuten deshalb immer mehr dazu über, nicht allein die verhaltensgestörten Kinder zu behandeln, sondern auch deren - die Störung verursachendes - *Umfeld*, also Familientherapie zu betreiben. Doch diese Einbeziehung der Bezugspersonen des Kindes in die Therapieplanung steht erst am Anfang.

Wo gibt es schon Therapeuten, die bei Notsituationen gleich zur Stelle sind? Wer bezahlt sie? Wer versteht überhaupt die Notsignale, die Kinder durch ihr aggressives Verhalten aussenden? Solange die Situation so unzulänglich ist, sind wir Lehrer aufgerufen, uns Gedanken über Lösungsmöglichkeiten zu machen - und etwas zu unternehmen.

Außer der Verhaltenstherapie, die nicht jedermanns Sache ist, gibt es noch andere mögliche Ansätze, kindliche Verhaltensstörungen anzugehen.

Erzieherverhalten

Einem Teil der verfestigten Verhaltensstörungen kann man durch ein ständiges, bewußtes Überprüfen des eigenen angemessenen Erzieherverhaltens beikommen. Dabei müssen einige wichtige Grundsätze beachtet werden, damit die z.B. durch die Pubertät entstandenen Erziehungsschwierigkeiten vermindert werden können. In der Schule sollte eine Atmosphäre des Vertrauens und des gegenseitigen Respekts vorherrschen. Ständiges Ermahnen und Schimpfen bringt keine Lösung. Lehrer müssen die Ursachen für das Verhalten der Schüler verstehen können. Jugendliche ständig nach ihren Privatangelegenheiten zu fragen, sich bei jeder Gelegenheit einzumischen und Ratschläge zu erteilen, verhindert ihre selbständige Erfahrung und Bewährung. Wichtig dagegen ist ein unaufdringliches Interesse an ihren Problemen und eine einfühlsame Gesprächsbereitschaft. In diesem Sinne sollten auch die Eltern beraten werden.

Der Lehrer muß unbedingt konsequent sein. Es gibt in der Schule einige unverzichtbare Forderungen, die eine konsequente Haltung voraussetzen. Grenzen müssen gesteckt und Verbote dann ausgesprochen werden, wenn der Jugendliche die Folgen seines Handelns noch nicht abschätzen kann und für ihn oder andere beispielsweise eine sittliche Gefährdung entstehen könnte. In diesem Falle darf der Lehrer die Auseinandersetzung nicht scheuen. Eine erfolgreiche Konfliktbewältigung erfordert das Angebot der Versöhnung. Durch beleidigende oder kränkende Äußerungen kann gegenseitige Ablehnung entstehen. Diese sollte durch die Erleichterung einer Versöhnung wieder entschärft und zurückgenommen werden.

Ältere Schüler können manchmal an der Entscheidungshilfe beteiligt werden oder zumindest eine einleuchtende Erklärung oder Begründung für Anordnungen und Regelungen bekommen. Bei Grundschülern müssen die Anordnungen altersgemäß noch genau präzisiert werden, während man dem Hauptschüler bereits eine gewisse Entscheidungsfreiheit einräumen kann.

Angemessenes Erzieherverhalten bedeutet eine Ausgewogenheit von Lenkung und Freiheit. Der Schüler sollte Gelegenheit bekommen, sein Handeln zu erproben; er muß aber auch seine Grenzen kennen. Unter- als auch Überforderung in der Lenkung rufen ungewollte Reaktionen hervor.

Erziehungsprobleme

Erziehungsprobleme - und darunter versteht jeder Praktiker in erster Linie Disziplinschwierigkeiten - sind nichts Neues. Das Phänomen der Disziplinlosigkeit entsteht allerdings manchmal in den Köpfen der Lehrer selbst: Sie gehen von einem falschen Disziplinbegriff aus, begeistert oder verschreckt von irgendeiner pädagogischen Ideologie. Kennzeichen der richtigen Theorie ist ihre Praxisbezogenheit. Das beginnt bereits beim Führungstil des Lehrers.

Führungsstil

Erziehungsprobleme werden häufig durch einen inadäquaten Führungsstil verursacht. Er sollte nicht autokratisch, sondern sozialintegrativ sein. Der Begriff *partnerschaftlicher Führungsstil* sollte vom *dialogischen Führungsstil* abgelöst werden (IPFLING). In diesem Führungsstil werden die Normen nicht einfach gesetzt und rigoros durchgesetzt. Auch wird es nicht dem Zufall überlassen, ob und wie sie sich entwickeln. Vielmehr soll gemeinsam zwischen Eltern und Kindern, Lehrern und Schülern nach vernünftigen Regelungen gesucht werden. Man sollte lernen, über Erziehungsprobleme zu argumentieren und die Schüler für diese Probleme zu sensibilisieren, d.h. bewußte Problemerziehung betreiben. Dies schließt ein, daß beide Teile sich an die getroffenen Abmachungen halten. Es bedeutet auch, daß sich der Erzieher seines Führungsauftrages bewußt ist; da er einen Vorsprung an Wissen und Haltung hat, trägt er die Verantwortung für den Erziehungsprozeß, der darin besteht, dem Schüler Hilfen bereitzustellen, mit denen er Alltagskonflikte bewältigen kann.

Rollenspiel

Eine fruchtbare und wirkungsvolle Möglichkeit, dem verhaltensgestörten Schüler eine altersgemäße Strategie der Konfliktbewältigung zu vermitteln, ist das Rollenspiel. Die benötigte Zeit liefert das Fach Deutsch (Sprecherziehung, Sprachgestaltung).

Da die bio-sozialen Interaktionen unserer Randgruppenkinder ein deutliches Defizit vom Elternhaus her aufweisen, muß die Schule mit einem ausgeglichenen Angebot aufwarten. Dabei ist das Rollenspiel vom darstellenden Spiel zu unterscheiden und in einzelnen methodischen Schritten vorzubereiten. Vorübungen für das Rollenspiel können das Kreisgespräch und Tonbandprotokolle sein. Die problemträchtige Umwelt, die uns Situationen für das Rollenspiel liefert, muß dabei vorher erforscht werden. Die Ausgangssituation sollte vom Lehrer nicht erzählt, sondern in Bildern dargeboten werden. Man beginne mit einfachsten Inhalten: Auskünfte einholen, Auskünfte geben. Erwin kommt zu spät in die Schule. Hans hat sich beim Fußballspielen verspätet. Die persönliche Interessensphäre der Kinder erschließt uns neue Interaktionen. Konflikte, wie sie täglich im Elternhaus und in der Schule auftreten, bieten uns Spielanlässe. Einige Beispiele: Rolf nimmt seinem Nachbarn das Lineal weg. Eine Frau drängt sich beim Einkaufen nach vorne. Gabi ist zur Geburtstagsparty eingeladen. Dieter ißt während der Rechenstunde einen Apfel und wird verraten. Franz muß den Notarzt anrufen.

Das Rollenspiel verdeutlicht den Kindern unsere gesellschaftlichen Normen. Soziale Verhaltensregeln müssen zunehmend in der Schule eingeübt werden, da ein bestimmter Teil der elterlichen Erziehungsfähigkeit entfällt. Bei fortgeschrittener Beherrschung des Rollenspiels erhöht sich natürlich auch die Qualität der Lernziele: es soll erkannt werden, daß unterschiedliche Situationen bzw. Personen verschiedene Reaktionen verlangen. Beispiele: Belinda hat im Freibad keine Bademütze dabei. Thomas hat im Bus Ärger, denn der Schaffner glaubt ihm nicht, daß er erst 13 Jahre alt ist. Kurt traut sich nicht nach Hause. Hans wird von der Polizei als Zeuge vernommen. Die nächst höheren Stufen des Rollenspiels sind die Einsicht, daß bestimmte Handlungsweisen ganz bestimmte Folgen haben, sowie die Fähigkeit, Kritik ertragen zu können.

Autogenes Training

Thomas ist gerade dabei, den Gang eines Elefanten nachzuahmen, während Sebastian behäbig wie eine Riesenschildkröte durch den Raum kriecht. Die zwölf Kinder, acht bis zehn Jahre alt, die in dieser Gruppe versammelt sind, absolvieren gerade ihre erste von insgesamt zehn Stunden Autogenes Training (AT), in der es um die Ruhe- und Schwereübung geht. Sie sind hierher gekommen, weil sie unter psychosomatischen Störungen wie Bauchweh, Schlafstörungen und Konzentrationsschwächen leiden.

Der Kurs findet in der Beratungsstelle für Ehe- und Familienfragen statt. Weil Kinder im Gegensatz zu den meisten Erwachsenen eine besonders ausgeprägt Vorstellungskraft haben, ja sogar Vorstellungen bewußt erzeugen können, fällt es ihnen leicht, der Aufforderung nachzukommen, große, schwere Tiere nachzuahmen. Um welches Tier es sich handelt, muß erraten werden, und schon sind die Kinder mitten im Spiel.

Streß auch bei Kindern

Spiele sind vor allem zu Beginn eines Kurses, aber eigentlich vor jeder Stunde wichtig, weil sie einerseits das gegenseitige Kennenlernen und das Gruppenklima fördern und zum anderen einen guten Übergang von der Hektik zur Entspannung bilden. Kinder reagieren nämlich auf die Hektik unseres täglichen Lebens genauso wie Erwachsene mit Streß. Sie sind nervös und unkonzentriert, haben Bauchweh und sind leicht reizbar.

Eine ganze Reihe von Verhaltensstörungen bei Kindern und Jugendlichen - das zeigt bereits die Erfahrung - können durch AT erfolgreich behoben werden. Leider ist das Angebot an Kinderkursen sehr gering. Vereinzelt bieten Ärzte Autogenes Training für Kinder an, eher aber noch Erziehungsberatungstellen oder Volkshochschulen.

Beim Training mit Kindern ist zu beachten, daß sich der kindliche Körper in einigen wesentlichen Punkten von dem des Erwachsenen unterscheidet: Kinder sind in der Regel beweglicher. Sie haben einen hochtourigen Kreislauf, der unter normalen Bedingungen sogar effizienter sein kann als der eines Erwachsenen. Sie verfügen allerdings auch über weniger Energiereserven. Im Verhältnis der Gesamtmasse des Körpers haben sie ine größere Körperfläche, was bedeutet, daß sie beim Autogenen Training länger brauchen, um in einzelnen Körperteilen beispielsweise Wärme zu empfinden.

Sehr wichtig ist die Motivation. Deswegen laufen die AT-Übungsstunden mit Kindern auch anders ab als die mit Erwachsenen. Nach dem Entspannungstext, der Ruhe und Schwere suggerieren soll, hört die Gruppe z.B. die Geschichte von einer Insel, auf der jedes Kind, umgeben von Blumen und Schmetterlingen, träumen und sich entspannen kann. Das gelingt allen Teilnehmenden auf Anhieb. Nach dieser ersten Entspannungsübung strecken sie sich und ballen die Fäuste, um sich *zurückzunehmen.* Am Schluß malen sie *ihre* Insel noch und bekommen einen Merkspruch für die erste Übung mit nach Haus: "Ruhig und still, geht's wie ich will."

Phantasiegeschichten wie die über die Insel, in denen die Kinder entweder selbst die Hauptfigur sind oder sich mit ihr identifizieren können, stellen das wichtigste Zusatzelement zum AT mit Kindern dar. Bei den Größeren (12- bis 14jährigen) ergänzen die Geschichten die eigentlichen Entspannungsübungen und verhelfen so zu einem vertieften Ruheerlebnis. Bei dieser Altersgruppe kommt die *Reise durch den Körper* besonders gut an. Das Kind, in der Phantasiegestalt eines zaubernden Zwerges, kann hier die einzelnen Organe im eigenen Körper *besuchen* und nach dem rechten sehen. Natürlich gibt es beim Autogenen Training mit Kindern immer wieder Probleme: Mangelnde Disziplin, Schüchternheit (besonders bei den Kleineren) oder auch körperliche Mißempfindungen während der einzelnen Übungen sind am häufigsten. Gerade diese Begleiterscheinungen jedoch, wie z.B. Kribbeln und Muskelzucken in Armen und Beinen, sind harmlose Anfangserscheinungen. Sie sind eigentlich nur ein Anzeichen für eine beginnende Entspannung und verschwinden nach längerem Üben wieder. Kinder sollten auf jeden Fall auch außerhalb des Kurses üben, am besten einmal am Tag.

Fazit

Immer wenn in den Schlagzeilen der Zeitungen von Rockerbanden oder sinnlosen Zerstörungen durch Jugendliche die Rede ist, reagieren die Leser mit Ratlosigkeit und Pessimismus. Sie stellen sich erst gar nicht die Frage, ob sie nicht vielleicht selbst die zunehmende Aggressivität der Kinder verursacht haben. Sie halten das alles für schicksalshaft oder unausweichlich und sparen sich so die Mühe, nach den Ursachen des Übels zu fragen, ohne deren Kenntnis man freilich niemanden helfen kann.

Ärzte und Psychologen wissen inzwischen, daß in den meisten Fällen Rowdytum und Vandalismus Folgen frühkindlicher Schäden sind, die Erwachsene verschuldet haben. Sie sind also weder plötzlich und schicksalhaft aufgetreten noch angeboren.

Durch richtiges Verhalten könnte man rechtzeitig verhindern, daß strafmündig gewordene Kinder mit den Gesetzen in Konflikt kommen und in die Maschinerie der Justiz geraten; denn dann ist es in der Regel wirklich zu spät. Viel wäre gewonnen, wenn auch die Eltern aggressiver Kinder erkennen würden, daß das Symptom des Kindes in Wirklichkeit aus einer Beziehungsstörung der Eltern erwuchs. Der Therapeut sollte also nicht am Kind arbeiten, sondern am Bezugssystem des Kindes, also Eltern und Lehrer mit einbeziehen.

Da die Kinder in der heutigen Kleinfamilie (bei beengten Wohnverhältnissen) ihre starken natürlichen Aggressionen nicht ausleben können, kommt es immer wieder zu massiven Ausbrüchen in der Schule. Man kann jedoch das Rad der Fehlerziehung nicht zurückdrehen; aber man sollte klarmachen, daß elterliches Fehlverhalten fast immer kindliche Verhaltensstörungen zur Folge haben.

Enorm wichtig sind deshalb Information und Aufklärung. Da die aufgeklärte Mittelschicht körperliche Strafen als inhuman erkannt hat, rangiert nun ganz oben in der Beliebtheitsskala der elterlichen Strafmittel der Liebesentzug. Und das ist denkbar ungeeignet, auffälliges Verhalten abzubauen, da die Kinder ja gerade diesen Liebesentzug durch schulische Provokationen wettzumachen versuchen.

Man muß an der Wurzel kurieren, nicht an den Symptomen. Zur Zeit gibt unser Staat 10 Milliarden DM jährlich für Resozialisierung aus. Ein Bruchteil dieses Betrages würde genügen, um vorbeugend zu arbeiten.

Rita Schafferhans

Didaktik der Stille - Ein Baustein zur Lösung von Disziplinkonflikten in Schule und Erziehung

Zeit - Ruhe - Muße

Brauchen wir mehr denn je eine Schule der Stille in unserer von Unruhe und Hektik geprägten Zeit, in der - wie Hartmut von Hentig sagt - "Die Lebensprobleme der Schüler ständig ihre Lernprobleme überwältigen"? "Gewalt in der Schule" füllt nicht nur ganze Zeitungsseiten und Landtagsdebatten, sondern hat den Blick wieder verstärkt auf den edukativen Auftrag von Schule gerichtet. Dabei wird die Frage aufgeworfen, ist Erziehung zu sehen als *Durchsetzung von Fremddisziplin oder als Hilfestellung zur Selbstfindung - Selbststeuerung - Selbstdisziplin?*

> *"'Muße' heißt griechisch 'scholä', lateinisch 'schola', deutsch 'Schule'. Der Name also, mit denen wir die Stätten der Bildung und gar die der Ausbildung benennen, bedeutet Muße. Schule heißt nicht 'Schule', sondern 'Muße'.*
> *Muße kann es nur geben, wenn der Mensch eins ist mit sich selbst.*
> *Muße ist eine Gestalt jenen Schweigens, das eine Voraussetzung ist für das Vernehmen von Wirklichkeit: nur der Schweigende hört, und wer nicht schweigt, hört nicht.*
> *Die Muße ist nicht die Haltung dessen, der eingreift, sondern dessen, der sich öffnet; nicht dessen der zupackt, sondern dessen, der losläßt, der sich losläßt und überläßt - fast wie ein Schlafender sich überläßt."*[1]
>
> *"Muße ist stets die Hektik, die man läßt."*[2]

Wie kommt es, daß wir das eine nicht haben oder haben wollen, von dem anderen aber nicht lassen können oder besser gesagt: nicht lassen wollen? Unsere Zeit leidet unter der Krankheit "Schnelligkeit", wir versuchen uns abzulenken, wollen bloß nicht zur Ruhe kommen und scheinen nichts so sehr zu fürchten wie die Stille, können nichts so wenig aushalten wie die Ruhe. Schüler/innen hasten von der Schule zum Musik- und Ballettunterricht, sie laufen hinter diversen Bällen her, dem Tennis-, dem Hand-, dem Fußball, sie beeilen sich, damit sie dieses und jenes noch erreichen oder daran teilnehmen können... Ihre Lehrer/innen sind nicht besser: Sie eilen vom "Umgang mit Texten" zum "Schriftlichen Sprachgebrauch", vom Finden aller nur möglichen Pentominos zum Algorithmus der schriftlichen Division, sie eilen und eilen und eilen...

Jedoch, nur wer ruhig ist, kann auch Ruhe lehren; wer nicht bereit ist, Muße bei sich entstehen zu lassen, sollte sie nicht bei anderen suchen; wer Stille nicht lebt, sollte sie nicht fordern! Wir sollten uns selbst Zeit nehmen und Kindern Zeit - nicht nur beim Lernen - lassen. *"Stille ist in der Regel an eine besondere Zeitqualität gebunden: die Lang-*

---

1) Pieper, Josef, in: *Muße und Kult*, München 1948, zitiert in: ohne Verfasser: *Vom Nicht-Tun und Stille-Sein - Kleines Lesebuch für Lehrer*, Herbst 1989, o. O.
2) Winkel, Rainer: aus *Erziehung zu Konzentration und Stille*, Vortrag anläßlich des VBE-Bezirkslehrertages 1993, Bez.-Verband Arnsberg

*samkeit geht mit der Stille einher - Schnelligkeit und Stille vertragen sich nicht miteinander."*3) Ruhe, Stille und Geborgenheit müssen in der Schule wieder erfahren werden können. Das ist die eine zwar alte Aufgabe von Schule, jedoch neu gestellt. Lehrer/innen heute müssen ihren Schüler/innen zu diesen Erfahrungen verhelfen. *"Der nur schwer veränderbare affektive Bereich des Menschen bleibt in unserer Schule weithin unberührt, ungepflegt. Wir vernachlässigen seelische Bereiche, die für das soziale Leben grundlegend sind. Die Schule verarmt und in ihr der junge Mensch."*4)

Der Satz *"Muße ist stets die Hektik, die man läßt."*5), scheint auf den ersten Blick keine Handlungsmöglichkeiten für Lehrer/innen aufzuzeigen. Da jedoch gesellschaftliche Rahmenbedingungen und die Lebensverhältnisse der Kinder und Jugendlichen nicht durch Lehrer/innen veränderbar sind, sollten sie dort eingreifen und handeln, sich die entsprechenden Freiräume schaffen, wo ihnen Einwirkungsmöglichkeiten gegeben sind: in der Gestaltung von Schule und Schulleben. Nur so werden sie den jungen Menschen die dringend notwendige Hilfestellung bei deren Persönlichkeitsentwicklung geben können. Erzieher/innen sollten anfangen, von Hektik, Hetze, Unruhe und Lärm abzulassen. D. h.: Für Mitglieder der *"Geschwindigkeitsgesellschaft"*6) *"Die (Wieder)Entdeckung der Langsamkeit"*7)

Disziplin

> *"Es ist erforderlich, die Kinder die Stille zu lehren. Dazu lasse ich verschieden Übungen der Stille von ihnen durchführen, die in bemerkenswertem Maße zu der erstaunlichen Fähigkeit zur Disziplin unserer Kinder beitragen."*8)

Zur Begriffsdefinition:
Disziplin ist im folgenden gemeint als "innere Zucht", *der sich das Individuum selbst unterwirft*, z. B. bei Denkleistungen oder selbstbeherrschtem (selbstgesteuerten) Handeln, das sich dann an verinnerlichten Normen orientiert.

Nicht gemeint ist: Zucht und Ordnung, die dem Individuum *von außen abverlangt werden* in speziellen Verhaltensbereichen (Straßenverkehr, Diskussion) oder in speziellen Rollen als Mitglied von Institutionen oder Organisationen (Partei, Betrieb, Schule etc.). Durch das Ignorieren individueller Probleme und die Unterordnung momentaner Einzelinteressen wird zumeist ein höherwertiger (gesellschaftlicher) Zweck verfolgt und gerechtfertigt.

In der Erziehung sollen Ziel aber auch Zweck der Disziplin in der Person des zu Erziehenden liegen. Also ist der Weg das Ziel oder "Unser Fach ist das Kind" (Gerhard Sennlaub). Kinder von heute bedürfen einer Schule der Muße, der Ruhe und der Stille, die eines ihrer Ziele darin sieht, eine gesunde Balance zwischen Anspannung und Entspannung zu schaffen. Somit beansprucht das Prinzip der individuellen Förderung und Problemzuwendung in der Schule weit mehr Geltung als in jeder anderen Institution, in der Disziplin herrscht.

---

3) Emmenecker, I. / Polzin, M.: *Stille und Langsamkeit im Sportunterricht*, in: Polzin, Manfred (Hrsg.): *Bewegung, Spiel und Sport in der Grundschule*, Arbeitskreis Grundschule, Bd. 85, Frankfurt 1992, S. 192
4) Klink, Job-Günter: *Klasse H 7e, Aufzeichnungen aus dem Schulalltag*, Bad Heilbrunn, 1974, zitiert in Halbfaß, Bd. 1, a. a. O. S. 46
5) vgl. 1)
6) Winkel, Rainer: *Gehetzte Schüler und hektische Lehrer*, Deutsche Lehrerzeitung DLZ 49/92
7) Nadolny, Swen: *Die Entdeckung der Langsamkeit*, München 1987
8) Montessori, Maria: *Die Entdeckung des Kindes*, Freiburg 1969, S. 154

Disziplinschwierigkeiten, Aggressionen, Gewalt, Unruhe, Hektik Konzentrationsschwierigkeiten und Lernverweigerungen sind ein häufiger Anlaß zur Klage von Lehrer/innen und Eltern. Aber auch die Schüler/innen behaupten oft, daß sie vor lauter Unruhe und Streß nicht aufpassen und lernen könnten oder daß der Unterricht uninteressant und langweilig sei. So wird dann der Ruf nach "mehr Disziplin und Durchgreifen" und danach laut, "wieder mehr Zucht" in die Klassen zu bringen.

Die Erfahrung jedoch lehrt, daß die dazu ergriffenen Maßnahmen immer nur *kurzfristig* helfen, da die Schüler/innen *fremdbestimmt* aufmerksam sein *sollen* - es aber nicht *sind*, Ruhe halten *müssen*, - aber nicht ruhig *sind*.

Dieser mangelnde Erfolg der Durchsetzung von *Fremddisziplin* hat mittlerweile den Blick wieder weggelenkt von vorrangig mechanistisch-technischen Versuchen der Verhaltensbeeinflussung (Techniken des Lehrerverhaltens, Verhaltensmodifikationsprogrammen, Ordnungsmaßnahmen), die Schüler/innen *passiv* an gegebene Verhältnisse oder Strukturen anpassen wollen. Will man Kinder zu dauerhaft diszipliniertem Verhalten führen, muß man sie zu verstehen versuchen, *nicht an den Syptomen kurieren*, sondern ihnen *Aktivitäten* im Hinblick auf Situationen und Ziele, d.h. ihnen Hilfen zur Selbsterfahrung, Selbsterkenntnis, Selbstentfaltung und Selbststeuerung anbieten, so daß sie von sich aus (bei der Sache sein) *wollen*, also *Selbstdisziplin* (aus)üben. In diesem Prozeß können Konzentrations-, Stille- und Entspannungsübungen zu Schlüsselmomenten werden.

Bei dieser Sichtweise geht es also *nicht* mehr so sehr um *Erziehung zur Disziplin, sondern um Förderung von (subjektiver) Verhaltenssicherheit*. So richtet sich der Blick automatisch weg von den "Techniken des Lehrerverhaltens" im Umgang mit Schüler/innen. Im Mittelpunkt der Überlegungen müssen das Kind, seine Situation und seine Lebens- und Schulbedingungen stehen.

"Nach RÜCKRIEM gibt es keine disziplinlosen Schüler, jedoch lernbedürftige, verhaltensgestörte und geschädigte, denen zu neuer Verhaltenssicherheit (statt Disziplin!) verholfen werden muß. "Disziplinloses Verhalten ist nichts anderes als Fehlen geeigneter Verhaltensformen, die noch nicht erlernt sind. Disziplinkonflikte sind Äußerungen von Verhaltensunsicherheit"[9], Verhaltensunsicherheit aber ist "eine Funktion von Schule, Unterricht und Lehrerverhalten"[10].

Aus dieser Perspektive gesehen liegt der Akzent auf dem Umgang mit Kindern als Hilfe zur personalen Selbstfindung in freien sozialen Beziehungen. Disziplin ist dann nicht mehr vornehmlich ein Problem der Strafmaßnahmen, sondern eher eine Frage des Miteinanderumgehens und eine Grundlage sozialen Lebens. Sicher haben sich Lehrer schon immer bemüht, ihre Schüler statt mit Zwang und Strafe durch "Takt und Taktik im Klassenzimmer"[11]zu disziplinieren. Über solche mehr oder weniger trickreichen Überraschungseffekte hinaus, die den Lehrer für den Augenblick Sieger im "Klassenkampf" werden lassen, gelangt man zu dauerhafter Disziplin aber erst, wenn man sie von den Kindern her begreift: als *ihr* ureigenstes Anliegen, ja als ihr *Recht*[12], sich im Miteinander wohlfühlen und lernen zu können.

---

9) Burk, Karlheinz: *Kinder finden zu sich selbst - Disziplin, Stille und Erfahrung im Unterricht*, Arbeitskreis Grundschule, Bd. 60, Frankfurt 1984, S. 9, (2. Auflage 1990)
10) Burk, Karlheinz: *Kinder finden zu sich selbst - Disziplin, Stille und Erfahrung im Unterricht*, Arbeitskreis Grundschule, Bd. 60, Frankfurt ²1990, S. 9
11) Ginott, Haim: *Takt und Taktik im Klassenzimmer*, Göttingen 1972
12) vgl. 9), S. 9 - 10

Stille

"Unsere Zeit ist der Stille völlig entgegengesetzt. Sie ist erfüllt von Dynamik, Geschäftigkeit und Lärm - innerhalb der freien Zeit oft noch mehr als während der Arbeit. Es fällt schwer, dem Angebot elektronischer Unterhaltung etwas entgegenzusetzen, so daß von früh bis spät Musik und Wörter den Menschen umspülen. Das Erlebnis der Stille ist selten und vielen sogar unbekannt. Eher fühlen sie sich von der Stille bedroht, verbinden sie mit toter Leere und Langeweile, der um jeden Preis zu entfliehen ist. Von der Stille als einem Erlebnis zu sprechen, das nicht aushöhlt, sondern reicher nacht, sie als einen Weg anzusehen, der in die Mitte führt, in der der Mensch zu sich ... kommt, weckt Ratlosigkeit. Notwendigerweise! muß man sagen, denn wo das Verhältnis zur Stille fehlt, weiß der Mensch auch nichts mit sich selbst anzufangen, und wer immer bei sich selbst unbehaust ist, fürchtet die Stille. Eine Folge dieser inneren Entfremdung ist die Verlagerung der Lebenssinne an die Peripherie.
Und dennoch kann alle Veräußerlichung ein geheimes, meist unbewußtes Verlangen nach dem Segen der Stille nicht ersticken. Es ist das Wissen, daß uns die Stille mit dem Wurzelgrund der eigenen Existenz verbindet."[13)]

"Die Stille ist für mich etwas ganz Besonderes. Die Reisen zum Haus der Stille oder zum Brunnen der Stille finde ich schön. Wenn ich still werde, dann vergesse ich meine ganzen Sorgen. Aber es fällt mir immer noch schwer, die Stilleübung."
(Alex, 9 Jahre)[14)]

Alex' Äußerung zeigt, daß auch Kinder (schon?/wieder?) von der heilenden Kraft der Stille fasziniert sein können und in Stilleübungen ihre Erlebnisfähigkeit entwickeln und Hilfe zur Selbstfindung und Ruhe erhalten. Wenn sie Stille für sich selbst erfahren, die Mühe, aber auch die Lust der eigenen Erkundung, des eigenen, sinnenhaften Erlebens und authentischen Erfahrens selbst vollziehen können (im Gegensatz zu den heute vorherrschenden Erfahrungen aus zweiter Hand), können sie sich "den Zugang zu sich selbst eröffnen, zu innerer geistiger Erfahrung sowie zur Selbstakzeptanz".[15)]

Nur die Lehrer/innen und Erzieher/innen, die sich selbst der Stille geöffnet haben, Wege in die Stille gegangen sind und deren heilsame Kräfte an und in sich selbst *erfahren* haben, kurz: die bei sich selbst sind und sein mögen, sollten diese Wege auch mit Kindern suchen und gehen. Nur wer selbst bereit ist, kritisch zu reflektieren und sich selbst zu öffnen für neue Erfahrungen, kann auch Schüler/innen neue Erfahrungsräume eröffnen. Andernfalls wird eine Anwendung der Übungen nicht dauerhaft greifen und für Lehrer/innen und Schüler/innen hilfreich, (er)lösend und befreiend sein: Eine Anwendung der Übungen im Sinne einer neuen Disziplinierungstechnik "bleibt jedoch ohne Erfolg, ja, kann zu einem neuen Manipulationsinstrumentarium degenerieren."[16)]

Neu sind all diese Gedanken nicht, wenn man das auch schließen könnte, so z.B. aus der Tatsache, daß beim Bundesgrundschulkongreß im Herbst 1989 die Arbeitskreise zur "Didaktik der Stille" die mit den meisten Meldungen und die am ehesten ausgebuchten waren oder daß sich Lehrertage zum Thema "Erziehung zu Konzentration und Stille"

---

13) Halbfas, H.: *Der Religionsunterricht in der Grundschule*, Bd. 1, Düsseldorf 1984, S. 43
14) ohne Verfasser: *Vom Nicht-Tun und Stille-Sein - Kleines Lesebuch für Lehrer*, 1989, o. O.
15) vgl. 9), S. 16
16) vgl. 9), S. 17

häufen.. Schon PESTALOZZI, PETERSEN UND MONTESSORI haben Stilleübungen als pädagogisch fruchtbares Mittel erkannt, reflektiert und genutzt. In neuerer Zeit hat sich besonders Hubertus HALBFASS mit den Übungen der Stille auseinandergesetzt.[17)]

Was brauchen Kinder?

- Kinder brauchen Bewegung.
- Kinder brauchen Zeit und Ruhe.
- Kinder brauchen einen Wechsel zwischen Anspannung und Entspannung.

Eine mechanistisch-technische Reaktion auf Disziplinprobleme löst weder die Probleme noch die erzieherische Aufgabe dauerhaft. Die Lebenswirklichkeit der Kinder hat sich verändert. Wir leben in einer von Streß und Hektik geprägten Zeit, in der sich niemand Zeit nimmt oder bereit ist, anderen Zeit zu schenken. Abgesehen von diesen Erscheinungen unserer "Geschwindigkeitsgesellschaft"[18)] sind Kinder im medialen Bereich - ohne sich nennenswert selbst zu bewegen - einer Fülle von fremdproduzierten, schnell vorbeirauschenden Bildern umgeben, die die jungen Menschen zum Konsum und nicht dazu anregen, mit Hilfe der eigenen Phantasie - sehr viel mühsamer aber auch lustvoller - eigene Bilder zu produzieren.

- Kinder brauchen Anleitung, (wieder) mit allen Sinnen wahrzunehmen und zu lernen.
- Kinder brauchen Hilfestellung zur personalen Selbstakzeptanz und Selbstfindung.
- Kinder brauchen Hilfestellung zur Selbststeuerung ("Hilf mir, es selbst zu tun", M. Montessori).
- Kinder brauchen Menschen, die ihnen neue Erfahrungsräume eröffnen.

Somit erhalten vor allem die Erziehungsaufgaben der Schule eine Vorrangstellung: Das Ziel, Kinder zu einer persönlich befriedigenden und gesellschaftlich-produktiven Lebensführung zu befähigen, kann nur erreicht werden, wenn nicht nur die intellektuellen, sondern auch die emotionalen und sozialen Ansprüche der Kinder *gleichermaßen* Berücksichtigung finden. "Ohne das zugleich neu zu leistende erzieherische Engagement der Lehrer sind soziales Verhalten und Leistungsbereitschaft der Schüler weder zu erreichen noch zu sichern. Zu diesem Engagement gehört nun auch auf seiten der Erzieher eine "Erfahrungsoffenheit", die nicht nur die Schwierigkeiten und Nöte der Kinder, sondern auch deren - noch versteckte oder verschüttete - Fähigkeiten zur Selbsthilfe wahrzunehmen und im rechten Augenblick anzusprechen versteht...Den Schülern zu helfen, wahrnehmungs-, handlungs-, selbst- und sinnfähiger zu werden, dazu können "Stille" und ein "erfahrungsoffener Unterricht" *beitragen.*"[19)]

In einer Welt, die von Hektik und Lärm geprägt ist, in der Ereignisse sich überstürzen, sind Stille-Erfahrungen "Kristallisationskerne zur Veränderung der Schule"[20)]

Lehrer/innen, die nachlesen wollen, wie sie mit Kindern Wege zur Stille suchen und gehen können, sei der Mittelteil von [9)] empfohlen, in dem Erika Kühnenberger ihren Weg mit einer sehr "schwierigen" Klasse beispielhaft und sehr praxisnah beschreibt. Eine Fülle von Anregungen sind auch in [19)] zu finden.

---

17) Halbfaß, Hubertus:*Der Religionsunterricht in der Grundschule*, Lehrerhandbuch Bd. 1, Düsseldorf 1983; Bd. 2 - 1984, Bd. 3 - 1985
18) vgl. 6), a. a. O.
19) vgl. 9), S. 21
20) Faust-Siehl/Bauer/Baur/Wallaschek u.a.: *Mit Kindern Stille entdecken*, Frankfurt 1991

Entspannungsmethoden

Einordnungsmöglichkeiten:

Man kann *Entspannungsmethoden* unterscheiden in bezug auf

1. die Art und Weise der Entspannungseinleitung (Entspannungsinduktion),
2. die Wirkungen, die durch diese Einleitung erreicht werden (Entspannungsreaktion).

Bei der *Entspannungseinleitung* wird unterschieden, ob man passiv den Anweisungen eines/einer Anleiters/Anleiterin folgt oder ob man aktiv durch Selbstanweisung oder selbständige Handlungen (Autosuggestion) den Entspannungsprozeß beeinflußt. Die autosuggestiven Verfahren bedürfen zwar oft zunächst der Anleitung durch einen erfahrenen Lehrer/in, bevor sie dann später auch selbständig angewendet werden können.

Von der Entspannungseinleitung hängt die Wirkung der Entspannung im kognitiven, psychischen und physiologischen Bereich ab. Viele Entspannungsformen lassen sich nicht eindeutig einer Methode zuordnen. So gibt es neben den sogen. wissenschaftlich begründeten Methoden vielfältige Stille- und Konzentrationsübungen sowie Versenkungsformen, die auf einer Vermischung einzelner Techniken beruhen. Im folgenden wird jedoch eine Klassifizierung einiger Entspannungsmethoden versucht.

Stille / Ruhe

Funktionen:

Selbstwertfindung, Selbstdisziplinierung, Selbststeuerung, Selbstmodifikation (Änderung des Eigenverhaltens), Mittel zur Findung eines Gruppengefühls und Übernahme von Mitverantwortung; Lösung von (Eigen)spannungen;

nicht: die Schüler an vorhandene Verhältnisse anpassen, *sondern* sie durch Bereitstellen entsprechender Situationen in eine Position (inneren) Verhaltens bringen, in denen erste Schritte zur Selbständerung durch Selbstkontrolle und -bestimmung vollziehbar sind.

Yoga

ist eine altindische Regulationstechnik und gehört zu den asiatischen Versenkungsmethoden. Der Begriff entstammt dem Sanskrit und bedeutet "anjochen". "Gemeint ist damit, daß der Mensch mit dieser Methode erlernen kann, wie er all seine Sinne, seine Gedanken, seinen Körper, kurz: 'sich' besser konzentrieren kann."[21)]

Autogenes Training

Eine 1926 von Johannes H. SCHULTZ veröffentlichte Methode der Selbstentspannung, womit er mit 'autogen' im wesentlichen 'selbst hervorgerufen' meinte. Er verband dabei westliche Methoden der Autosuggestion mit einigen alten Yoga-Techniken.

Methode der Selbstentspannung, in der sich die eigenen Gedanken auf einfach zu erreichende Übungsziele (Schwere, Wärme - in der Eingangsstufe des AT) richten. Das Einreden *dieser Begleitgefühle der Entspannung* führt zum Erreichen des Entspannungszustandes (wenn nicht, wie oft bei Kindern und Erwachsenen, Verkrampfungen auftreten).

Weiterführende Übungen sollten nur unter ärztl. Aufsicht und nicht von Laien vorgenommen werden!

---

21) Rücker-Vogler, Ursula: *Yoga und Autogenes Training mit Kindern*, Don Bosco Verlag, München ²1991, S. 12

Eutonie

Der Begriff wurde 1957 durch G. ALEXANDER geprägt. Eutonie ist eine psycho-physische Entspannungsmethode, die speziell im abendländischen Kulturkreis entstanden ist und sich mit der Entwicklung grundlegender Wahrnehmungsempfindungen beschäftigt. "Insbesondere akustische und taktile, aber auch visuelle und kinästhetische Reize innerhalb der Übungen führen zu spezifischen Körperwahrnehmungen z.B. hinsichtlich der Größe-, Schwere- und Temperaturempfindung. Hierdurch entwickelt und präzisiert sich einerseits die Vorstellung vom eigenen Körper ... andererseits werden durch die verminderte Muskelspannung und die daraus folgende verstärkte Durchblutung Körperempfindungen hervorgerufen, die ... als angenehm, entspannend und erholsam erlebt werden."22)

Eutonie ist also eine Methode zur Erfahrung der körperlich-geistigen Einheit des Menschen durch bewußtes Erleben, Wahrnehmen und Fühlen der eigenen Körperlichkeit mit dem Ziel, konzentrative, schöpferische und soziale Kräfte zu entfalten. Drei Phasen: *Basisentspannung* (Ausagieren), *Ruhetönung* (zu sich selbst finden), *Entspannungsphase*.

Meditation

Eine Methode/Technik, sich durch Zurückziehen der Sinne von der Umwelt vom Wach-/Tagesbewußtsein zu lösen. Der Meditierende bringt sich durch Versenkung und Umschaltung (u. a. auch mit Hilfe von Konzentrationsobjekten, Ausschluß von Außenreizen) in einen Bewußtseinszustand, der verschieden ist von seinem Alltagsbewußtsein. *Phantasiereisen* enthalten immer auch meditative Elemente.

Es gibt sehr viele Praktiken, die unter dem Begriff 'Meditation' zusammengefaßt werden können. "Allen gemeinsam ist das Vermögen, einen besonderen Zustand frei schwebender Aufmerksamkeit hervorzurufen, in dem rationales Denken vermieden und Worte viel weniger Bedeutung haben als im täglichen Leben. Charakteristisch für diesen Zustand ist, daß der Meditierende völlig von seinem Meditationsgegenstand gefesselt ist. Wenn ihm irgendein anderer Gedanke kommt, so taucht dieser meist nur vage am Horizont auf, um gleich wieder zu verschwinden.

Die Kunstgriffe, die zur Hervorbringung dieses Zustandes angewendet werden, sind völlig verschieden, z.B.: ruhig auf eine Kerzenflamme blicken; im Geist einen Laut (Mantara) wiederholen; seinem eigenen Atem aufmerksam folgen; sich auf das Geräusch des Regens konzentrieren; ... auf die Empfindungen des Leibes achten; ... Das Ziel dabei ist immer das gleiche: eine Änderung der existentiellen Erfahrungen des Meditierenden.

Alle diese Techniken schließen die Ablenkungen durch die Außenwelt fast genauso aus wie eine 'Isolierkammer'."23)

Progressive Muskelentspannung

Diese Methode ist ein Entspannungsverfahren, das von Edmund JACOBSEN entwickelt und 1929 zum ersten Mal veröffentlicht wurde. Dabei "werden unterschiedliche Muskelgruppen nacheinander mit steigender Intensität angespannt und anschießend entspannt. Dadurch stellt sich nach einigen Wiederholungen ein deutlich spürbares Gefühl von Wärme, aber auch von Schwere der betreffenden Gliedmaßen ein und wird als angenehm

---

22) Kultusminister des Landes NRW und die AOK in NRW (Hrsg.): *Gesundheitserziehung in der Schule durch Sport*, Handreichung für die Primarstufe, AOK Verlag, Bonn 1988, S. 52

23) Carrington, Patricia: *Das große Buch der Meditation*, Heyne, München 1989, S. 21

empfunden. So werden z.B. nach dem Anspannen der Hände zur festen Faust und ihrem Lösen nach mehrfachem Wechsel Wärmeempfinden und Schweregefühl auftreten."[24)]

Was Sie bei der Durchführung von Stille/Entspannungs- und Meditationsübungen mit Kindern *unbedingt* beachten sollten!

1. Machen Sie zunächst selbst Ihre eigenen "Stille"-Erfahrungen! Erst erfahren - dann vermitteln! (Nur diejenigen, die voll dahinterstehen, sollten diese Methoden weitergeben und in ihrer Arbeit anwenden. Stilleübungen sind keine Disziplinierungstechnik!)
2. Schaffen Sie ein Klima der Offenheit, Wärme, Akzeptanz und Toleranz.
3. Beginnen Sie so früh wie möglich (schon im 1. Schuljahr). So erfahren Kinder die Arbeit in den Übungsfeldern als Bestandteil von Schule und Schulleben.
4. Zu Beginn ganz kurze Übungsphasen (15 Sekunden - 1/2 Minute)
5. Üben Sie regelmäßig!
6. Niemals Kinder zu Übungen zwingen! Das Prinzip der Freiwilligkeit muß gewährleistet sein.
7. Jeder Stilleübung sollte im Normalfall eine Bewegungsphase vorausgehen.
8. Das Schließen der Augen braucht bei vielen Kindern Vertrauen und setzt viel Übung voraus.
9. Kindern, die Schwierigkeiten haben, anbieten, sich einen besonders geschützten Platz im Raum aussuchen zu dürfen (Spiel-, Lese- oder Rückzugsecke); so sind sie für sich und unbeobachteter und lenken die anderen nicht ab.
10. Die Schwierigkeiten ernstnehmen, die Kinder bei den Übungen haben können, und mit ihnen anschließend darüber sprechen. Fortschritte einzelner sensibel wahrnehmen und (evtl. auch vor der Gruppe) positiv hervorheben.
11. Kindern imaginäre Bilder (Reise zur Wiese / zum Baum / zum Haus / zum Fluß / mit einer Wolke) mit auf den Weg geben.
12. Variieren mit Bildern, mit Musik, mit Wahrnehmungsaufgaben für alle Sinne und auch mit Bewegungen (z.B. meditativem Tanz).
13. Von den Empfindungen erzählen und diese auch ggf. aufschreiben/malen lassen: so kann sich jeder mitteilen, ohne gleich durch sein Sprechen die anderen in der Verarbeitung ihrer Erfahrungen zu stören.
14. Übungen und Gespräche darüber sollten nicht gewertet werden. Übungs- und Gesprächsphasen sollen getragen sein von Offenheit, Toleranz und Ruhe.
15. Wichtig ist die Erkenntnis, daß jeder anders wahrnimmt und selbst ähnliche Wahrnehmungen von unterschiedlichen Menschen unterschiedlich empfunden und erlebt werden.
16. Jede Wahrnehmung löst ein persönliches, seelisches Erlebnis aus, das auch als solches respektiert werden muß und soll.
17. Nur in "geübten/erfahrenen" Gruppen macht der/die Gruppenleiter/in mit; andernfalls sind Beobachtung und entsprechende Reaktion wichtig.
18. Elternarbeit und -information sind wichtig und unerläßlich, damit Ihr Tun richtig eingeordnet, eingeschätzt und auch unterstützt werden kann. (Es ist sinnvoll, mit den Eltern die Übungen durchzuführen, die Sie mit den Kindern machen wollen - auch hier gilt: Erst erfahren - dann vermitteln).
19. Wenn Sie selbst nicht ruhig und entspannt sind, sollten Sie das auch nicht von den Kindern erwarten. *Nur wer ruhig ist, kann auch Ruhe lehren.*

---

24) Kultusminister des Landes NRW und die AOK in NRW (Hrsg.): *Gesundheitserziehung in der Schule durch Sport*, S. 54

□□□□□□□□□□□□□□□□□□□□□□□□□□□□□□□□□□□□

Literaturverzeichnis

Adamek, K. — *Die Stimme - Quelle der Selbstheilung*, Freiburg 1989

Alexander, Gerda — *Eutonie - Ein Weg zur körperlichen Selbsterfahrung*, München ^{4}1980

Anders, Wolfgang — *Übungsprogramm zur Förderung der Bewegungskoordination*, Bad Godesberg ^{4}1984

Bauer, E. / Wallaschek, U. — *Innehalten im Strom der Eindrücke und Erfahrungen: Stille und Stilleübungen*, in: *Kinder heute - Herausforderung für die Schule*, Beiträge zur Reform der Grundschule, Bd. 79/80, AKG Frankfurt 1990

Bäuml-Roßnagl, M.-A. — *Leben mit Sinnen und Sinn in der heutigen Lebenswelt*, Regensburg 1990

Wie die Kinder leben lernen, Band 1: *Eine sinn-liche Gegenwartspädagogik für Eltern und Schule*; Band 2: *Eine Sinn-en-nahe Umweltpädagogik für Eltern und Schule*, Donauwörth 1990 bzw.1991

Bernstein, D. A. / Borkovec, T. D. — *Entspannungs-Training - Handbuch der progressiven Muskelentspannung*, München ^{3}1990

Biermann, Gerd — *Autogenes Training mit Kindern und Jugendlichen*, München ^{2}1978

Böttcher, Ursula — *Yoga für Kinder*, Bad Homburg v.d.H. 1977

Brandt, Beate — *Sitzen-Schweigen-Hören, Übungsbücher zur Sharing-Eutonie*, Grünewald-Verlag, 1986

Brenner, Helmut — *Entspannungstraining für alle*, Humboldt TB 430

Brunner, Reinhard — *Hörst du die Stille? - Meditative Übungen mit Kindern*, München

Brüggebors, Gela — *Körperspiele für die Seele, 312mal Bewegung, Entspannung, Energie; Anregungen für die Psychomotorik*, Hamburg 1990

Mehr vom Leben durch Mentales Training, GU 1991

Burk, Karlheinz (Hrsg.) — *Kinder finden zu sich selbst - Diszplin, Stille und Erfahrung im Unterricht*, Arbeitskreis Grundschule e.V., Bd. 60, Frankfurt ^{2}1990

Carr, Rachel — *Bewegungsspiele und Yoga mit Kindern*, München 1982

Carrington, Patricia — *Das große Buch der Meditation*, Heyne, München 1989

Cloer, Ernst — *Disziplinieren und Erziehen*, Bad Heilbrunn 1982

Diskin, Eve — *Yoga für Kinder*, Econ Ratgeber 1987

Dörig, Bruno — *Schenk dir Stille*, Eschbach 1991

Eberlein, Gisela — *Autogenes Training mit Kindern*, Düsseldorf 1985

Autogenes Training - Lernen und Lehren, Springer 1987

Ebermann, Renate — *Isometrische Übungen*, Heyne 1980

Emmenecker, Ingrid / Polzin, Manfred — *Stille und Langsamkeit im Sportunterricht*, in: Polzin, Manfred (Hrsg.), *Bewegung, Spiel und Sport in der Grundschule*, AKG Bd. 85, Frankfurt 1992

Fallner, Heinrich / Gräßlin, Hans-Martin — *Kollegiale Beratung - Eine Systematik zur Reflexion des beruflichen Alltags*, Hille 1990

Faust-Siehl / Bauer / Baur / Wallaschek — *Mit Kindern die Stille entdecken - Bausteine einer veränderten Schule*, Frankfurt 1990

Faust-Siehl / Bauer / Baur / Wallaschek — *Stille entdecken - Stillwerden üben*, Reihe: *Unterrichtspraxis Grundschule*, Frankfurt 1990

Feldenkrais, Mosché — *Bewußtheit durch Bewegung*, Suhrkamp 1978

Fischer, Bara — *Der Sonnen... g - Grundlagen der Symbol-Meditation*, München 1989

Fölling-Albers, Maria	*Veränderte Kindheit - veränderte Grundschule*, Arbeitskreis Grundschule Bd. 75, Frankfurt 1989
	Schulkinder heute. Auswirkungen veränderter Kindheit auf Unterricht und Schulleben, Weinheim 1992
Freudenberg, Hans (Hrsg.)	*Religionsunterricht praktisch* - Unterrichtsentwürfe und Arbeitshilfen, 3. Schuljahr, 1991
Friedrich, Sabine / Friebel, Volker	*Entspannung für Kinder, Übungen zur Konzentration und gegen Ängste*, Hamburg 1991
Furlan, Elisabetha	*Komm, wir spielen Yoga*, Freiburg 1991
Geer, Ursula / Hahn, Ursula	*In Ruhe lernen; Entspannung im Unterricht*; aus: *Lehrer Journal Grundschulmagazin* 12/90
Groß, Dr. Erwin	*Heilatmung für jeden - Der ärztliche Führer zum selbständigen Erlernen der bewußten Intensivatmung*, Gräfe und Unzer Verlag, 1983
Haas, H. / Seidel, U.	*Lied der Stille: Meditationen - Anleitungen*, Düsseldorf 1991
Haselbach, B.	*Improvisation, Tanz, Bewegung*, Stuttgart 1976
Halbfas, Hubertus	*Religionsunterricht in der Grundschule*, Lehrerhandbuch Bd. 1, Düsseldorf 1983; Bd.2 - 1984; Bd.3 - 1985
Hari-Dass, Baba	*Kinder im Garten Yoga - Eine spielerische Anleitung*, Zürich 1989
Hintersberger, B.	*Mit Jugendlichen meditieren, Methoden - Einstiege - Texte*, München 1988
Hoenisch, N. / Niggemeyer, E.	*Heute streicheln wir den Baum*, Ravensburg 1981
	Komm liebe Spinne, Ravensburg 1982
Hoffmann, Bernt	*Handbuch des autogenen Trainings; Grundlagen, Technik, Anwendung*, München ^{3}1981
Kirste, R. (Hrsg.)	*Iserlohner Contexte*, Bd. 3, *Meditation und Schule*, Iserlohn 1987
Kjellrup, Mariann	*Bewußt mit dem Körper leben - Spannungsausgleich durch Eutonie*, München ^{6}1989
Kleinsorge, Hellmuth	*Selbstentspannung*, Trainingsheft, Stuttgart 1974
Kleinsorge, Hellmuth / Kleinsorge, Hansi	*Intensivkurs für das Autogene Training*, Trainingsheft mit Cassette, ^{8}1991
Krombusch, Gerhard	*Mit Kindern auf dem Weg zur Stille*, Arbeitshilfen zur Cassette *"Komm mit zur Quelle"*, Impulse-Musikverlag, Drensteinfurt 1989
Kükelhaus, Hugo	*Fassen, Führen, Bilden - Organerfahrungen im Umgang mit Phaenomenen*, Köln 1989
Kultusminister und AOK in NRW (Hrsg.)	*Gesundheitserziehung in der Schule durch Sport*, 1. Handreichung für die Primarstufe, AOK Verlag, Bonn 1988 2. Handreichung für die Sekundarstufe I, AOK Verlag, Bonn 1991
Lander, H. / Zohner, R.	*Meditatives Tanzen*, Stuttgart 1987
Landesinstitut für Schule und Weiterbildung	Heft 3: *Lernen lernen*, 11/1990 Heft 4: *Schülerorientierung*, 4/1992
Levey, Joel	*Die Kunst der Entspannung, Konzentration und Meditation*, Hugendubel 1988
Maheshwarananda, Paramhans Swami	*Yoga mit Kindern*, Hugendubel Verlag 1990
Maschwitz, Gerda / Maschwitz, Rüdiger	*Geistliches Leben wagen - Ein Meditations-, Arbeits- und Übungsbuch*, Offenbach 1989

Miller, Reinhold — *Sich in der Schule wohlfühlen*, Weinheim [4]1991

Montessori, Maria — *Kinder sind anders*, (Original 1938) München 1988

Müller, Else — *Hilfe gegen Schulstreß; Übungsanleitungen zu Autogenem Training, Atemgymnastik und Meditation für Kinder und Jugendliche*, Hamburg 1991

Auf der Silberlichtstraße des Mondes, Fischer Verlag, Frankfurt 1985

Du spürst unter deinen Füßen das Gras, Autogenes Training in Phantasie- und Märchenreisen, Vorlesegeschichten, Frankfurt 1991

... und dann trägt mich eine Wolke, Fischer Verlag, Frankfurt

Müller-Bardorff, Helga — *Meditation in der Grundschule*, Regensburg 1990

Murdock, Maureen — *Dann trägt mich meine Wolke; Wie Große und Kleine spielend leicht lernen*, Freiburg [3]1990

Ostertag, S. — *Einswerden mit sich selbst - Ein Weg der Erfahrung durch meditative Übung*, München 1981

Pirnay, Lutz — *Kindgemäße Entspannung und Konzentration; ein Script - nicht nur für den Schulalltag*, Im Selbstverlag des Autors, B-Lichtenbusch 1990

Portmann, Rosemarie / Schneider, Elisabeth — *Spiele zur Entspannung und Konzentration*, Don Bosco Verlag, München 1991

Rompf, Manfred — *Einführung in die Meditation*, Manuskript, hrsg. für den 24. Deutschen Ev. Kirchentag, 1991

Rozman, Deborah — *Meditation für Kinder*, Freiburg 1991

Rücker-Vogler, Ursula — *Yoga und Autogenes Training mit Kindern*, München [2]1991

Schlottke, Peter F. / Wahl, Diethelm — *kStreß und Entspannung im Unterricht - Trainingshilfen für Lehrer*, Arbeitsbuch und Cassette, 1983

Schultz, Johannes — *Übungsheft für das Autogene Training*, Stuttgart [22]1989

Schwäbisch, L. / Siems, M. — *Selbstentfaltung durch Meditation*, Rheinbeck 1976

Sommer-Stumpenhorst, N. — *Lese- und Rechtschreibschwierigkeiten: vorbeugen und überwinden*, Frankfurt 1991

Teml, Helga und Hubert — *Komm mit zum Regenbogen - Phantasiereisen zur Entspannung und Lernförderung*, Veritas-Verlag 1991 (mit Cassette < Entspannt lernen >)

Teml, Hubert — *Zielbewußt üben, erfolgreich lernen - Lerntechniken und Entspannungsübungen für Schüler*, Veritas-Verlag 1989

Vopel, Klaus — *Interaktionsspiele*, Bd. 1 - 6, Hamburg [4]1981

Kinder ohne Streß, Bd. 1, *Bewegung im Schneckentempo*,
Bd. 2, *Im Wunderland der Phantasie*,
Bd. 3, *Reise mit dem Atem*, [2]1991
Bd. 5, Ausflüge im Lotussitz,
ISKO-Press(Beselerstr.32, W-2000 Hamburg 52)

Windels, Jenny — *Eutonie mit Kindern*, München 1984

Winkel, Rainer — *Aggressionen und Konzentrationsstörungen in unseren Schulen oder Fallberichte aus dem Schulalltag*, in: Heyer u. a. (Hrsg): *Zehn Jahre wohnortnahe Integration*, Arbeitskreis Grundschule, Bd. 88/89, Frankfurt 1993

Wolff, Irmhild — *Entspannung im Unterricht*, Zeitschrift *"Die Grundschule"* Heft 14, 1982

Zitzlsperger, Helga — *Ganzheiliches Lernen - Welterschließung über alle Sinne mit Beispielen aus dem Elementarbereich*, Weinheim/Basel 1989

Zebroff, Kareen — *Yoga für jeden*, Falken Verlag 1992

Zeitschriften

Pädagogische Beiträge (Westermann), 12/1988
Die Grundschule, 14/1982
Die Grundschulzeitschrift, 36/1990 und 38/1990
Praxis Grundschule, 16/1984, 2/1991 und 2/1992
rhein-pfälzische-schulblätter, 10/92
Grundschulmagazin (Ehrenwirth/Oldenbourg/Prögel), Dez./92
Deutsche Lehrerzeitung DLZ, 49/92
Lehrer Journal Grundschulmagazin, 12/90

Musikkassetten

Stein, Dr. Arnd	Gesellschaft für Stereo Tiefensuggestion, Schleddestr. 16 - 18, 5860 Iserlohn 7
Poeplau / Edelkötter	*Komm mit zur Quelle*, Impulse-Musikverlag, Drensteinfurt

Literatur zur (entspr.) Musiktheorie

Hachmeister, Bernd	*Wider den unreflektierten Gebrauch von Entspannungsmusik in der bewegungstherapeutischen Arbeit*, Praxis der Psychomotorik 4/91

Bärbel Kirsch

Das Kind mit Hyperkinese-Syndrom - Phänomenologie, Ätiologie und pädagogisch-therapeutische Hilfe

Bereits 1845 hat der Arzt H. HOFFMANN das Phänomen der Hyperaktivität, besser des Hyperkinetischen Syndroms in der Figur des "Zappelphilipp" beschrieben.

Gegenwärtig wird es besonders auf jene Kinder bezogen, die durch extrem auffällige, unangemessene überschießende Aktivität, Spontanität und Aufmerksamkeitsdefizite auffallen. Ein wichtiges Merkmal scheint zu sein, daß diese Kinder in der Schule - wie Verhaltensauffällige im allgemeinen - negative Emotionen bei Lehrern und Erziehern auslösen. Dies offenbar deshalb, weil sie in der Klasse durch ihr Arbeitsverhalten von den meisten Kindern abweichen, das durch erhöhte Ablenkbarkeit und Impulsivität, durch schnelle und dadurch bedingt auch falsche Aufgabenlösungen charakterisiert ist. Hinzu kann auffälliges Sozialverhalten kommen. Klassenkameraden meiden diese Kinder eher, weil es keinen Spaß macht, mit ihnen zu spielen oder überhaupt die Freizeit zu verbringen. Auch im Elternhaus werden diese Kinder mitunter für Eltern und Geschwister zur Belastung.

Das Hyperkinetische Syndrom (HKS) hat bisher im deutschen Sprachraum wenig psychologische Aufmerksamkeit gefunden, obgleich es zu den verbreitetsten Verhaltensstörungen im Kindesalter gezählt wird (vgl. BROCKE 1992).

Im folgenden soll zunächst der Versuch einer Begriffsbestimmung vorgenommen werden.

1. Begriffsbestimmung: Hyperkinetisches Syndrom (HKS)

Die Meinungsunterschiede zu dem Phänomen HKS waren im deutschsprachigen Raum lange Zeit erheblich, es gab viele Kontroversen. Extreme Meinungen negierten gar die Existenz des HKS und hielten es für eine ungerechtfertigte gesellschaftliche Zuschreibung, um sich von "Störenfrieden" zu befreien, indem man sie ausgrenzt bzw. einer medikamentösen Therapie anempfiehlt.

Mitte der 60er Jahre wurden in Amerika Bemühungen zur Vereinheitlichung der Beschreibung der Teilsymptome des Syndroms unternommen. Inzwischen scheinen sich 4 Symptome als die das HKS charaktersierenden herausgeschält zu haben:

1. Motorische Überaktivität, als *Hyperaktivität* bzw. Hyperkinese bekannt.
2. *Aufmerksamkeitsstörungen* im Sinne einer hohen Ablenkbarkeit und geringer Fähigkeit, Aufmerksamkeit unter Ausschalten von Nebenreizen auf relevante Stimuli zu richten.
3. *Impulsivität* als Tendenz, ungehemmt, schnell und ohne Bedenken der Alternativen zu reagieren.

Mitunter werden als vierte Konstituente des HKS

4. *emotionale Auffälligkeiten* genannt, die sich u. a. in starken Stimmungsschwankungen äußern können (vgl. CLEMENTS 1966).

Diese 4 Merkmale können als Kernsymptome bezeichnet werden (vgl. BROCKE 1992, S. 15) und sind - da es sich dominant um Verhalten handelt - für den Lehrer und Erzieher gut beobachtbar. Sie sind inzwischen gut spezifiziert und insofern hilfreich für eine Hypothesenbildung in Richtung Diagnose über beobachtetes Verhalten. Hinzu kommen weitere für den Lehrer gut beobachtbare Auffälligkeiten des Kindes, die sekundär auftreten können, die sich in Disziplinschwierigkeiten, Streitigkeiten, Aggressivität, Unbeliebtheit sowie in Lernschwierigkeiten zeigen können. Aber auch Selbstwertprobleme können hinzukommen.

Folgende Tabelle (leicht verändert entnommen bei BROCKE 1992, S. 16) gibt einen guten Überblick über die beschriebenen Symptome:

KERNSYMPTOME

1.	*Hyperaktivität*
	(motorische Unruhe; vor allem auch, wenn ruhiges Arbeiten verlangt ist, bei strukturiertem Frontalunterricht, Stillarbeit), (ziellose Aktivität; kann nicht still sitzen, ständig in Bewegung, Zappeligkeit, starker Rededrang)
2.	*Aufmerksamkeitsstörungen*
2.1	kurze Aufmerksamkeitsspanne
2.2	hohe Ablenkbarkeit
	(kurze Konzentration, wenig Ausdauer in Arbeit und Spiel, schneller Wechsel der Beschäftigung, leicht ablenkbar, hört nicht genügend zu)
3.	*Impulsivität*
	(unüberlegte, vorschnelle, wenig kontrollierte verbale und motorische Reaktionen)
	unvorhersehbares Verhalten, mangelnde Steuerung des Verhaltens im häuslichen und schulischen Bereich)
4.	*Auffälligkeiten im emotionalen Bereich*
4.1	extrem niedrige Frustrationstoleranz
4.2	extrem starke Erregbarkeit
4.3	plötzliche drastische Stimmungsschwankungen
	(unvorhersehbare Affektschwankungen, Wutanfälle aus relativ unbedeutendem Anlaß, empfindlich gegenüber Kritik, niedrige Frustrationstoleranz, Störanfälligkeit)

SEKUNDÄRSYMPTOME

1.	*Dissoziales Verhalten*
	(Destruktivität, Unbeliebtheit, Streitigkeiten, Schlägereien, Necken, Disziplinschwierigkeiten in Haus und Schule, Ungehorsam, Lügen)
2.	*Lernstörungen*
	(schlechte Leistungen in der Schule, isolierte Lernstörungen im Rechnen, Lesen, Schreiben etc.)
3.	*Selbstwertprobleme*
	(Selbstüberschätzung, Minderwertigkeitsprobleme)

Tab.1: Kern- und Sekundär-Symptome des Hyperkinetischen Syndroms (behaviorale Symptomatik)

Auf der Grundlage der in Tab. 1 zusammengestellten Symptome wird deutlich, daß es sich beim HKS um ein *Syndrom* handelt, also um eine Klasse von Symptomen, die regelmäßig zusammen auftreten und vermutlich gemeinsame ätiologische Faktoren haben.

ROSS und ROSS (1982, S. 14) geben folgende Kurzdefinition der beschriebenen Symptomatik:

> *"A class of heterogenous behavior disordes in which a high level of activity is exhibited at inappropriate times and cannot be inhibited upon command."*

Leider muß festgestellt werden, daß trotz intensiver Forschung noch keine einheitliche Terminologie zu verzeichnen ist. Weitgehend gleichbedeutend werden verwandt:

Hyperkinetisches Syndrom (HKS),
Minimal-brain-damage (MBD) oder
Minimal-cerebral-dysfunction (MCD) und
Attention-deficit-hyperactivity-disorder (ADHD).

Das Vorkommen des HKS wird sehr unterschiedlich postuliert, je nachdem wie eng oder weit der Begriff gefaßt wird. Generell wird angenommen, daß ca. 2 % der Grundschulpopulation davon betroffen sind. Kommen die Sekundärsymptome hinzu, schwanken die Angaben zwischen 3 bis 5 %. Jungen sind weit mehr davon betroffen als Mädchen, das Verhältnis ist mit etwa 3:1 anzugeben. Neuerdings wird diskutiert, die HKS-Diagnose erst zu tätigen, wenn die Störung bereits vor dem 7. Lebensjahr begann.

Über die Ursachen des HKS liegen verschiedene Hypothesen vor, wobei die wesentlichsten im folgenden vorgestellt werden sollen.

2. Kausalitätsannahmen

2.1 Hirnorganische Verursachung

In der Vergangenheit hat man die beschriebenen Auffälligkeiten auf minimale Hirnschädigungen zurückgeführt, ja mit ihnen gleichgesetzt (vgl. MCD), hervorgerufen z. B. durch schlechte vorgeburtliche Ernährung im Uterus, Alkohol- oder Medikamentenmißbrauch der Schwangeren, Sauerstoffmangel unter der Geburt, physische Einwirkungen, entzündliche Erkrankungen des Gehirns etc.

2.2 Nahrungsmittelunverträglichkeiten und Nahrungsallergien

Vor einigen Jahren fanden Hypothesen eine weite Verbreitung, Nahrungsmittelzusätze sind als Ursache kindlicher Verhaltensstörungen zu betrachten. Große Aufmerksamkeit wurde der These von FEINGOLD gewidmet, daß *Salizylate* und *künstliche Farb- und Geschmackstoffe* Ursache des HKS seien (FEINGOLD 1975). man stellte fest, daß 30 - 50 % der mit einer "Feingold-Diät" (eine von Salizylaten und von künstlichen Farb- und Geschmacksstoffen freie Ernährung) versorgten hyperaktiven Kinder einen Abbau der Symptomatik aufweisen konnten. Mittlerweile muß jedoch auf die methodische Unzulänglichkeit dieser Arbeiten hingewiesen werden. Nachfolgende Arbeiten erbrachten keine Bestätigung der Feingold-These, sie trifft scheinbar nur in sehr wenigen Fällen zu.

Bleibelastung und andere Giftstoffe aus der Umwelt haben sich bisher ebenfalls nicht eindeutig als Verursacher identifizieren lassen. Es scheint Zusammenhänge zum HKS zu geben, aber die Befundlage ist nicht eindeutig.

2.3 Genetische Faktoren

Bei aller Problematik des Nachweises hereditär-genetischer Mechanismen scheint es eine Übertragung von Prädispositionen zu geben, die das HKS bedingen oder mindestens begünstigen.

"Verwandte ersten Grades von hyperkinetischen Kindern und Jugendlichen weisen im Vergleich zu Kontrollfamilien eine bedeutsam höhere HKS-Rate auf", faßt Brocke ein Untersuchungsergebnis von BIEDERMANN et al. zusammen (1992, S. 28). In der Untersuchung wurden psychosoziale Faktoren kontrolliert. Dabei konnte nachgewiesen werden, daß häufig als Ursache des HKS angesehene Faktoren wie niedriger sozialer Status und Trennungsprobleme als nicht bedeutsam für die familiäre HKS-Rate anzusehen sind.

2.4 Psychosoziale Faktoren

Unter diesem Gesichtspunkt wird der Einfluß von Umweltfaktoren auf die Genese des HKS untersucht.

Berücksichtigung erfahren vor allem Erziehungseinflüsse, schulischer Mißerfolg und eine belastende Umwelt (vgl. ROSS und ROSS 1982).

So sollen eine lieblose Einstellung der Mutter zum Kind, ein einengender und kontrollierender Erziehungsstil der Mutter auf hyperaktives Verhalten des Kindes das Verhalten verstärken.

Besonders stark diskutiert wurde eine Unter- bzw. Überstimulierungshypothese, nach denen Hyperkinese als Reaktion des Organismus zu deuten ist, die sensorische Stimulation zu optimieren, was bedeutet, sie der Umgebung, der Situation, der Anforderung anzupassen.

Interessant sind Befunde, die aus lerntheoretischer Sicht die Besonderheiten der Konditionierbarkeit von Kindern mit HKS herausstellen. Obgleich bislang wenig Befunde dazu vorliegen, scheint einigermaßen gesichert, daß hyperkinetische Kinder weniger empfänglich für Bestrafung sind bzw. ein Defizit beim Vermeidungslernen zeigen.

Wenngleich *zusammenfassend* festzustellen ist, daß relativ wenig zur Verursachung der HKS bekannt ist, so scheint doch deutlich zu werden, daß dieses Syndrom Ergebnis des Zusammenwirkens von HKS-Dispositionen und Umweltfaktoren ist. Hyperaktives Verhalten, wie wir es bei dem HKS vorfinden, ist als unangepaßtes Verhalten zu kennzeichnen und wird sicherlich als solches von der Umwelt wahrgenommen und bewertet, was in der Folge zur Verstärkung des auffälligen Verhaltens führen dürfte.

Das hyperkinetische Verhalten verschwindet nicht automatisch mit zunehmendem Lebensalter. Ohne "Behandlung" kann es u. U. zum lebenslänglichen Problem werden. Daher ist der informierte Lehrer gefragt, der rechtzeitig seine Sachkenntnis einzubringen vermag. Im folgenden sollen einige wenige Denkansätze zu Interventionsmöglichkeiten bei hyperkynetischen Kindern angemerkt werden.

3. Interventionsmöglichkeiten

Bei der Intervention des Hyperkinetischen Syndroms geht es in jedem Falle um mehr als nur die Behandlung überschießender Reaktionen oder Aktivität.

Lange Zeit ging man davon aus, den Eltern bleibe der Weg zum Arzt nicht erspart, *medikamentöse Therapie* sei angezeigt. Sie ist für manche Kinder hilfreich, für viele jedoch nicht notwendig. Sind bei einem Kind alle in Tab. 1 angeführten, das Syndrom kennzeichnenden Symptome zu beobachten, ist den Eltern der Rat zu geben, den Arzt aufzusuchen. Medikamentöse Therapie reicht jedoch kaum als alleinige Maßnahme aus. Werden Medikamente verabreicht, sollte der Klassenleiter informiert und sein Urteil über deren Wirksamkeit gefragt sein.

Im folgenden sollen einige Hinweise gegeben werden, die die Frage zu beantworten versuchen: *"Was kann der Lehrer tun?"*

- Unter ***prophylaktischem Aspekt*** gilt in jedem Falle von Verhaltensstörungen ein solches Lernmilieu zu schaffen, daß sich der einzelne Schüler ernstgenommen fühlt und jederzeit auf Hilfe hoffen kann, wenn er sie benötigt. Ein ausgewogenes Verhältnis zwischen Individualisierung und Sozialisierung des Lernens hilft, Lernschwierigkeiten zu überwinden und die Lernmotivation zu verstärken.
  Im übrigen trägt auch ein strukturierter Unterricht zur Prophylaxe bei, ein Unterricht, der durch klare Erwartungen und konsistente Konsequenzen charakterisiert ist.
- ***Pädagogisch-therapeutisch*** kann der Lehrer in vielfältiger Weise wirksam werden, vorausgesetzt, er hat sich auf diesem Feld Sachkenntnis angeeignet.
  Z. B. kann er sich der ***Verhaltensmodifikation*** bedienen. Prinzipiell geht es bei der Anwendung von Verhaltensmodifikation darum, für das Kind mit einem HKS auf ein erwünschtes Verhalten erfreuliche Ereignisse folgen zu lassen, z. B. mehr Lehreraufmerksamkeit zu widmen bei nicht hyperkinetischem Verhalten oder aber auch über die Einführung eines Tokensystems zu belohnen. Gelegentlich kann auch die vorsichtige Anwendung von Strafreizen indiziert sein, im allgemeinen nur dann, wenn positive Reize nicht ausreichen. Das angemessenste Verfahren scheint dann der Entzug von Privilegien zu sein.
  Häufig wird in diesem Zusammenhang die Frage aufgeworfen, ob das Verstärken der Zuwendung auch zu einer Schulleistungsverbesserung führt. Kinder mit erheblichen Aufmerksamkeitsproblemen profitieren in der Regel von verstärkter Zuwendung durch den Lehrer. Sie müssen allerdings - sofern erforderlich - auch lernen, wie man Informationen sucht, wie man Aufmerksamkeit gezielt anwendet etc., sonst ist Leistungsverbesserung nicht zwangsläufig zu erwarten. Verhaltensmodifikation erfordert jedoch auch die Einbeziehung der sozialen Umgebung. Sie ist in ihrer Anwendung im Unterricht zu befürworten, da sie das Augenmerk auf das Lernen richtet, da sie Erfolge in der Regel auf eigene Anstrengung attribuiert.
  Ein anderer Zugang zur Hilfe für das vom HKS betroffene Kind ist im Erlernen von ***Selbstbeobachtungsprozeduren*** zu sehen. Die Umsetzung ist relativ unkompliziert. Die Schüler werden durch ein Training vorbereitet, in dem der Lehrer erklärt und üben läßt. Es bewährt sich bei den Schülern, die Probleme haben, bei der Aufgabe zu bleiben. Der Grundsachverhalt besteht in einer Selbsteinschätzung und Selbstprotokollierung des eigenen Verhaltens, z. B. hinsichtlich der Beantwortung der Frage: "War ich aufmerksam?". Empfohlen wird hier die Benutzung eines Timers, der in regelmäßigen Abständen einen Piepton von sich gibt. Das Signal zeigt an, daß es für den Schüler an der Zeit ist, sich einzuschätzen und Ergebnis zu protokollieren. (Diese Signale sind kaum Ablenkungsreize für Mitschüler.) Solche Art Selbstbeobachtungsprozeduren haben zu erstaunlichen Resultaten geführt. Die Kinder zeigen mehr aufgabenbezogenes Verhalten und höhere Produktivität. Das akustische Signal kann nach verhältnismäßig kurzer Zeit ausgeblendet werden, es sind keine Verstärker notwendig, auch die Selbstprotokollierung kann nach einiger Zeit unterlassen werden. Noch nach 2 Monaten sind positive Wirkungen zu vermerken. Diese Art der

Selbstbeobachtung ist sogar wirksamer als die Rückmeldung durch den Lehrer und das unabhängig von der Genauigkeit der Selbstbewertung.

Eine weitere hilfreiche Möglichkeit ist das *Selbstinstruktionstraining*, in dem formelhafte Vorsatzbildungen zunächst laut, dann leise zu sprechen, später schließlich still aufzusagen sind. Die Instruktion wird zunächst vom Lehrer vorgegeben und schließlich vom Kind übernommen (z. B. "Langsam!", "Noch einmal nachdenken!"). Dieses Training ist nicht immer leicht umsetzbar, hat sich eher bei jüngeren Kindern als wirksam erwiesen.

- Außerdem kann der Lehrer hilfreich sein hinsichtlich der *Förderung der Erziehungstüchtigkeit der Eltern*. Eltern von Kindern mit HKS sind in der Regel im Erziehungsverhalten sehr unsicher bzw. ratlos.

Muß im Einzelfall doch eine psychotherapeutische Behandlung durchgeführt werden, dann ist es notwendig, daß Lehrer und Therapeut Kontakt miteinander aufnehmen und halten.

4. Abschließende Bemerkungen

Ein Kind mit einem HKS kann in der Regel den Verhaltenserwartungen und Leistungsforderungen in der Schule nicht entsprechen, so daß es mit hoher Wahrscheinlichkeit frühzeitig Mißerfolge erleben, ihnen sogar relativ hilflos ausgeliefert sein wird. Je häufiger sie auftreten, umso mehr ist die Möglichkeit gegeben, als auffälliger Schüler in Konflikte mit Schülern und Lehrern zu geraten. Auf diese Konflikte, in deren Mittelpunkt das Erleben der eigenen Insuffizienz stehen dürfte, reagiert der betroffene Schüler in der Regel mit Abwehrversuchen, die wiederum den Unmut der anderen hervorrufen. Er gerät also in einen schier unlösbaren circulus vitiosus, den es *rechtzeitig* aufzulösen bzw. überhaupt *zu vermeiden* gilt.

Mit dem Wissen um die besondere Problemlage des Kindes mit einem Hyperkinetischen Syndrom sollten deshalb auch schulischerseits so früh wie möglich alle Anstrengungen unternommen werden, dem Kinde helfend zur Seite zu stehen.

Literaturverzeichnis

Brocke, B. *Biopsychologische Faktoren des Hyperkinetischen Syndroms*, *Lehr- und Forschungstexte Psychologie*, Berlin/Heidelberg/New York 1992

Clements, S. D. *Task force one: Minimal brain dysfunction in children, (Monograph Nr. 3)*, National Institut of Neurological Diseases and Blindness, U.S. Department of Health, Education and Welfare, 1966

Ross, D. M. / Ross, S. A. *Hyperactivity - Current issues, research an theory*, New York 1982

Feingold, B. F. *Why your child is hyperactive*, New York 1975

Karl-Heinz Harfst

Mehrkanaliges Lernen

"An ounce of emotion is equal to a ton of facts" **- John Junor**

❑❑

Abb. 1: *"mind-map"* als Form der Inhaltsangabe

Schule ist ein Ort des Lernens

Die Menge des gelernten Stoffes und die dazu benötigte Lebenszeit machen den Erfolg eines Menschen aus. Sehr oft entscheiden diese beiden Faktoren auch über den gesellschaftlichen Standort und damit den sozialen Stellenwert des betreffenden Menschen - zumindest ist das die vorherrschende Meinung der Gesellschaft, in der wir leben.

Da wohl alle Eltern stets das Beste für ihre Kinder wollen, ist ein entsprechender Druck auf die Kinder (schneller und mehr zu lernen) und auf die Schule (Mittel und Methoden hierfür bereitzustellen) die unausweichliche Folge.

Fazit: Alle am Lernen Beteiligten - Schüler - Lehrer - Eltern - geraten unter Druck. Streß jedoch ist mit der größte Hinderungsfaktor für erfolgreiches Lernen.

Für die engagierten Unterrichtenden stellt sich somit die Frage:

"Wie erreiche ich, daß die Lernenden auf möglichst angenehme und natürliche Weise möglichst viel Lernstoff möglichst effektiv aufnehmen und aktiv anwenden können?"

Eine Möglichkeit als Antwort auf die Frage können wir im vorschulischen Bereich und im Anfangsunterricht der Grundschule sehen. Lernziele und Inhalte weden mittels einer ganzheitlichen, anschaulich handelnden Methode vermittelt und erreicht. Die Kinder sind mit "Leib und Seele" dabei. Über körperliches Wohlbefinden bleibt auch die Psyche entspannt, und es ist somit ein optimales Aufnahmevermögen garantiert. Die Kinder lernen mit dem ganzen Körper, auch mit dem ganzen Gehirn (!), nicht nur, wie in der "Schule der Erwachsenen" mit der linken Gehirnhälfte.

Die moderne Gehirnforschung

Die *moderne Gehirnforschung* (nach ORNSTEIN und SPERRY) hat herausgefunden, daß der Mensch zwei durch eine Furche getrennte Gehirnhälften hat, ähnlich einem Walnußkern, die aber auch miteinander durch den "corpus callolusum"-Balken verbunden sind.

In der linken Gehirnhälfte werden sogenannte "kognitive" Informationen verarbeitet, dazu zählen verbale, rationale, analytische, zeit-orientierte, lineare und logische Reize. Die rechte Gehirnhälfte ist Anlaufstelle für "creative" Reize, dies sind ganzheitliche, bildhafte, intuitive, musische, zeitlose oder räumliche Informationen.

Um erfolgreich lernen zu können, müssen wir beide Gehirnhälften zum Einsatz kommen lassen, beispielsweise wenn wir einer rationalen Information, wie sie eine Zahl oder eine Formel darstellt, ein kreatives Äquivalent zuordnen. Dadurch steigert sich die Merkfähigkeit, kognitive Informationen werden gefühlsmäßig "verankert", sie können so jederzeit und leicht wieder abgerufen werden. Wer kennt sie nicht aus eigener Erfahrung, die "Eselsbrücken"?

Wir behalten 10% von dem, was wir lesen, 20% von dem, was wir hören und 30% von dem, was wir sehen. Von dem, was wir hören und sehen, behalten wir 50%. Von dem, was wir selber sagen, behalten wir 70% und von dem, was wir selber tun, schließlich 90%.

Die Folgerung für Sie, lieber Leser, ganz persönlich wäre:

- Wenn Sie diesen Beitrag optimal behalten wollen, sollten Sie ihn jetzt in die Hand nehmen, herumlaufen und ihn sich laut vorlesen!

Gefragt ist also ein Lernen, auf und über mehrere Kanäle, wobei es verschiedene Ausprägungen von Repräsentationsmustern bei Menschen gibt, man unterscheidet unterschiedliche Lerntypen:

- den "akustischen" (oder auditiven) Lerntyp,
- den "visuellen" Lerntyp, und
- den "motorischen" (oder kinästhetischen) Lerntyp.

Da in einer Schulklasse immer alle Lerntypen unter den Schülern vertreten sind, ist ein Unterricht am erfolgreichsten, der möglichst vielen Schülern unterschiedliche Lern(an)reize bietet, ein Allgemeinplatz (!) und eine seit langem bekannte Weisheit: "Wer vieles bietet, wird jedem etwas bieten." Abgewandelt kann dies heißen: Wer (als Lehrender) möglichst viele Kanäle als Transportmittel des Lernstoffes benutzt, wird wahrscheinlich auch den beim einzelnen Schüler vorhandenen Kanal "erwischen". Woher aber sollen wir die Kanäle nehmen, wie können sie aussehen?

Die suggestopädische Methode

An dieser Stelle soll über die *Suggestopädische Methode* berichtet werden, eine der Möglichkeiten mehrkanaligen Lernens. Entwickelt wurde sie vom bulgarischen Arzt Dr. LOZANOV, geboren 1926 in Sofia, Studium der Medizin, 1951 erste Erfahrungen als Psychiater, von 1954-1965 Arbeit als Psychotherapeut. Er befaßte sich ausführlich mit Wirkungen von Suggestionen (engl. to suggest = vorschlagen). Dabei stellte LOZANOV fest, daß Gedächtnisleistungen, die durch Anwendungen von Suggestionen in halbbewußten Zustand ermöglicht wurden, überraschende Ergebnisse brachten. Es handelte sich hierbei um Fakten oder Informationen, die vom Unterbewußtsein ohne Wissen des Individuums aufgenommen waren und unter bestimmten Bedingungen in das Wachbewußtsein zurückkehrten.

Die moderne Suggestologie, die Wissenschaft von der Suggestion als Mittel der Weckung und der systematischen Entwicklung der latenten Potantiale des Unterbewußtseins, war geboren.

LOZANOV erweiterte nun die wissenschaftlichen Untersuchungen und dehnte sie vom Feld der Psychotherapie und der therapeutischen Suggestionen aus auf den Bereich der gewöhnlichen Bedingungen des persönlichen Lebens. Er beobachtete bei Sprachkursen zum Erwerb der modernen Fremdsprachen das Zusammenspiel der suggestiven Beziehungen von Individuen. Es handelte sich bei diesen Testpersonen von vornherein um Menschen ohne Probleme, nicht mehr um Kranke, wie dies in der Psychotherapie der Fall war.

LOZANOV nannte später die Suggestologie, die auf das Unterrichtswesen angewendet wurde, *Suggestopädie*:

> *"Die Suggestopädie ist die experimentelle Suggestologie."*
> (LEREDE, J.: *Suggérer pour apprendre*)

Definition des Begriffes "*Suggestopädie*"

Von Geburt an wirken äußere Einflüsse auf uns ein: Eltern, Lehrer, Freunde, die Gesellschaft, das Wetter, die Nahrung, das politische Klima und viele andere Faktoren.

Wir sind ständig von suggestiven Faktoren umgeben. Die gesamte Umwelt und wir selbst - im inneren Dialog - machen uns beständig "suggestions", Vorschläge. Sobald wir beginnen, diese Einflüsse zu studieren, sie uns näher anschauen und nachfühlen, welche Einflüsse auf uns einwirken und uns ihrer bewußt werden, sind wir viel eher in der Lage, uns auszusuchen, welche dieser Vorschläge - suggestions - wir auf uns einwirken lassen wollen.

LOZANOV behauptet, daß ein Suggestopäde die meiste Zeit damit verbringt, diese Blockaden aufzulösen, zu "de-suggerieren".

Begriffserklärungen

Suggestion:

"Es ist notwendig, hervorzuheben, daß wir die Problematik nicht im Sinne von "einengend", "konditionierend" und "manipulierend" verstehen und erforschen, sondern im Sinne der englischen Wortbedeutung von 'suggestion' - "anbieten", "vorschlagen", d.h., der Person viele Wahlmöglichkeiten anbieten - so wie es die Natur auch tut.
Diese Ausweitung der persönlichen Wahlfreiheit läßt sich verwirklichen, indem wir die parabewußten Elemente unseres Geistes, die dem ganzheitlichen bewußt-unbewußten Kommunikationsprozeß Form und Fülle geben und in uns die Bereitschaft entstehen lassen, uns für die Reservekapazitäten unserer Person eher zu öffnen, überlegt nutzen." (LOZANOV, G.: *Suggestology and outlines of Suggestopedia*)

Suggestologie:

Die Wissenschaft und das Studium von Suggestionen, zunächst in der Medizin und Psychotherapie, *"wo die normale klinische Form der Suggestion ein normales Werkzeug ist"*. (LOZANOV, G.: a. a. O.)

Suggestopädie:

"Die Suggestopädie ist die Wissenschaft und das Studium der Suggestionen im Hinblick auf den Prozeß des Lehrens und Lernens. ... Lehrer üben einen Einfluß auf die Lernenden aus, der nicht nur von dem ausgeht, was sie sagen, sondern auch von der Intonation ihrer Stimme, ihrem Lächeln, ihren Gesten, ihrer Kleidung, ihren Bewegungen und ihrer ganzen Einstellung dem Lernenden gegenüber." (Lozanov, G.: a. a. O.)

Der suggestopädische Kreislauf

Nachdem die historische Entwicklung der suggestopädischen Methode und ihre Entwicklungslinie kurz dargestellt wurde, soll nun der suggestopädische Kreislauf und seine Wirkfaktoren am Beispiel des Erlernens einer Fremdsprache aufgezeigt werden:

Überblick:

1. Kurzinformation zur suggestopädischen Methode
2. Ankommen und Kon-Zentrieren (Entspannung körperlich u. geistig)
3. Neue Identität
4. De-Coding (Einstimmung, Einstieg, Spannungsbogen)
5. Erstes Lernkonzert (klassische Musik)
6. Zweites Lernkonzert (Barockmusik)
7. Pause
8. Aktivierung (Elaboration, Transfer, Anwendung)
   - primäre Aktivierung
   - sekundäre Aktivierung
9. Integration: Gesamtwiederholung in Entspannung und mentales Training zur zukünftigen Anwendung des Gelernten

1. Kurzinformation zur suggestopädischen Methode

Am Anfang einer suggestopädischen Demonstration oder Unterrichtseinheit müssen den Lernenden einige wichtige Informationen gegeben werden. So sollen sie kurz über die historische Entwicklung der Methode informiert werden, der Lehrende (Trainer) berichtet lebendig über seine bisherigen Erfahrung mit der Suggestopädie. Besonders soll der Lernende auf das Prinzip des "Überflutens" (die große Menge des Lernstoffes, der bewußt nicht sogleich aufgenommen werden kann) hingewiesen werden. Dadurch soll ein Gefühl, vom Stoff überfordert zu werden, während der Einheit erst gar nicht aufkommen. Außerdem soll ein Hinweis auf die methodischen Abweichungen vom "bekannten" Lernen erfolgen (Zweisprachigkeit, multisensorisches Lernen, Umgang mit "Fehlern").

2. Ankommen und Kon-Zentrieren

Der Lernende muß dort abgeholt werden, wo er sich gerade befindet. Meistens ist eine andere Unterrichtsstunde vorhergegangen mit der allgemeinen Hektik des Schulalltags, oder der Lernende kommt von zuhause und ist noch verhaftet in dem Gefühl des Schulweges mit seinen Anforderungen an Aufmerksamkeit und Anspannung.

Die Übungen zur körperlichen und geistigen Entspannung (siehe Anhang) ermöglichen und erleichtern dem Lernenden bei sich und in der neuen Umgebung anzukommen. Gleichzeitig zentrieren sie die Energien und schaffen ein positives Lernklima.

3. Neue Identität

Jeder wählt sich eine neue Identität, sie ist der Name für den Teil in mir, der schon die Fähigkeit hat, der die neue Sprache spricht. Dann stellen sich die Teilnehmer in ihrer neuen Identität vor und werden vom Lehrenden in ihrer neuen Identität in landesüblicher Form persönlich begrüßt. Es können noch Berufe ausgewählt werden, die pantomimisch vorgestellt werden. Um sich noch mehr in die neue Identität einzuleben, können die Namen und Berufe miteinander fiktiv vernetzt werden (was könnten wir mit dieser Identität und diesem Beruf miteinander tun?), dabei den Namen und Beruf oft ansprechen und nennen.

4. De-Coding (Einstimmung, Einstieg, Spannungsbogen)

In diesem Teil soll der neue Stoff vorgestellt werden, allerdings soll dem Schüler nicht demonstriert werden, was er alles noch lernen muß, sondern eher, was er alles schon kann. Es bieten sich lustige Abfragespiele an oder Sketche. Die Schlüsselwörter des neuen Textes sollen erklärt werden, und zwar so dramatisch wie möglich. Hilfreich sind dabei Zeichnungen, Pantomime, Handpuppen.
Poster, die als Lern- oder Landschaftsbilder an den Wänden hängen, werden wie beiläufig erwähnt oder inhaltlich erklärt. Die eigene Einstellung des Vortragenden: "diese Sprache macht mir Spaß", soll gezeigt werden über einen möglichst ganzheitlichen Körpereinsatz, "Total Physical Response", wie ihn James ASHER nennt. Dadurch soll ein Spannungsbogen zum Text hin aufgebaut werden.

5. Erstes Lernkonzert (aktiv)

Die Spannung bleibt erhalten durch ein "feierliches" Ritual der Textüberreichung (zweisprachig). Musiktitel und Interpreten werden angekündigt, um Abschweifungen (ist das nicht..?) zu vermeiden. Klassische Musik, Werke von Haydn, Beethoven, Mozart teilweise auch von Tschaikowsky, etwa aus der Zeit von 1770 - 1890 sind hierfür geeignet.

Dieser Vortrag ist ausdrucksvoll in Mimik und Gestik, der Vortragende schwingt sich selbst mit dirigierenden Bewegungen oder Schritten auf die Musik ein, er "surft" mit seiner Stimme auf der Melodie mit. Ein Notenständer für die Textvorlage rundet den Eindruck eines "Konzertes" ab. Nach dem Vortrag kann die Musik noch etwas weiterlaufen, der Klang für die Sprache wird so vertieft.

6. Zweites Lernkonzert (passiv)

Der neue Lerntext wird ein zweites Mal präsentiert, zerlegt in Strukturen. Geeignet ist Musik aus dem Barock, etwa von 1660-1750, langsame Sätze von Vivaldi, Bach, Telemann, Corelli. Im Hintergrund spricht der Lehrer dazu, er achtet auf eine klare und deutliche Aussprache und möglichst auf eine Übereinstimmung seines Sprechrhythmusses mit dem Atemrhythmus der Zuhörer.

Ihre Aufmerksamkeit gleitet von der Stimme zur Musik, es entstehen Bilder, Bildfolgen zur Musik, zu den Worten. Nachdem die Zuhörer die Stimme nicht mehr hören, genießen sie die Musik weiter, sie lassen die Musik einfach emotional auf sich wirken, es bedarf keiner intellektuellen Anstrengung, sich zu erinnern oder zu begreifen, der Zuhörer folgt dem Vortrag und der Musik mit Phantasie und inneren Bildern. 3, 4 oder 5 Minuten, und alles wird sich einen guten Platz im Gedächtnis gesucht haben. Der Text kann auch ein zweites Mal vorgetragen werden.

Wenn das zweite Lernkonzert abgeschlossen ist, sollen die Zuhörer noch einige Minuten in diesem Ruhezustand verbleiben, um der Information Gelegenheit zu geben, im Langzeitgedächtnis abgelegt zu werden. Eine Rückholung aus dieser Entspannungsphase ist sehr wichtig, sie kann mittels langsam lauter werdender schnellerer Musik (Allegro) oder durch verbale Informationen geschehen.

7. Pause

An dieser Stelle ist eine längere Pause notwendig und hilfreich, der präsentierte Lernstoff kann besser im Langzeitgedächtnis abgespeichert werden, wenn ein sogenannter "Separator" folgt. Dies kann das Ende des Schultages sein oder ein Raum- oder Fachwechsel.

8. Aktivierung

Die Inhalte der *primären Aktivierungsphase* sind Lese- und Hörverstehen, reproduktives Sprechen sowie textnahe Übungsformen.

Formen primärer Aktivierung:

Ein Ballspiel, bei dem die Teilnehmer im Kreis sitzen, sich den Ball zuwerfen und die neuen Strukturen der Fremdsprache benutzen, indem sie sich nach Namen und Berufen fragen (s.Kap. Identität).

Beim "peripathischen" Gehen (Mönchsgesang) gehen alle Teilnehmer im Raum umher, der Lehrende liest laut, alle lesen mit expressiver und passender Gestik und Mimik den Text laut mit, ist auch möglich mit opernhafter oder bekannter Pop-Musik.

Beim Rollen-homogenen Gruppen-Lesen werden die Teilnehmer je nach Anzahl der Dialogpartner in ebensoviele Gruppen aufgeteilt, die dann gemeinsam und laut ihre Rolle lesen und sich dabei der angesprochenen Gruppe zuwenden, z. B.:

Gruppe 1:	laut	*Gruppe 2*:	leise
	anklagend		sich verteidigend
	charmant werbend		schnippisch ablehnend

wütend	beschwichtigend
besonders fraulich	besonders männlich
"cool"	gefühlvoll
liest	macht entsprechende Bewegung simultan

Die Inhalte der ***sekundären Aktivierung*** sind freiere Formen, die das Gelernte in eine neue Situation übertragen lassen. Dem Ideenreichtum sind dabei keine Grenzen gesetzt, je abwechslungsreicher, desto besser. Wenn Ermüdungserscheinungen sichtbar werden, können jederzeit Entspannungsübungen eingeschoben werden.

Formen sekundärer Aktivierung:
Puzzles, Einsteck-Poster, Word-Machines, Peripheral-Spaziergang. Die Teilnehmer vergessen, daß sie eine "schwere" Sprache erlernen, es macht einfach Spaß, sie können sich in der spielenden Gruppe verlieren. Der Lehrende ist in dieser Phase stark führend.

Freiere Formen entwickeln sich langsam hin zu Kartenspielen, Arbeit mit selbstgefertigten Bildkarten, in Gruppenarbeit zu Textszenen Bilder anfertigen lassen und der Gruppe vorstellen, Rollenspiele und Szenenfolgen entwickeln. Anregungen dazu gibt es die Fülle in der Fachliteratur.

Aktivierungsübungen sind dann suggestopädisch, wenn sie

- Spaß machen,
- die Sprechfreude stimulieren,
- viele Sinne ansprechen (siehe Vester und NLP),
- Erfolgserlebnisse vermitteln,
- freie Ausgestaltung erlauben,
- rhythmische Lernstrukturen beachten.

9. Intégration

Diese Phase rundet den suggestopädischen Kreislauf ab. Das Lernprogramm soll noch einmal "revue passieren", beispielsweise durch eine Fantasiereise mit Musik. Ziel ist, die Erlebnisebene und die metaphorische Ebene anzusprechen, in denen die Sprache verankert wird. Denkbar ist dies auch durch andere Aktivitäten wie Zusammenfügen von Rollenspielen, Komponieren und Vortragen von Liedern, Chansons, Songs mit Inhalten des neuen Lernstoffs. Der neue Lernstoff kann auch im Zustand der Entspannung in Form eines 2. Lernkonzertes (passiv) zusammengefaßt werden. Bestandteil kann ein "Future Pacing" sein, eine Visualisierung der Anwendung des Gelernten in der Zukunft mit der Vorstellung "ich bin kompetent!", "ich höre mich in der neuen Sprache sprechen und fühle mich gut dabei!"

Einzelne Elemente aus dem *Suggestopädischen Kreislauf*

Konzentrationsübung

Übungen zur Entspannung können zu Beginn oder am Ende einer Unterrichtsstunde eingesetzt werden. Vor und während einer Klassenarbeit können sie dem Lernenden die Lernsituation erleichtern, sie geben ihm mehr innere Ruhe und Energie, schaffen für die Lerngruppe ein gutes Arbeitsklima.

Voraussetzungen und Aufbau einer gelenkten Konzentrationsübung:

- geeignete Musik (Barock Largos/Adagios - 60er Takt)
- bequeme Sitzhaltung und Verbindung mit der "Erde" (Sicherheit)

- Sicherheitsgefühl geben
- Vermutungen über Geräusche, Gefühle, Gedanken - ohne Wertung vorbeifließen lassen und wieder loslassen (Metapher: Wolke)
- Atem beobachten: Einatmen: geistige Wachheit, Ausatmen: Hektik
- bei sich selbst ankommen (Ruhe, Wärme, Klarheit, entspannt)
- an einen schönen Ort gehen (Fragen zu "hören", "sehen", "fühlen")
- Rückholung: Bewegung in Zehen, Finger, Recken, Strecken, tief einatmen, Raum wieder wahrnehmen.

Beispiel: Positive Lernerinnerung

"Ich möchte Euch helfen, daß Ihr angenehmer und besser lernen könnt. Setze oder lege Dich dazu bequem hin (...ca 10 sec).
Schließe Deine Augen, wenn du magst oder schau auf einen festen Punkt hier im Raum ...
Erinnere Dich zurück, als das Lernen für Dich einmal sehr angenehm war. Das kann sehr lange zurück sein, vielleicht, als Du das erste Mal mit dem Fahrrad gefahren bist oder als Dir Deine Mutter aus einem Buch etwas vorgelesen hat ...
Schau nach, ob Du etwas findest, vielleicht, als Du etwas gezeichnet oder als Du Deine ersten Worte gesprochen hast ...
Schau nun, wo Du damals gewesen bist ... War jemand bei Dir? ... Was hast Du dabei für Gedanken gehabt? ... Was hast Du dabei gefühlt? ... Erinnere Dich an Deine Freude und an Deinen Lerneifer ...
Spüre diesem Gefühl der Freude am Lernen nach, laß das Gefühl etwas stärker werden ...
Stell Dir nun vor, daß Du auch heute mit dem gleichen Lerneifer lernen kannst ...
Stell Dir vor, daß dir heute auch alles so einfach und angenehm gelingt wie damals ... ...
Bewege jetzt Deine Zehen ..., Deine Finger ..., öffne die Augen ... Spüre, wie Du die Kraft und Freude am Lernen von damals hierher mitgenommen hast."
(TEML, H.: *Entspannt lernen*)

Körperübung - Energieaufbau

Sie können an jeder beliebigen Stelle eingesetzt werden. Wie schon erwähnt wurde, ist Lernen dann erfolgversprechend, wenn es möglichst unbelastet und streßfrei erfolgt. Das Augenmerk des Unterrichtenden liegt immer bei der augenblicklichen Befindlichkeit seiner Schüler, sollte ihr Energiepotential absinken, kann mit dieser Art von Übung innerhalb kürzester Zeit neue Energie geweckt werden:

Yaman Taka Ant Fat, eine Übung aus Tibet:
Die Worte heißen: der Weg - das Ziel - das Unwägbare. *Yaman*: beide Hände auf den Boden, *Taka*: beide Hände auf die Hüfte legen. *Ant*: beide Hände auf die Brust. *Fat*: beide Hände zum Himmel strecken. Die Silben werden dabei gesprochen. Rhythmus von Bewegung und Sprache wird immer schneller und lauter.

Kamele in der Oase:
Stell Dir vor, Du bist als Kamel tagelang mit anderen Kamelen durch die Wüste gezogen. Du kommst völlig ausgedurstet in einer Oase an und gehst zur Quelle und saugst gierig das Wasser in Deine großen Vorratsräume hinein. Bewegung mit beiden Händen von der Erde (einatmen = schöpfen) zum Mund und zurück zur Erde (tief ausatmen). Beides mit lauten Atemgeräuschen geschehen lassen.

Periphere Stimuli

Der Schüler wird durch vielfältige Reize auf der unbewußten Kommunikationsebene in seinem Lernen beeinflußt. Diese Ebene soll daher vom Lehrenden bewußt einbezogen werden durch Ausgestaltung des Lehrraumes mit ansprechenden Bildern oder Wandtafeln. Dies sind entweder Landschaftsfotos oder Kulturszenen aus dem Umfeld des Lernstoffes oder auch Informationsposter mit grammatikalischen Zusammenhängen, die in großen und farbigen Lettern künstlerisch aufgemalt oder aufgeklebt sind.

Wesentlich ist dabei, schreibt SCHIFFLER (a. a. O., S. 14),

> " ... *daß sie öfters ausgewechselt werden. Der Lerner nimmt sie nur am Rande wahr, doch sollen die so vermittelten Informationen helfen, daß sie später als neuer Lernstoff besser gelernt oder als bekannter sicherer ins Langzeitgedächtnis gelangen.*"

Dem pflichtet auch DHORITY (a. a. O., S. 92) bei, indem er sagt, die Bilder müssen

> " ... *revitalisiert, umgestaltet oder transformiert werden, um weiterhin anregend zu bleiben", denn "... wenn solche peripheren Stimuli einmal wahrgenommen, erkannt und auf irgendeine Ebene des Gehirns beordert werden, verlieren sie an Intensität und Kraft.*"

Lerntypen

Achtzig Prozent der Menschen sind visuelle Typen, das bedeutet, sie können sich am besten merken und einprägen, was sie gesehen haben. Der akustische Typ behält am leichtesten, was er gehört hat, er eignet sich den Lernstoff am besten an, indem er ihn sich laut vorliest und ihn wiederholt. Der motorische Typ dagegen kann am besten behalten, was er selbst niedergeschrieben hat.

Dies ist jedoch nur eine Grobeinteilung, tatsächlich sind die meisten Menschen Mischtypen, die auf individuell unterschiedliche Weise lernen. Für jeden Lehrenden ist es daher von großer Bedeutung herauszufinden, welchem Lerntyp seine Schüler angehören, damit er sich bewußt der besten Methoden bedienen kann.

Wie SWASSING und BARBE festgestellt haben, gibt es neurologische Indikatoren dafür, mit welchem Teil des Gehirns (visuell, auditiv oder kinästhetisch) ein Mensch gerade arbeitet und welches Verhalten er dabei wahrscheinlich zeigen wird. Ein solcher Indikator sind die Augenbewegungen bei der innerlichen Beantwortung von Fragen:

Blick
nach oben

visuell
sich an ein Bild
erinnern

Blick
waagerecht

auditiv
sich an Töne erinnern
(akustisch erinnern)

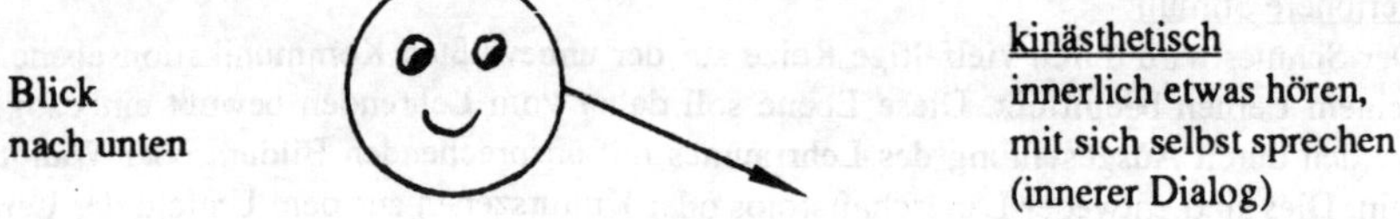

"Mind-mapping" (nach Tony BUZAN) als Form der Gliederung

Wie Sie bereits am Anfang des Artikels gesehen haben, ist die Gliederung nicht in der traditionellen Form eines Überblicks, eines tabellarischen Entwurfs nach folgendem Muster geschehen:

I.

A.
B.
C.

a)
b)

II.

...

Diese Art der Gliederung ist hochgradig "linkshemisphärisch" (kognitiv), es ist ein logischer, folgerichtiger, strukturierter und ordentlicher Stil, mit dem rechtsorientierte Menschen nicht sehr viel anfangen können.

Das "rechtshemispärische" (kreative) Gegenstück dieser Gliederung ist unter verschiedenen Namen bekannt: "mapping", "clustering", "webbing", was etwa bedeutet: landkarten-, netz-, büschelförmig. Die einzelnen Gliederungspunkte sind von links nach rechts, wie Zweige eines Baumes, vom Zentrum ausgehend in Gruppen angeordnet. Ideen können überall angehängt werden, Verbindungslinien werden gezogen, alles ist möglich, es muß nicht folgerichtig aufgeschrieben und somit gedacht werden. Diese kreative Art einer Stoffsammlung oder Gliederung geht nach der natürlichen Arbeitsweise unseres Gehirnes vor. Auf diese Art können die Gedanken von Anfang an gehirngerecht gesammelt werden, es fließen von Anfang an mehr kreative Zusätze ein, das Ganze wird besser zu behalten, zu lernen oder vorzutragen sein.

ZEHN REGELN, DIE DAS LERNEN LEICHTER MACHEN

1. Bestimmen Sie Ihren Lerntyp. Finden Sie heraus, ob Sie ein visueller, auditiver, kinästhetischer oder, was am wahrscheinlichsten ist, ein kombinierter Lerntyp sind.

2. Gestalten Sie Ihre Lernumgebung (Klassenzimmer /Arbeitsraum) attraktiv und anregend, so daß Sie sich gerne dort aufhalten.

3. Setzen Sie lernfördernde Musik ein. Klassische und Barockmusik haben eine beruhigende und entspannende Wirkung.

4. Lernen Sie, sich gezielt körperlich und geistig zu entspannen. Geeignete Kurse werden z.B. von der VHS angeboten.

5. Entwickeln Sie Ihre Kreativität durch den Einsatz von Wahrnehmungsübungen und Fantasiereisen. Sie werden sensibler wahrnehmen, indem Sie Ihre innere Erlebniswelt trainieren; Ihre Verhaltensmöglichkeiten vervielfältigen sich.

6. Arbeiten Sie mit "mind-maps". Sie entspr chen der organischen Arbeitsweise unseres Gehirns. Machen sie einen Versuch, ob diese Aufzeichungstechnik für Sie produktiver ist.

7. Gestalten und verwenden Sie "periphere stimuli" (Lernposter o. ä.). Sie lernen zum einen, wenn Sie ein Lernposter herstellen, und Sie lernen immer dann, wenn Ihr Blick darauf fällt. Allerdings sollten Lernp ter häufiger gewechselt werden.

8. Lernen Sie durch Handeln. Wann immer sich die Chance bietet, begnügen Sie sich nicht mit Sehen und Hören, sondern lernen Sie aktiv (anfassen, konstruieren, befühlen, beriechen, verbinden, spielen, tanzen, singen). Bedenken Sie, ca. 70% des suggestopädischen Kreislaufs bestehen aus Aktivität.

9. Geben Sie Ihrem Gehirn eine Chance zu Assoziationen: Servieren Sie neuen Lernstoff in bekannter Verpackung. Unbekanntes macht Angst und produziert Streß. Unbekanntes mit Bekanntem verbunden produziert "Aha"-Erlebnisse, macht neugierig und erschließt Ihre Lernreserven.

10. Lassen Sie sich beraten. Holen Sie sich Tips bei Menschen oder Institutionen, die sich schon länger mit dieser Thematik befassen.

Literaturliste

Asher, James J.	*Learning another language through actions*, Sky Oaks Productions, Los Gatos [3]1986
Birkenbihl, Vera F.	*Stroh im Kopf?*, München [7]1990
Bröhm-Offermann, Birgit	*Suggestopädie*, AOL Verlag, 1989
Bochow, P. / Wagner, H.	*Suggestopädie*, Gabal 13, Speyer 1988
Buzan, Tony	*Kopftraining*, Goldmann TB, [8]1984
Dhority, Lynn	*Moderne Suggestopädie*, PLS, Bremen 1989
Ehrlich, M. / Vopel, K.	*Phantasiereisen, Wege des Staunens für die rechte Hemisphäre*, isko-press, Hamburg 1991
Herrigel, Eugen	*Zen und die Kunst des Bogenschießens*, Scherz Verlag, München [33]1992
Lorèdo, Jean	*Suggérer pour Apprendre*, Presse de l'Université du Québec, 1983
Löffler, R. / Schweizer, K.	*Brainlinks, Bausteine für einen ganzheitlichen Englischunterricht*, Beltz Verlag, 1988
Lozanov, Georgi	*Suggestology and outlines of Suggestopedy*, Gordon & Breach, New York/London 1978
Miller, Reinhold	*Sich in der Schule wohlfühlen*, Beltz Verlag, 1987
Müller, Else	*Du spürst unter deinen Füßen das Gras*, Fischer TB 3325, Frankfurt 1983
Ornstein, R.E.	*Die Psychologie des Bewußtseins*, Frankfurt a. M. 1976
Schiffler, Ludger	*Interaktiver Fremdsprachenunterricht*, Stuttgart 1980
Teml, Hubert	*Entspannt lernen*, veritas, Linz 1990
Tepperwein, Kurt	*Die "Kunst" mühelosen Lernens*, Ariston, Genf o. J.
Vester, Frederic	*Denken, Lernen, Vergessen*, DTV 1327, Stuttgart 1980

Begleitendes Material zum "Fortbildungskurs in Suggestopädie", veranstaltet vom Oberschulamt Stuttgart 1991/92

Für Entspannung geeignete Musikstücke, sehr ausführlich in:
Löffler/Schweizer *Brainlinks*, S. 161-164, a. a. O.

Waldemar Staniczek

Vernetztes Denken
oder Wölfe, Hasen und die Swissair im Golfkrieg [1)]

❑❑❑❑❑❑❑❑❑❑❑❑❑❑❑❑❑❑❑❑❑❑❑❑❑❑❑❑❑❑❑❑❑❑❑

In die gegenwärtige Diskussion um die Umgestaltung der Lehrpläne besonders in Baden-Württemberg spielt der Begriff vernetztes Denken eine nicht unmaßgebliche Rolle. Er beginnt gerade, aus Wirtschaft und Industrie in die Pädagogik einzudringen und wird die künftigen Lehrpläne über die Jahrtausendwende hinaus beeinflussen. Die Theorie wird im wesentlichen aus verschiedenen Veröffentlichungen von Frederic VESTER abgeleitet.

Begriff

Der Begriff *vernetztes Denken* geht davon aus, daß die Welt ein dynamisches System sei. Mit System ist gemeint eine Gliederung des Ganzen in Elemente, welche ihrerseits in Beziehung zueinander stehen. Dynamisch bedeutet, das System unterliegt den Gesetzen der Zeit, befindet sich im stetigem Wandel und die Elemente des Systems wirken aufeinander ein. Somit stellt der Begriff vernetztes Denken einen Versuch dar, die Welt als ein dynamisches System zu erklären, deren Elemente als dynamische Subsysteme miteinander verbunden sind, wie wiederum deren Elemente als dynamische Sub-Subsysteme und so fort.

Die Elemente von Systemen können in der Weise aufeinander einwirken:

1. Sie können positiv rückgekoppelt sein.
2. Sie können negativ rückgekoppelt sein.
3. Die Rückkopplung kann Grenz- und Schwellenwerte erreichen.
4. Die Rückkopplung kann linear oder exponentiell verlaufen.

Vernetztes Denken

Die Schule, besonders die weiterführend Schule in Sekundarstufe I und II, arbeitet nach dem Fächerprinzip. Sie lehrt Ausschnitte. Das heißt: aus dem Gesamtzusammenhang *Welt* werden Teile isoliert und in ihrem Ist-Zustand betrachtet. Das Ergebnis kann man - negativ formuliert - als einen Haufen zusammenhangloses Faktenwissen bezeichnen, das meist wieder schnell vergessen wird. Dies rührt her aus der Tatsache, daß die Schulfächer als ein vereinfachtes Abbild teilweise gleichnamiger universitärer Disziplinen entstanden sind, wobei letztere kaum Verbindungen untereinander pflegen und vielmehr weiter in spezialisierte Unterdisziplinen zerfallen.

> *"Ich entdeckte, daß durch das bloße Garkochen und Verbraten innerhalb eines Faches ganz außergewöhnliche Erkenntnisse für andere Bereiche unerkannt blieben, die diese schlagartig hätten befruchten können."* (VESTER, *Neuland ...*)

1) Vortrag, mündlich gehalten auf der Staatlichen Akademie für Lehrerfortbildung in Comburg Oktober 1992, von Konrad Fees in Rücksprache mit dem Autor aktualisiert und in vorliegende Schriftform umgearbeitet.

"Ich entdeckte aber auch, daß das Anwenden und Nachvollziehen der Techniken und Organisationsformen dieses großartigen Unternehmens namens Biosphäre, wenn wir wirklich davon profitieren wollen, eine neue Art des Denkens verlangt. Zumindest ein Denken, welches sich von dem unterscheidet, wie wir es in der Schule beigebracht bekommen." (ebd.)

Mit dem Ansatz *vernetztes Denken* versucht man, die Erkenntnisse verschiedener Wissenschaften für das Verstehen von *Welt* miteinander zu verknüpfen. Hierbei geht man von dynamischen Systemen aus und beschreibt somit Prozesse und nicht nur Ist-Zustände.

Hierbei geht man von der Grundannahme aus, daß es auf der Welt keine isolierten Systeme gibt, sondern alle Systeme miteinander direkt oder indirekt in Verbindung stehen.

Experiment von Tanaland

Zum besseren Verständnis dieses Ansatzes mag das Experiment von Tanaland dienen (nach DÖRNER, *Die Logik* ...):
Die Region Tanaland liegt irgendwo in Afrika. Die Menschen leben sehr bescheiden von Acker-, Gartenbau und Viehzucht. Die Sterblichkeit ist, verglichen mit unserer, hoch. Es gibt wilde Tiere, es regnet wenig, Hygiene und medizinische Versorgung sind schlecht, Insekten übertragen Krankheiten, Kleinsäuger und Affen fressen Teile der Ernte und manchmal reißt ein Leopard ein Rind etc. Tanaland ist ein Entwicklungsland, welches der Entwicklungshilfe bedarf.

Tanaland exisitiert nicht wirklich. Es handelt sich hierbei um eine Computersimulation. 12 Versuchspersonen bekamen die Aufgabe, für das Wohlergehen von Tanaland zu sorgen.
Sie konnten:

- Jagdmaßnahmen anordnen, die Düngung der Felder und Obstplantagen verbessern;
- Bewässerungssysteme anlegen, Staudämme bauen;
- die ganze Region elektrifizieren und durch den Ankauf von Traktoren mechanisieren;
- Maßnahmen zur Geburtenkontrolle einführen, die medizinische Versorgung verbessern;
- und noch vieles mehr. So konnten sie Tanaland zehn Jahre dikatorisch regieren.

Im Anfangsstadium waren die Versuchspersonen durchaus erfolgreich. Die sich anbahnende Katastrophe haben viele nicht gesehen: Die Schere zwischen Bevölkerungswachstum und Nahrungsmittelproduktion geht immer weiter auseinander, bis das Bevölkerungswachstum einen Grenzwert erreicht und eine Hungersnot ausbricht, denn die Nahrungsmittelproduktion steigt linear, aber das Bevölkerungswachstum exponentiell.

Das Ergebnis war: es brachen Hungersnöte aus, die mit eigenen Mitteln nicht mehr eingedämmt werden konnten, obwohl die Versuchspersonen nur das Allerbeste für die Menschen gewollt hatten.

Die Gründe liegen darin, daß unmittelbar anstehende Probleme gelöst wurden, zum Beispiel die Nahrungsmittelversorgung oder die Gesundheitsfürsorge, ohne daß katastrophale Fernwirkungen in Betracht gezogen wurden. Dabei ist erstaunlich, daß die Gründe für Erfolg oder Mißerfolg nicht etwa im mangelnden Fachwissen der Versuchspersonen zu finden sind, sondern in bestimmten Denkfiguren. Als verheerend erwies sich monokausales, lineares Denken:

So sind etwa die geringen Ernteerträge in Gärten und Felder u. a. darauf zurückzuführen, daß sich Affen und Kleinsäuger daran beteiligen. Was liegt also näher, als durch Jagd, Fallen und Gift diesen Nahrungskonkurrenten zu Leibe zu rücken? Kurzfristig gesehen hat die Versuchsperson Erfolg, langfristig wirkt sich die Ausrottung allerdings negativ aus: Insekten, die auch eine Beute der Kleinsäuger darstellen, vermehren sich ungehemmt und reduzieren durch Befall die Ernte. Und gleichzeitig wird den großen Raubkatzen ein Teil ihrer Beute entzogen, worauf sich diese dem Viehbestand zuwenden.

Solche Neben- und Fernwirkungen nicht zu berücksichtigen war ein Grund für den Mißerfolg, den die meisten der Versuchspersonen beim Umgang mit Tanaland hatten: reaktives, einspuriges Denken, das nur auf naheliegende Problemlösungen zielt. Die hauptsächlichen Mängel lassen sich in kürze zusammenfassen:

- Handeln ohne vorherige Situationsanalyse
- Nichtberücksichtigung von Fern- und Nebenwirkungen
- Nichtberücksichtigung der Ablaufgestalt von Prozessen.

Das heißt:

- Die Teilnehmer an diesem Experiment erfaßten Situationen und nicht Prozesse.
- Die Teilnehmer an diesem Experiment bedachten nicht, daß die Teilsysteme in größeren Systemen eingebettet waren.
- Die Teilnehmer an diesem Experiment d chten monokausal nach dem Prinzip Ursache und Wirkung und nicht vernetzt.

Hiergegen kann man einwenden, daß es sich bei dem Beispiel Tanaland um eine Simulation handele. In der realen Entwicklungshilfe lassen sich aber zahlreiche solche fehlgeschlagenen Projekte nachweisen.

Notwendigkeit

Um was geht es hier?

> *" ... um ein Denken in offenen komplexen Systemen, um ein neues Verständnis der Wirklichkeit, die sich eben nicht aus dem Wissen und der Forschung getrennter Fächer zusammensetzt, sondern als ein Gefüge fächerübergreifender Beziehungen zu verstehen ist."* (VESTER, *Der Wert ...*, S. 8 f.)

Der Atomphysiker Fritjof CAPRA charakterisiert den sich in vielen Wissenschaften abzeichnenden Paradigmenwechsel, der nach ihm drei grundlegende Merkmale aufweist:

1. *Die Umkehr des Verhältnisses zwischen dem Teil und dem Ganzen*
2. *Die Verschiebung des Blickpunktes von einer Suche nach Strukturen zu einer Erfassung von Prozessen*
3. *Der Verzicht auf die Vorstellung, das Wissen sei wie ein abschließbares Gebäude aus Baustei en auf einem festen Fundament aufzubauen, zugunsten des Bildes eines Netzwerks des Wissens* (zit. nach PROBST/ULRICH, *Anleitung zum ...*, S. 18).

Forderung der Wirtschaft

Die Komplexität der Aufgaben für die einzelnen Arbeitnehmer nimmt zu. Einzelne Fachspezialisten sind mittlerweile oft überfordert. Der Teamarbeiter mit Blick für Zusammenhänge wird der neue erfolgreiche Typ sein.

"Die Pädagogen haben richtig erkannt, daß man mit der Wissensexplosion nur fertig wird, wenn sich Schüler und Studenten spezialisieren. Sie haben aber vergessen, daß man mit Spezialwissen allein nichts anfangen kann. Komplexe Probleme können sie heute nur mit anderen gemeinsam lösen. Dazu gehört auch, daß man seine Kenntnisse nur in größere Zusammenhänge einordnen kann."
(HAASE, Chef der Personalentwicklung bei VW, in: *Der Spiegel*, 23/1992)

Kernbegriffe des vernetzten Denkens

Offene Systeme und Vernetzung

These: Es gibt, außer in künstlichen Systemen, die von Menschen geschaffen sind, auf der Welt kein System, das nicht mit anderen vernetzt ist.

Beispielsweise beträgt der mittlere Holzwertzuwachs einer Baumeinheit pro Jahr 2,70 DM. Der volkswirtschaftliche Beitrag einer Baumeinheit in ihrer Vernetzung beträgt hingegen 5297,25 DM. Der Baum ist nicht nur sein Holz wert, das gegenwärtige Waldsterben volkswirtschaftlich unbezahlbar (nach VESTER, *Ein Baum* ..., S. 28). Das erweist die Beurteilung von Teilen durch das Ganze.

These: Das Herausreißen eines Teilaspekts aus seinem Zusammenhang erleichtert die Analyse, kann aber auch zu falschen Schlüssen führen.

Das haben die Experimente mit Tanaland bewiesen. Ein weiteres, spielerisches Beispiel: Betrachtet man in einem Schwarm einen einzelnen Fisch, ergibt das nichts Auffälliges. Betrachtet man ihn aber in seinem Verhältnis zu den übrigen Fischen des Schwarms, kann man feststellen, ob er mit den anderen schwimmt oder als Quertreiber Unruhe bringt. Eine unvernetzte Betrachtungsweise erlaubt eine genaue Erfassung des einzelnen Sachverhaltes, behindert aber das Sehen von Zusammenhängen und von Prozessen, in welche der Sachverhalt eingebunden ist (nach VESTER, *Unsere Welt* ..., S. 32).

Rückkoppelung und Gleichgewicht

Aus der Natur kennen wir positive und negative Rückkopplungen. Bei positiven Rückkopplungen verstärken sich Ursache und Wirkung und umgekehrt (Preis-Lohn-Spirale). Steigen die Preise, dann steigen die Löhne und steigen die Löhne, dann steigen die Preise usw. Bei negativen Rückkopplungen hemmt die Ursache die Wirkung. Beispiel: Je mehr Hasen der Wolf fängt, desto dicker wird er, je dicker er wird, desto langsamer wird er, desto weniger Hasen fängt er, desto dünner wird er, desto schneller, desto erfolgreicher, desto dicker usw.

Die negative Rückkopplung ist das Grundprinzip aller Regelkreise und mithin des ökologischen Gleichgewichts (Vester, *Unsere Welt* ..., S. 61 ff.).

Konsequenzen für die Schule

Wie der Ansatz des *vernetzten Denkens* konkret in der Schule umgesetzt werden kann, läßt sich gegenwärtig nur umreißen. Hierzu einige Thesen, die nicht un- mstritten sind:

- Die Schule muß die Fächer stärker miteinander verbinden, also werden die Lehrer stärker fächerverbindend arbeiten müssen.
- Eine Förderung des vernetzten Denkens wird zunächst wohl heißen:
  - kleine Schritte in Richtung von Miniprojekten
  - zunächst auf freiwilliger Basis
  - Inselbildung, um Erfahrung zu sammeln und sie dann weiterzugeben

- vor Ort Probleme angehen
- Förderung der Handlungskompetenz der Schüler
- Suche nach anderen Methoden
- Förderung der Teamarbeit im Kollegium, um effektiver zu arbeiten
- also Stärkung der Methodenkompetenz der Lehrer im Umgang miteinander.

Vernetztes Denken in der Schule wird heißen: mehr fächerverbindender Unterricht und mehr Projekte. Grundsätzlich erweist sich das als nichts Neues, aber die Gewichtung wird sich verschieben. Erste Ansätze zeigen sich bereits in der Fortschreibung der neuen Bildungspläne in Baden-Württemberg: hier sollen Themen gleichzeitig in verschiedenen Fächern unter verschiedenen Gesichtspunkten behandelt werden. So enthält etwa der Bildungsplan der Realschule in jeder Klassenstufe gesonderte Hinweise, welche Arbeitsbereiche aus den einzelnen Fächern sich für ein simultanes Behandeln eignen. Beispielsweise können in Klasse 5 verbunden werden: Deutsch - Beschreiben/Umgang mit anderen Arbeitstechniken - Erdkunde - Wir lernen den Nahraum kennen - Mathematik - Natürliche Zahlen/Veranschaulichung - Sport - Leichtathletik.

❑❑❑❑❑❑❑❑❑❑❑❑❑❑❑❑❑❑❑❑❑❑❑❑❑❑❑❑❑❑❑❑❑❑❑

Literaturverzeichnis

Dörner, Dietrich — *Die Logik des Mißlingens. Strategisches Denken in komplexen Situationen*, Reinbek 1989.

Probst, Gilbert / Gomez, Peter — *Vernetztes Denken. Ganzheitliches Führen in der Praxis*, Wiesbaden 1989, [2]1991.

Probst, Gilbert J. B. / Ulrich, Hans — *Anleitung zum ganzheitlichen Denken und Handeln. Ein Brevier für Führungskräfte*, Stuttgart 1988, [3]1991.

Vester, Frederic — *Unsere Welt - ein vernetztes System*, dtv, Stuttgart 1978, München [7]1991.

Der Wert eines Vogels. Ein Fensterbilderbuch von Frederic Vester, hrsg. von der Studiengruppe für Biologie und Umwelt, München 1983, [4]1987.

Neuland des Denkens. Vom technokratischen zum kybernetischen Zeitalter, dtv, Stuttgart 1984, [7]1991.

Ein Baum ist mehr als ein Baum. Ein Fensterbuch von Frederic Vester, Illustration Peter Schimmel, München 1985, [2]1986.

Januskopf Landwirtschaft. Der Boden, der uns nährt. Ein Fensterbuch von Frederic Vester, Illustration Peter Schimmel, München 1986.

Konrad Fees

Die drei Grundbegriffe der Erziehungswissenschaft - Zur neueren Didaktik

❑❑❑❑❑❑❑❑❑❑❑❑❑❑❑❑❑❑❑❑❑❑❑❑❑❑❑❑❑❑❑❑❑❑❑❑

Der angehende Lehrer steht vor der Aufgabe, Unterrichtsentwürfe anfertigen zu müssen, bei denen er bzw. sie die erforderlichen Überlegungen in eine Ordnung zu bringen hat. So werden etwa die anthropologischen Voraussetzungen beschrieben, verschiedene Klassen von Lernzielen definiert, geplante Unterrichtsschritte bestimmt. Hierbei folgt der angehende Kollege diversen didaktischen Theorien, die er oft im einzelnen nur vage kennt. Im vorliegenden Aufsatz werden die wichtigsten didaktischen Ansätze in einer Übersicht vorgestellt. Um des weiteren begrifflich exakter arbeiten zu können, geht dieser Übersicht (Teil 2) eine Darstellung der erziehungswissenschaftlichen Grundbegriffe *Pädagogik, Didaktik, Methodik* (Teil 1) voraus.

1. Pädagogik, Didaktik, Methodik

Bei der folgenden Darstellung wird keine terminologische Arbeit versucht, weil eine solche sehr aufwendig wäre, dem handelnden Lehrer kaum eine Hilfe böte und ebensowenig zu verwertbaren Ergebnissen führen würde. Denn was die 'Herrschafts'- und 'Produktionsbedingungen' erziehungswissenschaftlicher Texte angeht, handelt es sich nicht selten um Autoren, die sich fernab vom Klassenzimmer Bälle von Schreibtisch zu Schreibtisch zuwerfen, so daß es bisweilen keine (Schul-)Wirklichkeit vor der Sprache mehr gibt, vielmehr sich solcherart Erziehungswissenschaft erst durch die Sprache realisiert. Hierbei jede Meinung zu verfolgen hieße, wie ein sich in den eigenen Schwanz beißender Hund sinnlos Pirouetten zu drehen. Wir beschränken uns daher auf die Grundzüge (nach den entsprechenden Artikeln in *Lexikon der Pädagogik, Pädagogisches Lexikon*, W. PETERSSEN, *Lehrbuch* ..., S. 16-51).

Pädagogik

Der παιδαγωγος (paidagogos) war in der griechischen Antike ursprünglich der für das äußere Wohl des Kindes (παις/pais) veranwortliche Sklave, der nach seiner Teilaufgabe, jenen zum Lehrer zu führen (αγειν/agein) benannt wurde. Später weitete sich die Bedeutung zu *Erzieher* und *Lehrer* aus. Allgemein versteht man heute unter *Pädagogik* die *Lehre von der Erziehung*.

Erziehung meint die Maßnahmen Erwachsener, welche auf das Verhalten von Aufwachsenden einwirken sollen. Erzieherische Akte vollziehen sich in einem Sozialgefüge, in einer bestimmten Tradition und ergeben in ihrer Gesamtheit einen Erziehungsstil - dieser kann reichen von einer *Prügel-Pädagogik* bis hin zu einer Pädagogik des *laissez-faire*.

Bis in die jüngere Vergangenheit glaubte man noch, mittels normativer Aussagen Anweisungen für die Praxis liefern sowie erzieherische Fähigkeiten tradierbar machen zu können. Diese Auffassungen faßte man zu Erziehungslehren zusammen, etwa HRABANUS MAURUS, *De institutione clericorum*, G. KERSCHENSTEINER, *Der Begriff der Arbeitsschule*, F. W. FOERSTER, *Sexualethik und Sexualpädagogik*. In der zunehmend pluralistischen Gesellschaft schwinden jedoch allgemein anerkannte Normen - mit den hinreichend bekannten Folgen.

In der modernen Erziehungswissenschaft wird der Gewißheitsgrad und Geltungsbereich von Aussagen über Erziehung problematisiert - die Aussagen sollen intersubjektiv nachvollziehbar sein. Man sieht den Erziehungsstil zunächst als gegeben an und betrachtet ihre Strukturen im Bedingungszusammenhang.

Die gegenwärtige wissenschaftlich fundierte Pädagogik behandelt ähnliche Fragestellungen wie die Erziehungslehren, bedenkt aber für alle Aussagen Art und Grad ihrer Geltung mit. Bis in die 50er Jahre war pädagogische Forschung im wesentlichen philosophisch-historisch ausgerichtete Forschung, betrieben an der Universität mit den klassischen geisteswissenschaftlichen Methoden oder mit denen der angewandten psychologischen Forschung. Als erstes Institut in der BRD übernahm das *Deutsche Institut für Internationale Pädagogische Forschung* in Frankfurt (gegr. 1951) empirische Methoden der Sozialwissenschaft. Unter interdisziplinären Gesichtspunkten gründete man die Abteilungen für allgemeine und vergleichende Pädagogik, pädagogische Psychologie, pädagogische Soziologie, Recht, Schulverwaltungen, Methodenforschung, pädagogisch-psychologische Statistik.

Die neuere Forschung unterscheidet diese Methoden: a) Hermeneutik als Grundform der *verstehenden geisteswissenschaftlichen Methode* (W. DILTHEY); b) die dialektische Methode (J. DERBOLAV) als den Versuch, *Gegensätzliches vergleichend in die höhere Einheit zu führen*; c) die phänomenologische Methode als eine auf Wesensschau gerichtete Denkform, die zur *Deskriptiven Pädagogik* A. FISCHERs und R. LOCHNERs geführt hat; d) die empirischen Methoden (Fragebogen, Interview, Beurteilungsskalen, Deskription, Fallstudien) - dabei gerät die pädagogische Forschung in große Nähe zur psychologischen und soziologischen Forschung.

Didaktik

Das Wort *Didaktik* entstammt ebenfalls der griechischen Sprache: διδασκειν (didaskein) heißt lehren, unterrichten, beweisen. Ursprünglich ist damit eine Gattung des griechischen Dramas gemeint im Sinne *lehrhafter Dichtung* - neben heroischer und historischer Dichtung. Im pädagogischen Sinne wird der Begriff erst gebraucht im 17. Jahrhundert, das berühmteste Werk dieser Zeit ist die *Didactica magna* des AMOS COMENIUS von 1657.

Im deutschsprachigen Raum gibt es zwar eine mehrhundertjährige Geschichte der Didaktik, jedoch keine festehende tradierte Didaktik. Didaktik ist das, was man als solche definiert, z.B.:

> *Unter Didaktik verstehen wir die Wissenschaft (die Theorie, die Lehre) von Unterricht* (R. MÜCKE, *Der Grundschulunterricht*, B. Heilbrunn 1967, S. 13).
>
> *Didaktik sei darum definiert als die wissenschaftliche Erforschung davon, wie die verschiedenen Größen in den Unterrichtsvorgang eingehen (oder eingehen können) ...* (H. v. HENTIG, *Was ist Didaktik*, in: ders., *Spielraum und Ernstfall*, Stuttgart 1969, S. 252).

Vielmehr entsteht innerhalb der Pädagogik wiederum das engere Problem der Didaktik, der Unterrichtslehre ... (P. PETERSEN, *Führungslehre des Unterrichts*, Braunschweig [7]*1963, S. 82).*

Im allgemeinen versteht man unter Didaktik die Theorie des Unterrichts, wobei wiederum fraglich ist, was man unter Unterricht versteht. Je nach enger oder weiter Auslegung betrifft Didaktik als Theorie die Bildungsinhalte (Struktur, Auswahl), die Methoden des Bildungswesens, die Steuerung von Lernprozessen, die Ökonomie der Vermittlung. Erweitert man den Blick auf Faktoren, die von außen den Unterricht beeinflussen, werden soziologische, ideologische und psychologische Gegebenheiten relevant.

ADL-AMINI faßt Didaktik global auf: *Didaktik in einem umfassenden Sinne hat die Aufgabe, zwischen dem Individuum und der Gesellschaft zu vermitteln* (*Ebenen* ..., S. 28). Nach dieser Auffassung untergliedert sich Didaktik in drei Ebenen: *Zieltheorie, Prozeßtheorie, Handlungstheorie.* Die Ebene der *Zieltheorie* meint ... *eine allgemeine, notwendige und unhintergehbare Zielvorstellung, in der die Einheit und der gemeinsame Sinn aller mannigfaltigen Bildungsaktivitäten gewahrt bleibt* (*Ebenen* ..., S. 31), die globale Zielvorstellung der Gesellschaft - in der früheren DDR etwa die Erziehung zum sozialistischen Menschen. Die *Prozeßtheorie* meint, daß Didaktik das, ... *was im Lehrplan kodifiziert ist, einem permanenten Analyse- und Konstruktionsprozeß unterzieht, und zwar im Hinblick auf die konstitutive Differenz zwischen unterstellter und tatsächlicher oder zeitgemäßer Repräsentativitätsfunktion des Lehrplans* (*Ebenen* ..., S. 30). Die dritte Ebene meint schließlich die Aufgabe der Didaktik, den Lehrer ... *handlungsfähig zu machen für begründende Planung, kontrollierende Realisierung und analysierende Reflexion* (ebd.). Die Alltagsarbeit des Lehrers vollzieht sich somit lediglich auf der dritten Ebene der Handlungstheorie.

Grundlegend wichtig ist die Unterscheidung in *allgemeine und besondere Didaktik.* Dabei versteht man unter allgemeiner Didaktik das gesamte Feld des Lehrens und Lernens, J. DOLCH: Didaktik ... *ist die Wissenschaft und Lehre von Lernen und Lehren überhaupt. Sie befaßt sich mit dem Lernen in allen Formen und dem Lehren aller Art auf allen Stufen ohne Besonderung auf den Lerninhalt* (*Grundbegriffe der pädagogischen Fachsprache*, Mchn. [5]1965, S. 45). Dem steht jener Ansatz als *besondere Didaktik* gegenüber, welche die Vorstellung eingrenzt, etwa nach fachlichen Gesichtspunkten (Fachdidaktik), Bereichsgesichtspunkten (Schulart, Schulstufen = Bereichsdidaktik) u.a.

Man faßt in der Regel die Allgemeine Didaktik als eine Teildisziplin der Erziehungswissenschaft auf - als jenen Teil der Pädagogik, welcher sich mit Lehren und Lernen sowie dem Unterricht befaßt. Dabei korrespondiert jeder didaktische Ansatz mit der zugehörigen Erziehungswissenschaft - etwa die kritisch-kommunikative Didaktik als Bestandteil einer kritisch-kommunikativen Erziehungswissenschaft.

Bei der oder den Fachdidaktiken ist eine Korrespondenz zu einer Erziehungswissenschaft oft nicht gegeben. Fach-Didaktik versteht sich in der Regel als Anhängsel einer Fach-Wissenschaft. Sie befaßt sich mit der Frage der Vermittlung des bereits nach fachlichen Kriterien gegliederten Stoffes. Jedoch erweist sich ein Schulfach eben nicht als simplifizierte Kopie einer möglicherweise gleichnamigen universitären Disziplin, sondern als der organisatorische Rahmen, in dem sich schulische Erziehung vollzieht mit dem Schüler in seiner sozialen Verbundenheit als Ausgangs- und Zielpunkt. Das Zusammenwachsen von allgemeiner Erziehung und Fachdidaktik ist bis heute weitgehend nicht gelungen.

Methode

Methode (griech. μεθοδος/methodos = Weg) bezeichnet den Weg zu einem Ziel. Dieser Weg stellt eine von mehreren Möglichkeiten dar und wurde bewußt, mit Überlegung, ausgewählt.

Der Begriff *Methode* meint einen zentralen Moment des Lehrens und ist ein Grundbegriff der Theorie des Unterrichts mit unterschiedlichen Inhaltsbezügen: Methodik eines Pädagogen, einer Strömung, eines Prinzips (z.B. die Methode Montessoris, Arbeitsschulmethode, Projektmethode); Methode einer bestimmten Konzeption (analytisch, synthetisch; induktiv, deduktiv); die fachspezifische Methode (Leselehrmethode). Die Summe aller Reflexionen und Erörterungen über Methoden faßt man als Methodik, Methodenlehre oder Theorie der Methoden zusammen.

Im unterrichtspraktischen Sinn versteht man unter Methode die jeweilige Maßnahme, die als eine Möglichkeit von mehreren bewußt zur Erreichung eines Lehr- bzw. Lernzieles gewählt wird. Auch hier gibt es eine lange Tradition, die Vielfalt der Verfahrensweisen auf allgemeine, typische und grundlegende Verfahren zurückzuführen, jedoch ist das Klassifikationsprinzip nicht einheitlich. Man unterscheidet etwa nach der Beziehung zwischen Lehrer- und Schüleraktivität: 1. darbieten (darbietende Methode, überwiegend Lehreraktivität: vortragen, vorzeigen, vormachen - vorsprechen, vorsingen, vorturnen); 2. aufgeben (aufgebende Methode, überwiegend Schüleraktivität: Schüler lösen Aufgaben auf der Grundlage von Aufgaben- und Problemstellungen in Einzel-, Partner- und Gruppenarbeit); 3. erarbeiten (erarbeitende Methode, Aktivitäten ausgeglichen: Unterrichtsgespräch, Diskussion).

2. Übersicht über neuere Ansätze der allgemeinen Didaktik

Im folgenden soll dem vor der Praxis stehenden Lehrer bzw. Anwärter eine Orientierung über verschiedene didaktische Konzepte gegeben werden. Der 'Professional' sollte diese kennen, jedoch souverän auch ihrer Begrenztheit gewahr sein. Jeder didaktische Ansatz stellt einen Versuch dar, das Phänomen 'Unterricht' theoretisch zu erfassen und zu beschreiben, transportiert aber auch die Ausrichtung bzw. Ideologie ihres Urheber mit korrespondierenden Präferenzen. Diese Sicht auf den Unterricht aus der Totale läßt den den Unterricht vorbereitenden bzw. analysierenden Lehrer/Anwärter im Stich, wenn es darum geht, eine Vielzahl unterschiedlicher Stunden en detail zu planen - insbesondere mit leibhaftigen Schülern, die sich bisweilen keinen Deut um das scheren, nach welchem sie dem Lehrbuch zufolge geradezu lechzen müßten. Eine kritische Distanz zu jedem Ansatz ist vonnöten, gerade mit dem Wissen um die jüngste Jugend- bzw. Unterrichtswirklichkeit, die zunehmend von Gewaltbereitschaft, Rechtsradikalismus, Intoleranz, Ausgrenzung, Orientierungslosigkeit, Werteverlust sowie Haß gekennzeichnet ist. Die Darstellung folgt im wesentlichen W. PETERSSEN, *Lehrbuch* ..., S. 88-189.

Bildungstheoretische Didaktik (W. KLAFKI, alter Ansatz)

Die Bildungstheoretische Didaktik wurzelt in der geisteswissenschaftlichen Pädagogik, hat von allen Ansätzen die längste Tradition - bis in die 60er Jahre der einzige Ansatz - und bis heute die größte Wirksamkeit in der Lehrerausbildung. Zentrale Kategorie ist der Bildungsbegriff mit dem Verständnis von Bildung als einem Vorgang der Begegnung des Schülers mit der kulturellen Umwelt. Unter der Prämisse, daß die Art des Inhaltes essentiell die Bildung des Schülers präge, gilt besonderes Augenmerk daher der Frage, mit welchen Objekten der Schüler konfrontiert werden solle, dem Inhaltsproblem des Unterrichts. Weil in der neueren Didaktik der Begriff der Bildung an Bedeutung verloren hat, reduziert sich der Bildungsbegriff in der inhaltsorientierten bildungstheoretischen Didaktik zu seiner engsten Fassung. Wolfgang KLAFKIs Ansatz ist der bedeutsamste; ihr Urheber findet sich in direkter Tradition zu Wilhelm DILTHEY, Hermann NOHL, Erich WENIGER. Weitere inhaltstheoretische Fassungen gibt es etwa von Josef DERBOLAV, Hans SCHEURL, Martin WAGENSCHEIN.

Gemäß dem Prinzip der ganzheitlichen Bildung faßt KLAFKI die materiale Seite (Objektseite - Bildungsziel ist umfangreiches Wissen) und formale Bildung (Subjektseite - Ziel ist *Lernen des Lernens*) unter dem Begriff der *kategorialen Bildung* zusammen - der Bildungsprozeß sei ein Prozeß der *doppelseitigen Erschließung*. Die erschlossene Wirklichkeit erweist sich als materialer, der erschlossene Mensch als formaler Aspekt des Bildungsergebnisses.

Die doppelseitige Erschließung erfolgt wesentlich durch die Inhalte, daher nennt Klafki seine bildungstheoretisch begründete Didaktik *Theorie der Bildungsinhalte, ihrer Struktur und Auswahl*. Inhalte werden dann zu Bildungsinhalten, wenn sie die doppelseitige Erschließung bewirken, d.h. im Besonderen ein Allgemeines enthalten - ein einzelner Bildungsinhalt steht stellvertretend für viele (Prinzip des Elementaren). Das Elementare kann im Unterricht in sieben Grundformen auftreten: als das Fundamentale, das Exemplarische, das Typische, das Klassische, das Repräsentative, die einfachen Zweckformen, die einfachen ästhetischen Formen. Mit dem Instrument der Didaktischen Analyse erhält der Praktiker in Form konkreter Fragen Hilfestellungen für seine didaktischen Entscheidungen. Die Didaktische Analyse fragt etwa nach dem Sinn- oder Sachzusammenhang des Inhalts, nach dem Exemplarischen, Repräsentativen, Typischen, nach der Bedeutung für die Zukunft des Schülers, nach der Struktur (einzelne Momente, Zusammenhänge etc.).

Lerntheoretische Didaktik (Berliner und Hamburger Modell)

HEIMANNs Berliner Modell (Entscheidungsmodell). Paul HEIMANN entwirft eine strukturtheoretische Didaktik, die keine inhaltlichen Entscheidungen beinhaltet. Daher verwirft er die bildungstheoretische Didaktik als praxisfern: bei jener bleibe der Lehrer orientierungslos bei seiner Vorbereitung, sie sei ideologisch und ausschnitthaft. Dagegen sei seine Theorie auf *Totalerfassung* didaktischer Vorgänge ausgerichtet. Er prägt die Formel *formal konstant bleibender, inhaltlich variabler Elementar-Strukturen* didaktischer Vorgänge und beschreibt sechs Elementarformen, welche das Gerüst jeden Unterrichts bilden: Intentionen, Inhalte, Methoden, Medien sowie anthropologisch-psychologische und sozial-kulturelle Voraussetzungen. Die ersten vier Elementarformen kann der Lehrer beeinflussen, sie heißen daher *Entscheidungsfelder*, die letzteren beiden nicht, sie heißen daher *Bedingungsfelder*.

Unter der Intention des Unterrichts versteht HEIMANN dessen *Zwecksetzung und Sinngebung*. Diese erfaßt er in drei Möglichkeitsklassen, die er als *kognitiv-affektive, affektiv-pathetische* und *pragmatisch-dynamische* bezeichnet. Diesen entsprechen wiederum Lehr- und Lernziele, die in sich ebenfalls dreifach abgestuft sind, so daß sich für die Bestimmung von Unterrichtsintentionen ein in neun Felder unterteiltes Raster ergibt. Unterricht folgt zahlreichen Zielsetzungen, was hiermit gezeigt werden soll.

Der Lehrer erhält eine Übersicht über die Formen, in denen sich didaktisches Handeln aktualisieren kann, die Rangfolge bestimmt er aber selbst. Weiterhin kann er sich über die Motive seines Handelns bewußt werden. Das System ist interdependent - alle Faktoren beeinflussen sich gegenseitig.

Betrachtet die bildungstheoretische Didaktik den Unterricht von innen heraus - vom Inhalt aus - schaut die lerntheoretische Didaktik gleichsam von oben auf den Unterricht und versucht, dessen Konstituenten zu verstehen und zu beschreiben. Im Grundsatz aber decken sich die Strukturmomente der Berliner Didaktik mit den fünf Fragen der Didaktischen Analyse. Allerdings sind diese interdependent sowie gleichberechtigt - Methoden und Medien haben den gleichen Rang wie Intentionen und Inhalte.

Hamburger Modell (Handlungsmodell). Wolfang SCHULZ vertritt als Mitarbeiter HEIMANNs in Berlin eine ähnliche didaktische Auffassung, setzt sich aber seit Mitte der 60er Jahre deutlich für eine Variation des Berliner Modells ein. Nach dem Wechsel an die Universität Hamburg stellt er das neue Konzept 1980 als *Hamburger Modell* vor. Er rückt den kritischen Aspekt in den Vordergrund, das Engagement für das unterprivilegierte Kind. Er bezeichnet 1980 Didaktik als die ... *Wissenschaft vom emanzipatorisch relevanten, professionell pädagogischem Handeln in Unterricht und Schule* (*Alltagspraxis* ..., S. 48).

Didaktische Theorie hat die Aufgabe, die Voraussetzungen emzipatorisch wirksamen Unterrichts zu klären. Er versteht ... *Emanzipation als Befreiung von überflüssiger Herrschaft* (*Die lerntheoret. Did.* ..., S. 81), die Schule sei aber nicht der Ort unmittelbarer Veränderung der Gesellschaft, weil sie nicht der Ort der realen Ausgestaltung der Gesellschaft sei. Als in eine Mischtheorie gehen in seine Didaktik geisteswissenschaftliche, empirisch-analystische und kritische Wissenschaftsauffassungen ein.

In seinem *Handlungsmodell* fügt er die Entscheidungsfelder des Berliner Modells und die Interdependez-Theorie neu zusammen. Didaktisches Handeln (Unterricht) vollziehe sich zwischen Lehrern und Schülern mit diesen konstitutiven Momenten: *Unterrichtszielen* (Intentionen und Themen), *Vermittlungsvariablen* (Methoden, Medien, schulorganisatorische Hilfen), *Ausgangslage* von Lehrenden und Lernenden, *Erfolgskontrolle* (ebd., S. 83). Das Handeln ist eingelagert in institutionelle Bedingungen umfassender sowie politisch-gesellschaftlich-ökonomischer Umstände.

Im Unterschied zum Berliner gewichtet das Hamburger Modell die politisch-soziologische Bedingtheit des Unterrichts ungleich stärker. ADL-AMINI kritisiert, daß versucht wird, alle drei Ebenen der Didaktik gleichsam in der dritten Ebene zu realisieren, was unmöglich sei: *"Im Hamburger Modell liegt ein verdienstvoller Versuch vor, alle drei Ebenen der Didaktik in einem großen Entwurf zu vereinigen und konsequent von der Zieltheorie über die Prozeßtheorie bis zur Handlungstheorie durchzuhalten. Daß alle drei Ebenen innerhalb der dritten Ebenen praktisch wirksam werden sollen, darin liegen Größe und Tragik des Modells"* (*Ebenen* ..., S. 43). Zudem werde der Lehrer überfordert, der zunächst Ideologiekritik an den Herrschafts- und Produktionsverhältnissen üben, anschließend eine kritisch-emanzipatorische Analyse der institutionellen Rahmenbedingungen leisten soll, um schließlich in pädagogischer Symmetrie emanzipatorisch gleichberechtigt Unterricht zu realisieren und zuallerletzt Lernleistungen zu kontrollieren und zu bewerten.

Informationstheoretisch-kybernetische Didaktik

Dieser Ansatz verfügt über keine Tradition in der Pädagogik, sondern wurzelt ausschließlich in der Technik, der Kybernetik. Dieser Ansatz wurde 1965 von Felix von CUBE vorgestellt, danach kaum noch weiterentwickelt und mittlerweile setzen sich weder von CUBE noch andere Vertreter für ihn ein. Dieser Ansatz kann deshalb vernachlässigt werden.

Kritisch-kommunikative Didaktik

Dieser jüngste Zweig allgemeindidaktischer Theoriebildung tritt erst seit den frühen 70er Jahren in Publikationen in Erscheinung, ohne pädagogische Tradition, unter dem Einfluß der Kommunikationstheorie sowie der Sozialwissenschaft der Frankfurter Schule von verschiedenen Autoren wir Karl-Hermann SCHÄFER, Klaus SCHALLER, Walter POPP, Horst RUMPF, Rainer WINKEL, Klaus SCHNITTKO u.a. Nach den Ergebnissen der Kommunikationstheorie, daß für die Kommunikation nicht nur die Sachen, über die kommuniziert wird, sondern auch die Art und Weise - die Beziehungsebene - bedeutsam ist, rückt die Beziehungsdimension der am Unterricht Beteiligten in den Blickpunkt. Lehren und Lernen werden nun als eine interaktiver sowie sozialer Vorgang begriffen.

Mit *kritisch* ist gemeint, daß die vorgefundene Wirklichkeit verändert werden solle, so WINKEL 1980:

> *Kritisch ist diese Theorie insofern, als sie vorhandene Wirklichkeiten, die Ist-Werte unserer Gesellschaft, eben nicht unkritisch akzeptiert, sondern - soweit dies Schule überhaupt kann - permanent zu verbessern trachtet, in Sollens-Werte zu überführen sucht* (*Die krit.-komm. Did.*, S. 200).

Der Kommunikationsbegriff lenkt die Aufmerksamkeit auf die Beziehungsdimension, insbesondere auf den Schüler. Eine symmetrische Kommunikation setzt gleichberechtigte Partner voraus - daraus erhebt sich die Forderung nach schülerorientiertem, kooperativem Unterricht. Nach SCHALLER ist Kommunikative Pädagogik ... *nicht-autoritär ... Hier ist keinerlei Herrschaftsverhältnis, auch kein auf ein Mehr an Wissen gegründetes am Platze* (*Einführung* ..., 1978, S. 116). Die kritisch-kommunikative Didaktik rückt den Schüler als Menschen in den Mittelpunkt des unterrichtlichen Geschehens. Sie läuft aber Gefahr, sich in bloßer Ideologiekritik, in Destruktion, sowie insbesondere bei SCHALLER, sich in einer überzogen-abstrahierten Sprache ohne Bezug zur Schulwirklichkeit sowie den tatsächlichen Schulfächern zu verlieren.

Curriculare Bewegung

Diese aus dem angloamerikanischen sowie schwedischen Raum stammende Bewegung, welche viele Varianten aufweist, hat drei Grundlagen: die zentrale Stellung des Lernziel-Begriffes, die Hierarchisierung von Ziel-Vorstellungen und die Forderung nach Kontrolle des Lernens. Die Curriculare Bewegung gabelt sich in zwei Äste: Curriculumtheorie (langfristige Planung, Lehrplan mit wissenschaftlichen Mitteln), lernzielorientierter Unterricht (kurz- bis mittelfristige Lehr-, Lernplanung mit pragmatischen Lösungshilfen).

Im Zentrum liegt der Begriff Lernziel, welcher an behavioristische Vorstellungen geknüpft wird: Lernziele bezeichnen Absichten zur Veränderung von Verhaltensdispositionen. Eine mögliche Klassifikation ist die Unterscheidung nach Bereichen:

- kognitiv (Wissen, intellektuelle Fähigkeiten)
- psycho-motorisch (motorische, manipulative Fähigkeiten)
- affektiv (Einstellungen, Überzeugungen, Werthaltungen).

Die deutsche Didaktik kannte dies bereits mit den Begriffen Wissen, Können, Haltung -

neu ist die fortgeschrittene Systematik, in der Regel durch eine Hierarchisierung (BLOOM, KRATWOHL, MASIA). Didaktisches Handeln wird in drei Phasen unterteilt: Planung/Vorbereitung des Lehrens und Lernens, eigentliches Lehren und Lernen, Kontrolle des Lehrens und Lernens.

Der Begriff Curriculum ist bekannt geworden durch Robinsohn's Forderung nach der *Bildungsreform als Revision des Curriculum* (1967). Hinsichtlich des Anspruchs meint Curriculum im Unterschied zu *Lehrplan* die Wissenschaftlichkeit - Curriculum als *eine strukturierte Reihe intendierter Lernergebnisse* (JOHNSON 1971, in: ACHTENHAGEN/MEYER 1971, S. 34) verlangt nach Handlungs- bzw. Entscheidungsstrategien, welche geplant werden für die Stufen Planung, Durchführung, Evaluation/Kontrolle. Des weiteren sollen Curricula klarer formuliert sein als Lehrpläne, eindeutige Formulierungen für den Lehrer enthalten. Ein geschlossenes Curriculum macht verbindliche Vorgaben über den Lernvorgang, das offene Curriculum legt nur die Ziele verbindlich dar.

Die Ansätze und Richtungen der Curriculumtheorie sind sehr zahlreich (vgl. HESSE/MANN 1972). Karl-Heinz FLECHSIG gibt folgende Aufgaben vor: Entdeckung und Entwicklung von, Entscheidungen über, Operationalisierung von, Klassifizierung von, Koordination von, Revision - aller Maßnahmen über Lernziele. Für den lernzielorientierten Unterricht unterscheidet Christine MÖLLER (1973) zwischen Richtzielen, Grobzielen und Feinzielen.

Kritisch-konstruktive Didaktik (KLAFKI - neuer Ansatz)

Bereits in den 60er Jahren signalisierte KLAFKI die Bereitschaft, seine bildungstheoretische Didaktik neuen Einflüssen zu öffnen, etwa empirischen sowie gesellschaftskritischen Positionen: 1985 stellt KLAFKI seine revidierten Gedankengänge als Sammlung von Aufsätzen und Abhandlungen in den *Neuen Studien zur Bildungstheorie und Didaktik* vor, zwischenzeitlich noch einmal überarbeitert (²1991). Erstmalig werden hier geisteswissenschaftliche, positivistische und kritische Auffassungen verbunden. Den Ansatz nennt KLAFKI kritisch-konstruktiv: *kritisch*, weil vorzufindende Umstände nicht einfach hingenommen, sondern kritisch befragt werden; *konstruktiv*, weil über die Kritik hinaus Vorschläge für eine pädagogisch sinnvolle Veränderung unterbreitet werden. Er versucht eine Integration der drei Strategien Hermeneutik, Empirie und Ideologiekritik.

KLAFKI bewahrt den Praxisbezug und erweitert seine ältere Didaktische Analyse um ein Planungsmodell (*Vorläufiges Perspektivenschema zur Unterrichtsplanung*, ²1991, S. 272). Neu sind Begriffe wie Primat der Zielsetzung, Emanzipation (Fähigkeit zur Selbst- und Mitbestimmung und zur Solidarität), gesellschaftspolitische statt individueller Orientierung, Überprüfbarkeit des Lernens, Prozeß-Struktur des Lernens, Lernen als ein Interaktionsprozeß anstelle einer Begegnung mit Inhalten.

Fachuidaktik und Allgemeine Didaktik

Auch in den 80er Jahren bleibt das Verhältnis von Allgemeiner Ddidaktik zur Fachdidaktik weitgehend unbestimmt. So erklärt Günter OTTO (1984) die ... *z.T. verwirrende Situation der Didaktiken, z.B. ihre unterschiedlich organisierte Lehre ... ihr gebrochenes Verhältnis zur Berufspraxis der Lehrer ...* (*Zur Etablierung ...*, S. 22). Im gleichen Jahr verweist Gerd HEURSEN auf ... *viele unerfüllte Hoffnungen, die mit der Etablierung der Fachdidaktiken im großen Maßstab verbunden waren, und ... die vielen ungelösten Probleme des Unterrichts* (*Did. im Umbruch...*, S. 11).

Diese Defizite scheinen auch gegen Ende des Jahrzehnts nicht beseitigt. Uwe

SANDFUCHS stellt 1990 nach wie vor fest, daß sich die Fachdidaktik als ... *eine junge, um ihre Anerkennung ringende Wissenschaftsdisziplin ... in einem noch nicht abgeschlossenen Prozeß der 'Etablierung' (Otto 1983) befindet* (*Anmerkungen* ..., S. 10). Ein inhaltliches, allgemein anerkanntes Verständnis von Fachdidaktik sei noch nicht entwikkelt worden. SANDFUCHS beklagt ferner, daß in allen Fachdidaktiken konkurrierende, von partikularen Standpunkten aus gedachte Entwürfe entstanden, welche einseitig, radikal und praxisfern seien. Die Vielzahl konkurrierender, von ihren Verfassern als allein seligmachend gepriesenen Entwürfe erschweren die Rezeption, vertiefen die Kluft zur Fachpraxis, lassen Fachdidaktik oft um sich selbst kreisen.

Aufgabe der Fachdidakik bleibe nach Rudolf W. KECK die Vermittlung zwischen Fachwissenschaft und Erziehungswissenschaft bzw. Allgemeiner Didaktik - ... *der Fachunterricht im Schnittpunkt von fachwissenschaftlichen und allgemeindidaktischen Belangen* (*Das Verhältnis* ..., 1990, S. 37).

Was als Trend wohl in die Zukunft weist, ist der zunehmende Schülerbezug und die Bedeutung des zu Vermittelnden für die Zukunft des Schülers - Maßgabe ist der Schüler als Mensch, nicht enzyklopädischer Lehrstoff.

Literaturverzeichnis

Adl-Amini, Bijan — *Ebenen didaktischer Theoriebildung*, in: *Enzyklopädie Erziehungswissenschaft. Handbuch und Lexikon der Erziehung in 11 Bänden und einem Registerband*, hrsg. v. Lenzen, D., Stuttgart 1986, Bd. 2, S. 27-48

Achtenhagen, F./ Meyer H. — *Curriculumrevision - Möglichkeiten und Grenzen*, München 1971

Cube, Felix von — *Kybernetische Grundlagen des Lernens uns Lehrens*, Stuttgart 1965,^{2}1968

Flechsig, Karl-Heinz — *Leitfaden zum Kolleg >Theorie des Unterrichts<*, Konstanz o. J.

Heimann, Paul — *Pädagogische Theorie und Praktikum. Bemerkungen zu einem aktuellen Ausbildungsproblem*, in: *Pädagogik*, 3, 1948, Nr. 7, S. 296-308

Vergleichende Unterrichtslehre - Ihre Möglichkeiten und Methoden, in: Espe (Hrsg.): *Die Bedeutung der Vergleichenden Erziehungswissenschaft für Lehrerschaft und Schule*, Berlin o. J. (1956), S. 72-79

Didaktik als Theorie und Lehre, in: *Die Deutsche Schule*, 54, 1962, S. 407-427

Didaktik 1965, in: Heimann/Otto/Schulz: *Unterricht - Analyse und Planung*, Hannover 1965, S. 7-12

Hesse, H. A. / Manz W. — *Einführung in die Curriculumforschung*, Stuttgart 1972

Heursen, Gerd — *Didaktik im Umbruch: Fachdidaktik auf dem Weg zu ihrer Eigenständigkeit*, in: Heursen, G. (Hrsg.): *Didaktik im Umbruch. Aufgaben und Ziele der (Fach-) Didaktik in der integrierten Lehrerbildung*, Hain/Hanstein 1984, S. 1-21

Keck, Rudolf W. — *Das Verhältnis von Allgemeiner Didaktik und Fachdidaktik. Überlegungen aus der Sicht der Allgemeinen Didaktik*, in:

	Keck, R. W. / Köhnlein, W. / Sandfuchs, U. (Hrsg.): *Fachdidaktik zwischen Allgemeiner Didaktik und Fachwissenschaft. Bestandsaufnahme und Analyse*, Bad Heilbrunn 1990, S. 10-21
Klafki, Wolfgang	*Didaktische Analyse als Kern der Unterrichtsvorbereitung*, in: *Die Deutsche Schule*, 50, 1958 Heft 10, S. 450-471
	Das pädagogische Problem des Elementaren und die Theorie der kategorialen Bildung, Weinheim ²1963
	Studien zur Bildungstheorie und Didaktik, Weinheim ⁴1964
	Neue Studien zur Bildungstheorie und Didaktik. Zeitgemäße Allgemeinbildung und kritisch-konstruktive Didaktik, Weinheim/Basel ³1993
Krathwohl/ Bloom/Masia	*Taxonomie von Lernzielen im affektiven Bereich*, Weinheim/Basel 1975
Lexikon der Pädagogik	Neue Ausgabe, 4 Bde., Freiburg/Basel/Wien 1970/71
Möller, Christine	*Technik der Lernplanung*, Weinheim/Basel ⁴1973
Otto, Gunter	*Zur Etablierung der Didaktiken als Wissenschaft*, in: Heursen, G. (Hrsg.): *Didaktik* ..., S. 22-58
Pädagogisches Lexikon,	hrsg. v. Horney, W./Ruppert, J. P./Schultze, W., 2 Bde., Gütersloh 1970
Peterßen, Wilhelm H.	*Lehrbuch Allgemeine Didaktik*, 1983, München ³1992
Sandfuchs, Uwe	*Anmerkungen zur historischen Entwicklung und zum gegenwärtigen Stand der Fachdidaktik als Wissenschaft*, in: Keck/Köhnlein/Sandfuchs (Hrsg.): *Fachdidaktik* ..., S. 10-21
Schulz, Wolfgang	*Aufgaben der Didaktik. Eine Darstellung aus lehrtheoretischer Sicht*, in: Kochan, D. C. (Hrsg.): *Allgemeine Didaktik - Fachdidaktik - Fachwissenschaft*, Darmstadt 1970, S. 403-444
	Von der lerntheoretischen Didaktik zu einer kritisch-konstruktiven Unterrichtswissenschaft - Dialog mit Wolfgang Schulz, in: Born/Otto (Hrsg.): *Didaktische Trends*, München 1978, S. 85-115
	Die lerntheoretische Didaktik, in: *Westermanns Pädagogische Beiträge*, 32, 1980, Heft 2, S. 80-85
	Alltagspraxis und Wissenschaftspraxis in Unterricht und Schule, in: König/Schier/Vohland (Hrsg.): *Diskussion Unterrichtsvorbereitung Verfahren und Modelle*, München 1980, S. 45-77
Robinsohn, Saul B.	*Bildungsreform als Revision des Curriculum*, Neuwied/Berlin 1967
Schaller, Klaus	*Einführung in die kommunikative Pädagogik*, Freiburg 1978
Winkel, Rainer:	*Die kritisch-kommunikative Didaktik*, in: *Westermanns Pädagogische Beiträge*, 32, 1980, Heft 5, S. 200-204; Wiederabdruck in: Gudjons/Teske/Winkel (Hrsg.): *Didaktische Theorien*, Braunschweig 1981, S. 79-93

Teil II

Unterrichtspraxis

Germaine Geiben

Medienerziehung in der Grundschule im Unterricht und in der Elternarbeit

1. Kinder und Medien

Die modernen Medien - vor allem Fernsehen, Computer und Kassetten - sind heute aus dem Leben der Kinder und Jugendlichen nicht mehr wegzudenken. Sie haben die alten Druckmedien weit zurückgedrängt und bestimmen stark das Freizeitverhalten der Schülerinnen und Schüler. Medien vermitteln Kindern und Jugendlichen darüber hinaus wesentliche Inhalte und Informationen zur Entwicklung ihrer Persönlichkeit, ihrer Wertvorstellungen und ihres Weltbildes. Die Schule darf hiervor die Augen nicht verschließen. Erziehung ist heute nur möglich, wenn diese Hintergründe und diese Bedeutung den Lehrerinnen und Lehrern bewußt sind und in Erziehung und Unterricht auch berücksichtigt werden.

Dem Lesen und dem Buch gebühren nach wie vor eine zentrale Rolle im schulischen Lernen. Mit besonderer Aufmerksamkeit müssen Lehrerinnen und Lehrer aber auch darauf achten, Kinder und Jugendliche den modernen Medien gegenüber nicht ohnmächtig und als mediale Analphabeten zu überlassen. Zur Mündigkeit gehört heute die kritische Nutzung der modernen Medien als wesentliche Quellen der Wissens- und Informationsübermittlung, aber auch als künstlerisches Angebot und Möglichkeit der Freizeitgestaltung.

Lehrerinnen und Lehrer sollten die neuen Medien nicht als Feinde, sondern als Bereicherung des Unterrichts ansehen und einsetzen.

Mediennutzung von Kindern und Jugendlichen

Für den Außenstehenden ist die Vielzahl der Untersuchungen zur Mediennutzung zunächst verwirrend. Die Ergebnisse scheinen sich zum Teil zu widersprechen. Abweichende Ergebnisse können nur richtig verglichen und gewertet werden, wenn die genaue Fragestellung und die jeweils befragte Personengruppe beachtet werden.

Die erste und bis jetzt umfassendste Untersuchung bezüglich der Mediennutzung in den alten und neuen Bundesländern haben ARD und ZDF 1990 in einer Vergleichsstudie durchführen lassen, die das Medienverhalten von Kindern im Alter von 6-13 Jahren aufzeigt. Hier nun schlaglichtartig einige Ergebnisse dieser Studie *"Kinder und Medien"* von Jo GROEBEL und Walter KLINGLER:[1)]

Entscheidend und prägend für das Medienverhalten sind die *Lebensbedingungen*. Die Familienkonstellation - alleinerziehende Elternteile, Geschwister - der finanzielle Hintergrund, der Erziehungsstil, die Spiel- und Freizeitmöglichkeiten, das soziale Umfeld - alle diese Faktoren bestimmen sowohl den Umfang als auch die Art der Mediennutzung, und zwar in einem doppelten Maße: der Fernsehkonsum eines Kindes hängt z. B. davon ab, ob es ein eigenes Gerät hat oder nur ein Gerät in der Far ilie vorhanden

1) Groebel, Jo/Klingler, Walter, *Kinder und Medien 1990, Erste Ergebnisse einer Vergleichsstudie in den alten und neuen Bundesländern*, in: *Media Perspektiven*, Heft 10/1990, S. 633 ff.

ist; wie die Eltern auf den Fernsehkonsum reagieren; welche Spielmöglichkeiten ein Kind in der Wohnung oder im Wohnumfeld hat.

Die ARD-ZDF-Studie hat ergeben, daß die elektronischen Medien Fernsehen und Hörfunk von Kindern in den neuen Ländern stärker genutzt werden als in den alten Bundesländern. An einem beliebigen Wochentag von Montag - Sonntag sehen Kinder

95 Minuten im Westen
125 Minuten im Osten

fern. Im Hörfunk sind die Unterschiede noch ausgeprägter. Eher vergleichbare Werte gibt es beim Lesen.

Die häufigere und längere Nutzung der Kinder im Osten findet vor allem zwischen 13.00 - 19.00 Uhr statt, bei Kindern im Westen spielt Fernsehen am Vormittag und am späteren Abend eine deutlich ausgeprägtere Rolle.

Die Mediennutzung wird in der Studie bestimmt nach den Indikatoren: Reichweite, Nutzungsdauer und Verweildauer. Reichweite meint die Häufigkeit, in der Medienkonsum im prozentualen Verhältnis zu anderen Tätigkeiten eines normalen Tagesablaufs vorkommt. Nutzungsdauer ist die durchschnittliche Zuwendung zum Beispiel zum Fernsehen über Seher und Nichtseher an einem Tag. Die Verweildauer dagegen ist die Zeit, die ein Kind, das an einem Tag ferngesehen hat, tatsächlich vor dem Gerät saß.

Ein wesentlicher Aspekt dieser Untersuchung liegt in der *Wertung der Medien*, der Rolle, die sie im Leben der Kinder spielen. Hier zeigt sich, daß es in Ost und West geringere Unterschiede gibt. Mit Abstand der häufigste Grund für die Nutzung von Fernseh- oder Videokonsum ist Langeweile.

Weitere Aspekte zur Mediennutzung werden in der Wissenschaft unter dem Stichwort der Medienökologie diskutiert. Auf dem Symposion der Stiftung Lesen im September 1992 unter dem programmatischen Titel "Auf den Schultern von Gutenberg" haben Wissenschaftler aus aller Welt in Referaten der unterschiedlichsten Forschungsbereiche dieses Stichwort beleuchtet:[2)]

Dr. Christine WICHMANN-MÜLLER wies darauf hin, daß in den letzten Jahren ein gewaltiger Umbruch der gesellschaftlichen Zeitstrukturen stattgefunden hat:

- Flexibilisierung in der Arbeitswelt bezüglich der Arbeitsgestaltung
- Veränderung der Geschlechterrolle vor allem in der Zeiteinteilung im häuslichen Bereich.

Eigentlich im Gegensatz zu dem vielfach verwendeten Schlagwort der "Freizeitgesellschaft" sind heute im familiären Bereich eine Fülle von neuen Anforderungen entstanden, die Konflikte und Zeitdruck erzeugen. So entsteht ein Zeitdruck durch die Doppelbelastung vor allem der Frauen durch Beruf und Haushalt. Daneben steht der weit ausgedehnte Freizeitbereich, der nicht mehr allein der Erholung dient, sondern selbst wieder gestaltet werden muß. In diesem durchstrukturierten famliären Zeitablauf sind die Kinder stark eingebunden, ihrerseits wieder durch genau festgelegte Freizeitaktivitäten eingespannt. Vor diesem Hintergrund zeichnen sich für das Freizeitverhalten, insbesondere den häuslichen Massenmedienkonsum, neue Bedingungen ab. Christine MÜLLER-WICHMANN spricht von der *drohenden Zeitfalle*. Als Heilmittel dagegen sieht sie das "Sich-verstricken-Lassen in Geschichten" als Chance einer neuen Medien- und Lesekultur. Gerade der Massenmedienkonsum kann als Widerstand angesehen werden oder als

---

2) Müller-Wichmann, Christine, *Zeitnot oder: Die Grenzen von Zeitökonomie*; Vortrag auf dem Symposion der Stiftung Lesen: *Auf den Schultern von Gutenberg*, Mainz 1992

Flucht aus dem einschnürenden Zeitrhythmus, der dem Menschen im Beruf und in der privaten Alltagsarbeit aufgezwungen wird.

Medienwirkung

In der öffentlichen Diskussion wird das Thema Medienwirkung häufig auf den Aspekt Medien und Gewalt verkürzt. Vorschnell werden direkte kausale Zusammenhänge konstruiert, tieferliegende Begleitumstände nicht genügend in die Diskussion mit einbezogen. Die Medienwirkungsforschung ist mit ihren Aussagen wesentlich differenzierter. Jo GROEBEL stellt unter Beachtung der international ca. 5000 bislang erschienen Studien zur Mediengewalt folgende Wahrscheinlichkeitsaussagen auf:3)

" 1. *Nahezu keine neuere Studie belegt den Abbau von Aggressionen durch Mediengewalt.*

2. *Kaum ein Medienangebot allein allerdings führt zwangsläufig zu aggressivem oder gar kriminellen Verhaltensweisen.*

3. *Dennoch können Medien in Interaktion mit sozialen und persönlichen Faktoren beim Zustandekommen von Angst und Aggression eine wichtige Rolle spielen, Verhaltensmuster anbieten, den Gebrauch von Aggression als selbstverständlich oder legitim erscheinen lassen, eine ängstliche Weltsicht zumindest in den Bereichen erzeugen, in denen eigene Erfahrungsmöglichkeiten weitgehend fehlen, bei einzelnen Szenen auch Schocks hervorrufen.*

4. *Ein biologisch sinnvolles, natürliches Bedürfnis des Menschen nach Gewalt nach dem Motto 'Früher Hinrichtungen, heute Mediengewalt!' läßt sich wissenschaftlich nicht belegen. Das Anschauen von Gewalt mag verschiedenen Funktionen dienen, z.B. Identifikation mit starken Helden, doch gibt es kein Mindestquantum an täglicher Aggression, das psychologisch notwendig wäre.*

5. *Auf kurzfristiges Befragen können Kinder recht gut wiedergeben, was ihnen an Medienaggressionen gefällt, was sie stört, was ihnen Angst einjagt. Nicht erfaßbar sind damit allerdings mögliche längerfristige Prägungen aggressiver oder ängstlicher Weltbilder, bei denen eigene und Medienerfahrungen sich miteinander vermischen, so wie selbst Erwachsene häufig nicht eindeutig rekonstruieren können, woher Ihre Umwelterwartungen im einzelnen herstammen."*

GROEBEL faßt zusammen, daß schädliche Wirkungen von Mediengewalt nicht pauschal beweisbar seien, es aber auf den verschiedenen Ebenen immer noch bedeutend mehr Indikatoren für ein Wirkungsrisiko als für generelle Harmlosigkeit oder gar Nützlichkeit aggressiver Darstellungen gebe.

Auch die zur Zeit der Verfassung dieses Artikels neueste Zusammenstellung von Untersuchungsergebnissen von KUNCZIK kommt zu diesem Ergebnis. Wie GROEBEL betont auch er, daß die Katharsisthese heute in der Wissenschaft kaum noch vertreten wird. Nach dieser These gibt es einen angeblich angeborenen Aggressionstrieb. Dieser Trieb führt zur Bereitschaft des Menschen zu aggressiven Handlungen. Die Katharsisthese besagt, daß durch das Anschauen von Gewalt und das fiktive Nachvollziehen von Gewalthandlungen die Bereitschaft des Menschen zu aggressiven Handlungen abgebaut wird.

---

3) Groebel, Jo/Gleich, Uli, *Analyse der Gewaltprofile von ARD, ZDF, RTL+, SAT1, TELE5, PRO7*; Vortrag: Landesanstalt für Rundfunk Nordrhein-Westfalen, Düsseldorf, 6.2.92

Übereinstimmend weisen viele neuere Untersuchungen darauf hin, daß Gewaltfilmkonsum in keinem Fall als Alleinverursacher einer Verhaltensauffälligkeit genannt wird. Vielmehr deutet es sich an, daß sich bei verschiedenen Problemgruppen die Wahrscheinlichkeit aggressiven Verhaltens oder aggressiver Einstellungen durch Mediengewalt erhöhen kann. Immer kommen jedoch ein ganzes Bündel verschiedener negativer Faktoren zusammen, v.a. zeichnet sich ein Zusammenhang zwischen häuslicher und familiärer Situation ab. Konsum von Mediengewalt darf also nur im Zusammenhang mit den anderen Faktoren gewertet werden.[4)]

Bezüglich der Medienwirkung darf gerade für Lehrer der Aspekt Medien und Gewalt aber nicht der einzige bleiben. Zur Medienwirkung und Medienverarbeitung liegen Untersuchungen vor, deren Erkenntnisse für den Unterricht von hoher Bedeutung sind. Medienwirkung kann unter den Gesichtspunkten physiologischer, emotionaler und kognitiver Wirkungsweisen gesehen werden.

Physiologische Wirkungen wie z. B. Erregungsanstieg, Veränderung des Blutdrucks, Schweißausbrüche können gemessen werden. Sie entstehen z.B. durch Actionszenen, spannende oder angsterregende Handlungen, aber auch durch Gestaltungsmittel des Mediums wie schnelle Schnitte oder laute Geräusche.

Emotionale Wirkungen wie Schock, Angst, Trauer, Freude scheinen zunächst wie die physiologischen Wirkungen kurzfristig zu sein. Sie treten auf als Wirkung einzelner Bilder oder Szenen, aber auch einer ganzen Filmhandlung, zunächst nur auf die eine Sendung bezogen. Herta STURM hat jedoch in umfangreichen Untersuchungen nachgewiesen, daß Wissensinhalte, die durch Fernsehen oder Hörfunk vermittelt werden, nach den in der Wissenschaft bekannten Vergessenskurven vergessen werden, und zwar unabhängig davon, ob sie vom Fernsehen oder vom Rundfunk aufgenommen werden. Die emotionalen Eindrücke, die durch eine Sendung hervorgerufen wurden - in diesem Versuch eine Diskussionssendung - waren eindeutig unterschiedlich bei Fernsehen und Rundfunk. Sie wurden aber auch unabhängig von behaltenen oder vergessenen Wissensinhalten weiter beibehalten und sogar verselbständigt.

Kognitive Wirkungsweisen sind die Übernahme der Medieninformationen in das eigene Denken. Sie beeinflussen vor allem längerfristig die Denk- und Interpretationsmuster, das Weltbild. Oft kann später nicht mehr zwischen medialer und realer Erfahrung unterschieden werden. So haben z.B. Untersuchungen gezeigt, daß bei Mädchen, die die Sendungen "XY" gesehen haben, die Vorstellungen von Gefahr und Bedrohung in der eigenen Umwelt stark von der Realität abweichen.[5)]

Die Bedeutung der Medien für Kinder

Eltern, Erzieher, die öffentliche Meinung sind sich einig, daß Kinder durch die neuen Medien überflutet werden. Wenn Kinder etwas bräuchten, dann Schutz vor diesen gefährlichen Medien. Wie eine Provokation hört es sich deshalb an, wenn der berühmte amerikanische Psychoanalytiker Bruno Bettelheim in einer Fachzeitschrift mit der Überschrift "Kinder brauchen Fernsehen" zitiert wird.

Im folgenden soll kurz der Ansatz der "Thematischen Voreingenommenheit" skizziert werden, wie er von Ben BACHMAIR, Michael CHARLTON, Klaus NEUMANN

---

4) Tulodziecki, Gerhard, *Wie (re-)agiert man? - Zum Umgang mit medienbezogenen Handlungen von Kindern in der Grundschule*, in: *Das Fernsehen im Alltag von Kindern*, S. 5

5) Kunczik, Michael, *Gewalt im Fernsehen, Stand der Wirkungsforschung und neue Befunde*, in: *Media Perspektiven*, Heft 3/93, S. 98 ff.

und anderen vertreten und in Untersuchungen untermauert wird. Danach werden Probleme oder Fragen, mit denen wir uns im Inneren gerade beschäftigen, als "Themen" bezeichnet. Mit solchen Themen setzt sich das Kind auseinander, sie bestimmen oft seine Reaktionen oder Handlungen. Solche Themen sind z.B. "Groß-sein", "Stark-sein". Das Kind sucht sich Geschichten, seien es Mediengeschichten, seien es Märchen, die ihm Antworten, Hilfestellungen oder Identifikationsfiguren auf dem Weg der Auseinandersetzung mit diesen Themen liefern. Dabei ist die Sichtweise und Aufnahme des Kindes durch das gerade aktuelle "Thema" bestimmt und voreingenommen.

Diese Theorie knüpft in vielen Punkten an die Theorie BETTELHEIMs an: *"Kinder brauchen Märchen"*. Nach CHARLTON kann es dann *"im Prozeß der Identifikation von und mit Medienthemen die eigene Lebenssituation und die eigenen Handlungsmöglichkeiten reflektieren... und im Anschluß an die Medienrezeption die neu erkannten Handlungsspielräume spielerisch erproben."*[6]

Diese Theorie liefert auch ein Erklärungsmuster für die Vorliebe der Kinder, eine Geschichte oder eine Hörspielkassette immer wieder und wieder hören zu wollen. Neben der Bedeutung für die Persönlichkeitsentwicklung des Kindes haben die Medien auch eine wichtige soziale Funktion, sowohl für das Zusammenleben in der Familie als auch für die Stellung in der Gruppe der Gleichaltrigen.

Viele Untersuchungen in Europa und den USA haben gezeigt, daß die Rituale des Familienlebens und der Zeiteinteilung in hohem Maße vom Medienkonsum bestimmt werden. Nicht nur die körperliche Nähe beim gemeinsamen Fernsehabend spielt hier eine Rolle. Auch das bewußte gemeinsame Anschauen einer Sendung oder das bewußte Verweigern eines gemeinsamen Programms sind ein Ausdruck dieser Abläufe in der Familie.

Vor diesem Hintergrund kann eine Hypothese erstellt werden, wonach die in Kindergarten und Schule zu beobachtende "Montagsunruhe" in einer anderen Sichtweise interpretiert werden kann: Der Montag bedeutet eine Rückkehr von der Familien- und Freizeitwelt in die Leistungs- und Arbeitswelt. Für Kinder und Erwachsene entstehen dadurch Spannungen und Verwerfungen. Medienerlebnisse, erzählt oder nachgespielt, könnten hier als Brücke zwischen diesen verschiedene Welten dienen. Erzähltes oder Nachgespieltes ist sozusagen nur ein "Vehikel", mit dem die Wochenenderfahrungen, sowohl angenehme als auch frustrierende, weitergegeben und verarbeitet werden.[7]

Stellvertretend für andere Trieb- und Bedürfnistheorien sei hier der Ansatz des amerikanischen Psychologen MASLOW skizziert. Nach MASLOW werden die Handlungen und Verhaltensweisen durch tieferliegende Bedürfnisse des Menschen bestimmt. TULODZIECKI bezieht diese Bedürfnisse auf den Medienkonsum und kommt zu folgenden Bedürfnisgruppen:

1. Grundlegende physische und psychische Bedürfnisse

Neben den Bedürfnissen wie Hunger, Durst, Sexualität... spielt hier vor allem das Bedürfnis nach Sinneserregung und das Bedürfnis nach Erkundung der Umwelt eine wichtige Rolle im Zusammenhang mit Mediennutzung. Gerade das Bedürfnis nach Sin-

---

6) Groebel, Jo, *Wer, Wie, Was? - Forschungsergebnisse zum Fernsehverhalten von Kindergarten- und Grundschulkindern*, in: *Das Fernsehen im Alltag von Kindern, Informationen für die Medienerziehung in Kindergarten und Grundschule*, LfR Dokumentation Band 6, Landesanstalt für das Rundfunkwesen Nordrhein-Westfalen, Düsseldorf 1991

7) Charlton, Michael, *Wieso, Weshalb, Warum - (Ge-)Brauchen Kinder das Fernsehen?* in: *Das Fernsehen im Alltag von Kindern*, S. 5

neserregung kann ein Erklärungsmuster der Vorliebe für spannende Filme abgeben. Neuere Untersuchungen weisen darauf hin, daß dieses Bedürfnis nach Spannung und Nervenkitzel unterschiedlich stark ausgeprägt ist. Es ist möglich, daß bei verschiedenen Menschen immer stärkere Reize notwendig werden, um dieses Bedürfnis noch zu befriedigen; im Zusammenhang mit der Vorliebe von Kindern für Action- und Gewalthandlungen in Filmen ein wichtiger Aspekt.

2. Orientierungs- und Sicherheitbedürfnis

Hierunter sind z. B. das Bedürfnis nach Schutz, Geborgenheit zu sehen, ebenso nach Ordnung, Grenzen. Im Zusammenhang mit der Medienrezeption kann das Fernsehen zu bestimmten Zeiten, in bestimmten Situationen Ordnung oder Geborgenheit vermitteln. Es kann z.B. den Tagesrhythmus bestimmen, oder gemeinsames Fernsehen in der Familie vermittelt das Gefühl der Geborgenheit. Die Vorliebe für bestimmte Serien kann dem Bedürfnis nach Überschaubarkeit entgegenkommen; das Handlungsmuster und die Hauptpersonen sind bekannt.

3. Zugehörigkeits- und Liebesbedürfnis

Die Zugehörigkeit zur Gruppe wird durch das Anschauen der gleichen Filme gekennzeichnet. Durch Identifikation mit Medienfiguren kann die Zuneigung miterlebt werden, die diesen Figuren entgegengebracht wird. Dieses Bedürfnis ist im Zusammenhang zu sehen mit:

4. Achtungs- und Geltungsbedürfnis

Anerkennung, Stärke und Ruhm z.B. können einmal durch die Identifikation mit einer Medienfigur "erlebt" werden. Aber auch die Anerkennung in der Gruppe durch Kenntnis bestimmter Filme oder durch den Besitz bestimmter Videospiele gehört hierzu.

5. Selbstverwirklichungsbedürfnis[8)]

Jeder Mensch ist bestrebt, seine Fähigkeiten und Fertigkeiten hervorzuheben, z.B. im künstlerischen Bereich. Für die Mediennutzung im Grundschulalter spielt dieser Aspekt noch keine Rolle. Wenn medial bestimmte Handlungen von Kindern vor diesem theoretischen Hintergrund betrachtet werden, findet der Lehrer leichter zu einer angemessenen Reaktion. Auch die wilden Tobereien und das Nachspielen wüster Kampfszenen am Montagmorgen können nicht mehr einfach mit dem Erklärungsmuster "zu viel Fernsehen" abgetan werden.

2. Medienerziehung in der Schule

Für Kinder in der Grundschule sind Medienerfahrungen ein ganz wesentlicher Teil ihrer Persönlichkeitsentwicklung und der Erarbeitung ihres Weltbildes.

Für die schulische Arbeit sind zwei Bereiche von Bedeutung:

Zum ersten geht es um Medienerlebnisse von Kindern und Jugendlichen. Als wesentlicher Faktor der Sozialisation müssen sie dem Lehrer bewußt sein, er muß Grundkenntnisse bezüglich der Mediennutzung und Medienwirkung in seine Unterrichtsvorbereitung mit einbeziehen. Darüber hinaus müssen Medienerlebnisse auch als Unterrichtsthema ihren Platz haben, vor allem im Bereich der Grundschule.

Zum zweiten geht es um die Medien und ihre spezifischen Gestaltungsmittel, um kritischen Umgang und praktische Erfahrung mit Medien. Dieser Bereich beginnt im Kindergarten und in der Grundschule, sein Schwerpunkt liegt jedoch in der Sekundarstufe I und II.

---

8) vgl. Charlton, Michael, S. 5

Ziele der Medienerziehung in der Grundschule

Medienerziehung muß alters- und stufenabhängig gestaltet werden.

1. Erfahrungen der Kinder mit Medien und die Auseinandersetzung mit Medienerlebnissen sollen Eingang in den Unterricht finden.
2. Die Kinder sollen Kriterien für den kritischen Umgang mit Medien und alternativer Angebote erfahren.
3. Die besonderen Gestaltungsmittel der audiovisuellen Medien sollen den Kindern bewußt werden - sie sollen das "Alphabet der Bilder und Töne" lernen.
4. Kinder sollen Erfahrungen mit praktischer Medienarbeit sammeln.

Schule und Medienerfahrungen der Kinder

Ausgehend von den oben dargestellten Theorien der "Thematischen Voreingenommenheit" von BACHMAIR, CHARLTON, u. a. bzw. der grundlegenden Bedürfnisse nach MALOW bestimmen die gerade für das Kind wichtigen inneren Themen oder Bedürfnisse seine Reaktionen oder Handlungen. Man wird nicht für jedes einzelne Kind eine individuelle Strategie entwickeln können. Dennoch liefern diese Theorien gerade in problematischen Situationen einen guten Interpretationshintergrund. Darüber hinaus kann der Lehrer sich ein Bild von den Themen verschaffen, die für viele Kinder der Gruppe oder Klasse gerade von Bedeutung sind.

Um auf medienbezogene Handlungen richtig eingehen zu können,ist es wichtig zu wissen, welche Themen dahinter stehen. Da bei jedem Kind dieses Thema gerade ein anderes sein kann, müßte die Reaktion auch individuell erfolgen. In einer solch differenzierten Art wird dies in einer Schulklasse nicht möglich sein.

Nach Stefan AUFENANGER unterscheiden sich die meisten medienbezogenen Handlungen von anderen Handlungen, da sie als spezifischer Ausdruck der Bearbeitung eines inneren Problems - also eines Themas - angesehen werden können. Medienbezogene Handlungen kann ein Lehrer oft nur dann erkennen, wenn er die Kindersendungen oder Vorabendserien kennt, die von den Kindern nachgespielt werden. Im Gespräch mit den Kindern läßt sich herauszuhören, welche Sendungen gerade sehr beliebt sind. Ein Lehrer kann unmöglich einen Überblick über alle Sendungen haben, die Kinder lieben. Neben dem Kinderprogramm sind dies vor allem die Vorabendserien und das Werbeprogramm. Wenn man gelegentlich Kindersendungen oder gerade aktuelle Vorabendserien anschaut, gewinnt man eine Vorstellung davon, was Schüler regelmäßig anschauen.

Unter Medienpädagogen gibt es verschiedene Meinungen, wie und wann im Unterricht auf die medialen Handlungen einzugehen ist. Stefan AUFENANGER schlägt vor, nur in bestimmten Situationen auf solche Handlungen einzugehen, z.B. wenn das Spiel anderer Kinder oder die Arbeit in der Gruppe dadurch gestört wird. Er nennt folgende Reaktionen als nicht angemessen:

Verbot:

In den meisten Situationen bringt das Verbot nur ein sofortiges Unterlassen, ohne jedoch die Ursachen des Verhaltens zu beseitigen. Zudem versperrt es dem Lehrer den Einblick zu den Themen, die seine Schüler gerade beschäftigen. Die Kinder werden versuchen, heimlich weiterzuspielen.

Das Verbot kann sich nicht nur auf Spielhandlungen beziehen, sondern auch auf Medienfiguren und deren Ausrüstung, die Kinder gerne in die Schule mitbringen, um sie vorzuführen und damit zu spielen, z.B. He-Man, Transformers, Barbie.

Ignorieren:
Bei einer solchen Haltung wird auf die Medienerfahrung der Kinder überhaupt nicht eingegangen, obwohl sie ein so wesentlicher Teil der kindlichen Entwicklung ist. Ignorieren kommt einer Ablehnung gleich.

Mißbilligen:
Eine solche Haltung ist oft gegenüber den He-Man Figuren zu beobachten, die von den Erwachsenen als häßlich empfunden werden. Das Kind und seine Motive werden wie bei der Mißbilligung nicht ernst genommen.

Aufarbeiten:
AUFENANGER lehnt die *intensive* Aufarbeitung ab, die eher schon therapeutischen Maßnahmen gleicht. Damit seien Lehrer und Schule überfordert.

Als geeignete Reaktion nennt AUFENANGER das Eingehen auf die Erfahrungen der Kinder: Offenheit zum Erzählen, Rollenspiel, Malen...

Dieses Aufgreifen kann dem Lehrer erst einmal Hinweise geben, welche "inneren Themen" hinter den Medienhandlungen stehen. Schon die einfachen Fragen: Was ist das für eine Figur? Was spielst du mit dieser Figur? geben einen Einstieg. Aufschlußreich ist auch die Beobachtung der Rollenverteilung im Spiel. Ein solches Verhalten erlaubt, die Medienhandlungen in den Unterricht oder das gemeinsame Spiel mit einzubeziehen, heißt aber noch nicht, sie auch zu akzeptieren.

Das Aufgreifen bedeutet noch einen Schritt mehr. Die Rollenverteilung in einem Rollenspiel (z.B. spielen wir eine Szene zu He-Man) kann verändert werden. Schwache Kinder erhalten die Chance, einmal bestimmen zu dürfen; die Starken und Helden können erfahren, was es bedeutet, nicht bestimmen zu dürfen. Die Handlungsvorgaben können verändert und damit reflektiert werden.[9]

In diesem Sinn versteht auch TULODZIECKI die Aufarbeitung medienbedingter Emotionen und Verhaltensweisen.

In einem Rollenspiel, in einer Zeichnung, in der Fortsetzung eines Geschichtenanfangs spiegeln sich Verhaltensweisen, Darstellungen und Problemlösungen wider, die auf die medialen Vorbilder hinweisen. In Gesprächen und Spielen sollen neue oder veränderte Lösungen gesucht werden. Im Bereich der tradierten Geschlechterrollen, der Rollen in der Familie oder der Problemlösung durch Gewalt finden sich genug Ansätze. Warum nicht einmal den Kampf zwischen Gut und Böse statt in Form eines Märchens in einer Geschichte von He-Man darstellen lassen?

Eine wichtige Aufgabe für die Schule ist die Aufarbeitung der durch Medien vermittelten Vorstellung über die Realität. Das Weltbild der Kinder, gerade im Bereich der Grundschule ist dadurch gekennzeichnet, daß sie oft mehr über die Arktis wissen als über ihren Heimatort; daß sie ein verzerrtes Bild vom Beruf eines Polizisten haben; daß sie mit genauem Fachwissen über den tropischen Urwald berichten, aber noch niemals selbst eine Pflanze gesät, gepflegt und beobachtet haben. Hier muß die Schule ausgleichend und korrigierend wirken.

Kinder sollen z. B. säen, gießen, pflegen und beobachten, was aus diesem Samen wird. Diese Erfahrung muß über das direkte Erleben und Verstehen mit dem Wissen verknüpft werden, das als medial vermitteltes Wissen vorhanden ist. Der alte Grundsatz vom Nahen zum Fernen stimmt nur noch insofern, als die Fernsehwelt den Kindern in

---

9) Aufenanger, Stefan, *Zum pädagogischen Umgang mit medienbezogenen Handlungen von Kindern in der Grundschule*, in: *Das Fernsehen im Alltag von Kindern*, S. 5

manchen Dingen näher ist als ihre direkte Umwelt. Diese neue Nähe und Ferne muß der Unterricht beachten. Es gibt viele Tier- und Naturfilme, die zu verschiedenen Themen im Unterricht einbezogen werden können.

Ausgehend von einem oder mehreren Fernsehfilmen kann z.B. der Beruf des Polizisten untersucht werden. Die Schüler sollen die Arbeit der Polizisten beobachten. Diesem Berufsbild wird der Besuch in einer Polizeiwache gegenübergestellt, Verkehrspolizisten werden bei der Arbeit beobachtet und befragt. Material zum Beruf des Polizisten wird dazu zusammengestellt. Die Ergebnisse der Unterrichtseinheit können anderen Klassen oder Eltern vorgeführt und erklärt werden.[10)]

Unterrichtsinhalte werden so überprüft, ergänzt oder verändert durch das, was als mediale Wirklichkeit in der Vorstellung der Kinder vorhanden ist. Vorstellungen der Kinder von der Realität werden durch die erlebte Realität korrigiert oder neu geordnet. Dies kann nur exemplarisch geschehen.

Medien als Gestaltungsmittel

Um Medien durchschaubar zu machen, ihre Arbeitsweise besser zu verstehen und zu entzaubern, ist ein wichtiger Weg die praktische Medienarbeit. Der Umgang mit audiovisuellen Medien ist jedem Kind heute vom Kleinkindalter an bereits vertraut. Es gilt nun, in kleinen Schritten und Vorübungen gezielt diese Medien als Gestaltungsmittel einzusetzen. Damit sollen Fähigkeiten und Fertigkeiten erworben werden, die dann in einer "größeren" Produktion gebraucht werden.

Neben den praktischen Vorübungen ist es wichtig, daß Kinder schon früh ein Gefühl dafür entwickeln, daß die verschiedenen Medien nicht alle gleich gut eingesetzt werden können. Es hängt von dem Inhalt und dem angestrebten Ziel ab, ob ein Film, eine Diaserie oder eine Tonbandaufnahme besser geeignet ist.

Medienerziehung ist immer als fächerübergreifende Unterrichtseinheit zu sehen. Sie ist in Deutsch genauso anzusiedeln wie in Sachunterricht, Musik oder Bildender Kunst. Jedes Fach wird bei einer Unterrichtseinheit einen Beitrag liefern. Neben dem sachlichen Inhalt steht die Verbindung von Ton, Bild und Text und die damit erzielte Wirkung und Aussage in Mittelpunkt.

Jedes Fach erzieht darüber hinaus zu kritischem und reflektierten Umgang mit Medien, indem Unterrichtsmedien bewußt ausgewählt und eingesetzt werden: Nicht der zu übermittelnde Inhalt eines Lehrfilmes allein ist Unterrichtsgegenstand, sondern auch die Art, wie der Inhalt dargestellt wird. Je nach Unterrichtsthema ist es günstiger, eine Diaserie als einen Film einzusetzen. Wenn im Unterrichtsgespräch die besonderen Vorteile und Nachteile eines Filmes oder einer Diaserie für das gerade behandelte Thema angesprochen werden, so schärft das den Blick der Schüler. Sie lernen in einer Einheit über Bienen, daß ein Unterrichtsfilm den Ablauf eines Bienenarbeitstages lebendig wiedergibt durch Bewegung und Ton. Um eine Biene ganz genau zu betrachten, eignet sich aber besser ein Dia oder ein Bild.

Welche Geräte für die praktische Medienarbeit eingesetzt werden, hängt von der jeweiligen Ausstattung der Schule ab. Tonbandgeräte und Kassettenrecorder sind heute wohl an allen Schulen vorhanden. Fotoapparate und Videokameras sowie weitere Geräte zum Vertonen oder Schneiden werden von Bildstellen ausgeliehen oder können dort benutzt werden. Rundfunkanstalten in verschiedenen Bundesländern haben Einrichtun-

---

10) vgl. Tulodziecki, Gerhard, S. 8

gen wie "Bürgerkanal" oder "Offener Kanal", die die Eigenproduktion von Rundfunk- oder Fernsehsendungen ermöglichen. Dort können auch Geräte ausgeliehen bzw. benutzt werden. Nicht zuletzt sind Eltern und Großeltern der Schüler heute gut ausgerüstet mit Fotoapparaten und Videokameras und oft auch bereit mitzuarbeiten.

Vorübungen können schon vom ersten Schuljahr an erfolgen: Bei den ersten Leseübungen oder beim Erzählen kann der Umgang mit Kassettenrecorder und Mikrophon geübt werden. Nach Monologen kann ein Dialog geübt werden, etwa eine Szene aus einer Geschichte, ein Witz. Die Wirkung von Geräuschen wird erprobt: Türen öffnen und schließen, Wasser plätschern, Schritte, Papier reißen oder zerknüllen, Vogelgezwitscher, Motorengeräusche von Autos, Rasenmäher, elektrischer Zahnbürste... Bei allen Übungen können die Schüler entweder selbst solche Tonaufnahmen machen, oder sie hören Tonaufnahmen mit Geräuschen ab, erraten diese Geräusche und beschreiben ihre Wirkung.

Die Schüler schauen eine Geschichte im Fernsehen ohne Ton an (möglichst unbekannt!). Zu diesen Bildern sollen sie dann eine eigene Geschichte erzählen.

Filmszenen werden mit und ohne Musik angeschaut, um zu verdeutlichen, wie das Gefühl von Spannung, Trauer oder Freude durch die Verbindung von Bild und Ton erzeugt und verstärkt wird.

Je nach Klassenstufe kann an einzelnen Filmszenen herausgearbeitet werden, was Schnitt, Kamerafahrt, Totale oder Nahaufnahme bedeuten und welche Wirkung sie haben. Wenn ein Tierfilm im Unterricht eingesetzt wird, bei dem gerade die Nahaufnahmen beeindrucken, verbindet der Lehrer den biologischen Lernbereich mit dem Bereich der Medienerziehung, wenn er auf die Nahaufnahmen und die Aufnahmebedingungen für solche Bilder eingeht.

Viele Kinderbücher und Märchen wurden verfilmt. Ein Kapitel eines Buches oder eine Szene wird im Unterricht gelesen, die Schüler überlegen, wie man eine solche Szene verfilmen könnte und vergleichen dann mit der tatsächlichen Verfilmung.

Zum Einstieg und bei jüngeren Kindern ist der Einsatz einer Sofortbildkamera günstig, da das Ergebnis sofort vorliegt und ein Fehler auch gleich durch eine Neuaufnahme korrigiert werden kann.

Erste Themen sind z.B. "Die Kinder unserer Klasse stellen sich vor", "Ich und mein Lieblingsspielzeug". Mit der Sofortbildkamera kann dann als zweiter Schritt ein Unterrichtsgang begleitet und ein Fotobericht geschrieben werden: z.B. "Die Arbeit des Hausmeisters an unserer Schule". Ein weiterer Schritt ist, eine Diaserie zu erstellen, z. B. "Ein Besuch beim Bäcker", Text kann auf einer Tonbandkasette dazu gesprochen werden, der Bäcker, Kunden in der Bäckerei oder Verkäuferinnen können befragt werden.

Je aufwendiger die geplante Arbeit ist, umso mehr muß der Lehrer darauf achten, daß bestimmte Fähigkeiten und Fertigkeiten bei den Schülern sicher vorhanden sind und nicht alles neu erarbeitet werden muß.

Wenn man eine Videokamera einsetzen will, sind Vorübungen zur Handhabung des Gerätes unbedingt notwendig. Erste Aufnahmen sollen einfache Szenen wiedergeben: z.B. verschiedene Spiele auf dem Schulhof, die Sekretärin, der Hausmeister, die Putzfrau bei der Arbeit, ein Kind stellt sein Lieblingsspielzeug vor. Bei diesen ersten Filmen kann die Handhabung der Kamera mit Stativ geübt werden, Kamerafahrten, Nahaufnahmen usw. werden ausprobiert. Die Szenen können mit Orginalton vorgeführt oder nachträglich mit Musik vertont werden.

Ob nun ein Hörspiel produziert, eine Bildergeschichte mit Fotos und Text gestaltet ausgehen.

Praktische Medienarbeit läßt sich nur mit überschaubaren Gruppen gestalten. Wenn die Klasse zu groß ist, muß abwechselnd mit einer Kleingruppe gearbeitet werden. Planung und Ablauf kann in folgenden Schritten vor sich gehen:

1. Thema suchen

Die Klasse einigt sich auf ein Thema. Die Schüler wollen oft nur bereits Bekanntes nachspielen. Pädagogisch notwendig ist es, eigene Gedanken der Schüler zu unterstützen und weiterzuentwickeln. Vor allem ist es wichtig, den Kindern zu verdeutlichen, daß der Vergleich mit den perfekten Vorbildern nicht gelingen kann. Nur so kann man Frustrationen bei den Schülerinnen und Schülern vermeiden.

2. Drehbuch schreiben

Hier empfiehlt sich Gruppenarbeit. Das Drehbuch wird so gestaltet, daß in einer Spalte das Bild/die Handlung notiert werden, in einer zweiten Spalte parallel dazu der zu sprechende Text, in einer dritten Spalte können Notizen über Kostüme, notwendige Requisiten u.a. festgehalten werden.

Auch bei Stegreifspielen ist eine Vorform von Drehbuch möglich, indem nur die Szenen und notwendige Requisiten notiert werden. In einer ersten Klasse werden solche "Drehbücher" durch kleine Zeichnungen ergänzt, wenn die Lesefähigkeit der Schüler noch beschränkt ist.

Soll z.B ein Märchen gespielt werden, so muß das Märchen zuerst in einzelne Spielszenen aufgeteilt werden. Wenn nicht alle Szenen gespielt werden können, spricht ein Erzähler Zwischentexte.

Hier das Beispiel für ein Hörspiel (2 Schuljahr):

"Die Bremer Stadtmusikanten"

1. Szene: Der Esel läuft davon
2. Szene: Der Esel trifft den Hund
3. Szene: Esel und Hund treffen die Katze
4. Szene: Die drei treffen den Hahn
5. Szene: Sie entdecken das Räuberhaus
6. Szene: Sie schmieden einen Plan
7. Szene: Sie schlagen die Räuber in die Flucht
8. Szene: Die Räuber beraten
9. Szene: Ein Räuber kehrt zurück
10. Szene: Der Räuber erzählt von seinen Erlebnissen
11. Szene: Die Tiere feiern ihren Sieg

1.Szene: Der Esel läuft davon

Sprecher	Text	Geräusche
		Musikvorspiel eine Tür schlägt zu in einem Korb
Esel	IA. Ach, bin ich müde. IA. Gut, daß ich nach diesem schweren Arbeitstag wieder im Stall bin.	mit Stroh rascheln Stöhnen

Sprecher	Text	Geräusche
	IA. Ich bin einfach zu alt und zu schwach, um den ganzen Tag... Ich mache mich lieber gleich aus dem Staub. Ich will nach Bremen gehen und dort mein Geld als Musikant verdienen.	
		eine Tür öffnet und schließt sich leise

3. Rollenverteilung
Heikel ist die Rollenverteilung. Günstig ist eine rotierende Rollenverteilung. Zur Rollenverteilung gehört auch die Arbeitsaufteilung. Es muß genau festgelegt werden, welche Arbeiten in welcher Szene von welchen Schülern übernommen werden. Dabei sollten möglichst viele Kinder einmal die Kamera übernehmen usw.
4. Aufnahme/Dreharbeiten/Fotografieren
Im Vorfeld der Dreharbeiten oder Aufnahmen kann man auch Fragen des Medienrechtes kindgerecht aufnehmen. Darf man überall und jeden filmen? Darf man jederzeit mit dem Tonband jemanden befragen? Darf man das veröffentlichen? Welche Genehmigungen müssen wir dafür einholen? Wie ist das eigentlich beim richtigen Film/Fernsehen/Radio?
5. Schnitt/Aufarbeitung
Gerade hier lassen sich medienimmanente Wirkungsmittel deutlich machen. Wie wirkt eine Szene mit und ohne Musik? Wie wirken Zeitsprünge in der Handlung? Wie setze ich sie mit filmischen Mitteln verständlich um? Wie kann ich Zeitsprünge oder einen Ortswechsel bei einem Hörspiel umsetzen? Welche Bilder wählen wir für die Foto- oder Diageschichte? Ist der Zusammenhang deutlich, ist die Geschichte so verständlich?

Diese Fragen tauchen bereits während der vorhergehenden Arbeitsschritte auf. In der konkreten Arbeit werden manche Probleme aber erst deutlich, nicht alle geplanten Schritte sind in der Praxis befriedigend zu verwirklichen, und es müssen neue Lösungen gesucht werden.
6. Vorführung/Vorstellung
Eine Vorführung bzw. Vorstellung vor Eltern oder einer anderen Klasse hat zwei Ziele: Einmal erhöht sie die Motivation bei der Herstellung. Zum zweiten zeigen die Reaktion der Zuschauer oder Betrachter, deren Fragen und Anregungen, wieweit für Unbeteiligte die Umsetzung der Geschichte verständlich ist und welche Wirkung sie hat.
7. Abschließende Wertung
In die abschließende Betrachtung werden die Reaktionen der Zuschauer mit einbezogen. Die kritische Wertung stellt heraus, was besonders gut gelungen ist und was bei künftigen Vorhaben besser oder anders gelöst werden kann.

Elternarbeit

Gerade in der Grundschule ist Medienerziehung ohne die Mitarbeit der Eltern nicht denkbar. Einerseits können Lehrerinnen und Lehrer als pädagogische Fachleute den Eltern wichtige Informationen und Ratschläge zum Bereich der Mediennutzung geben. Darüber hinaus sollen an Elternabenden auch Alternativen für die Freizeitgestaltung mit

Kindern aufgezeigt werden. Der dritte Bereich liegt in der Ergänzung der medienpädagogischen Arbeit der Schule durch entsprechende Weiterführung im Elternhaus.

In diesem Zusammenhang ist eine offene Gesprächsatmosphäre ganz wesentlich. Günstig ist, anläßlich eines konkreten Vorfalls zu einem Gesprächsabend einzuladen. Ein Filmausschnitt einer Vorabendserie und einer Kindersendung, die gerade bei den Kindern sehr beliebt sind, schaffen einen guten Gesprächseinstieg. Die Eltern sind meist wenig informiert über das, was ihre Kinder im Fernsehen anschauen. Anknüpfend an die Filmausschnitte lassen sich Fragen der Medienwirkung oder der Bedeutung der Medien für Kinder diskutieren. Eltern erwarten oft eindeutige Rezepte und Anweisungen: Diese Sendung soll mein Kind sehen, diese darf es auf keinen Fall sehen. Kinder sollen so und so lange fernsehen ... Solche eindeutigen Anweisungen sind nicht möglich, denn jedes Kind ist anders. Nicht jedes Kind verträgt die gleichen Filme. Kinder haben meistens ein sehr feines Gefühl dafür, welche Filme sie gerade brauchen und welche Filme sie nicht verkraften, weil sie ihnen z.B. Angst einjagen. Solche Filme meiden Kinder oft schon von allein. Eltern sollte bewußt werden, daß auch Geschwister sehr unterschiedlich sein können. Was z.B. für die ältere Tochter richtig war, muß für die jüngere nicht auch das richtige sein. Aufgabe der Elternarbeit ist es, Eltern dafür zu sensibilisieren, ihr Kind zu beobachten.

Wie in jedem anderen Erziehungsbereich müssen auch beim Fernsehen oder beim Hören von Kassetten Grenzen gesetzt werden. Eltern müssen auch einmal nein sagen können. Grenzen und Regeln sind den Kindern zu verdeutlichen. Am besten werden in der Familie Regeln mit den Kindern gemeinsam aufgestellt und ausgehandelt.

Kinder im Grundschulalter sind in der Regel jedoch überfordert, wenn sie mit einem eigenen Fernsehgerät oder sogar Videorecorder im Kinderzimmer selbst ihr Fernsehprogramm nach Inhalt und Dauer bestimmen können.

Selbstverständlich sollten an einem Elternabend auch Alternativen zum Fernsehen angesprochen werden. Kinder und Jugendliche nennen als häufigsten Grund für Mediennutzung Langeweile. Deshalb gehört zur Medienerziehung untrennbar das Aufzeigen von alternativen Unterhaltungsmöglichkeiten. Gerade an verregneten Wochenenden, an denen Kinder nicht draußen spielen können, ist es wichtig, gemeinsame Unternehmungen zu planen. An einem Elternabend kann sich ergeben, daß an solchen Tagen eine Familie mehrere Kinder dieser Klasse mit ins Schwimmbad nimmt. Eine andere Familie plant dafür eine gemeinsames Vorhaben für ein nächstes Wochenende. Die einzelne Familie wird dadurch entlastet, für die Kinder werden Unternehmungen mit Freunden und Freundinnen oft noch interessanter.

Um die praktische Medienarbeit in der Schule auch im Elternhaus zu ergänzen, kann man die Eltern anregen, den Kindern bei passender Gelegenheit einmal den Fotoapparat oder die Videokamera in die Hand zu geben. Die Erinnerungsfotos vom Kindergeburtstag oder die Filmszenen aus dem Urlaub gewinnen für Eltern und Kinder einen ganz neuen Wert. Ein Gesprächsanlaß über Medien in der Familie wird ermöglicht, wenn die Eltern den Umgang mit den Geräten erklären und die Ergebnisse besprechen.

TIP:

Zur Elternarbeit sind als Hilfe die Materialien der Zentrale für Politische Bildung sehr zu empfehlen. Als Klassensatz können Broschüren für die Eltern angefordert werden. Ein Informationsheft für Erzieher und Lehrer und ein buntes Plakat als Einladungsplakat für den Elternabend liegen bei.

Ausblick

Wilhelm Ebert hat bereits vor zehn Jahren auf dem Deutschen Lehrertag des VBE "Schule und Medien" gesagt:

> *"Medienpolitik und Schule, die Frage nach der Zukunft der Medien in bezug auf die Zukunft der Schule, das ist keine nur technische oder ökonomische, politische oder pädagogische Frage, sondern es ist eine Frage der Ethik, eine Frage der praktischen Philosophie. Angesichts der bislang einseitig auf Vermehrung, auf Wachstum ausgerichteten Medienpolitik muß sich die Schule auf ihre zentrale Aufgabe besinnen. Sie muß Interesse an einer Sache wecken, einer Sache auf den Grund gehen und die Schüler erzieherisch-helfend auf ihrem Lebensweg begleiten. Der Haltung des passiven Konsumierens muß die aktive Haltung des forschenden Interesses und eine auf das innere Wachstum gerichtete aktiv-meditative Haltung gegenübergestellt werden. Wir müssen die Erkenntnis vermitteln, daß wir Zeit nur einmal besitzen: daß wir entweder fernsehen oder lesen können, daß wir entweder konsumieren oder produzieren können, daß wir entweder passiv oder aktiv sein können ...*
> *Im Blick auf die Veränderungen der Medienlandschaft müssen wir Lehrer für eine pädagogische Ökologie machtvoll eintreten, um die äußere und innere Welt unserer Jugend neuartig bewohnbar zu machen. In der Menschenwürdigkeit dieses Weges, unseres Weges, haben wir uns zu bewähren."* 11)

Literaturverzeichnis

Medienutzung

Groebel, Jo/ Klingler, Walter — *Kinder und Medien 1990. Erste Ergebnisse einer Vergleichsstudie in den alten und neuen Bundesländern*, in: *Media Perspektiven*, 10/1990, S. 633 ff.

Groebel, Jo — *Wer, Wie, Was? - Forschungsergebnisse zum Fernsehverhalten von Kindergarten- und Grundschulkindern*, in: *Das Fernsehen im Alltag von Kindern. Informationen für die Medienerziehung in Kindergarten und Grundschule*, LfR Dokumentation Band 6, Landesanstalt für das Rundfunkwesen Nordrhein-Westfalen, Düsseldorf 1991

Paus-Haase, Ingrid — *Neue Helden für die Kleinen. Das (un)heimliche Kinderprogramm des Fernsehens*, Münster/Hamburg 1991, Medien und Kommunikation Bd. 16

Postman, Neil — *Wir amüsieren uns zu Tode. Urteilsbildung im Zeitalter der Unterhaltungsindustrie*, Frankfurt 1985

Ausführliche Literaturdokumentation zum Thema:
Das Fernsehen im Alltag von Kindern. Informationen für die Medienerziehung in Kindergarten und Grundschule, Landesanstalt für das Rundfunkwesen Nordrhein-Westfalen, Düsseldorf 1991

Medien und Gewalt

Groebel, Jo/ Gleich, Uli — *Analyse der Gewaltprofile von ARD, ZDF, RTL+, SAT1, TELE5, PRO7.* Vortrag: Landesanstalt für Rundfunk Nordrhein-Westfalen, Düsseldorf, 06. 02. 1992

11) Ebert, Wilhelm, *Schule und Medien*, München 1983

Kunczik, Michael — *Gewalt im Fernsehen. Stand der Wirkungsforschung und neue Befunde*, in: Media Perspektiven, Heft 3/93, S. 98 ff.

Gewaltdarstellungen - ein Thema seit der Antike. Zur Geschichte der Auseinadersetzung um Gewalt in den Medien, in: *Media Perspektiven*, Heft 3/93, S. 108 ff.

Ausführliche Literaturdokumentation zum Thema:
Gewalt im Fernsehen: (K)ein Thema für Schule und Kindergarten, Landesanstalt für das Rundfunkwesen Nordrh.-Westf., Dortmund 1992

Medienwirkung

Charlton, Michael — *Wieso, Weshalb, Warum - (Ge-)Brauchen Kinder das Fernsehen?*, in: *Das Fernsehen im Alltag von Kindern*, S. 5

Fröhlich W. D./ Zitzelsberger R./Franzmann B. (Hrsg.) — *Die verstellte Welt*, Frankfurt 1980

Sturm, Herta — *Fernsehdiktate: Die Veränderung von Gedanken und Gefühlen*, Gütersloh 1991

Medienerziehung

Aufenanger, Stefan (Hrsg.)* — *Neue Medien - Neue Pädagogik? - Ein Lese- und Arbeitsbuch zur Medienerziehung in Kindergarten und Grundschule*, Bonn 1991

Ebert, Wilhelm — *Schule und Medien*, München 1983

Eschenauer, Barbara — *Medienpädagogik in den Lehrplänen. Eine Inhaltsanalyse zu den Curricula der allgemeinbildenden Schulen*, im Auftrag der Bertelsmann Stiftung, Gütersloh 1989

Das Fernsehen im Alltag von Kindern. Informationen für die Medienerziehung in Kindergarten und Grundschule, LfR Dokumentation Band 6, Landesanstalt für das Rundfunkwesen Nordrh.-Westf., Düsseldorf 1991

Höltershinken, D./ Kasüschke H. P./ Sobiech,D. — *Praxis der Medienerziehung. Beschreibung und Analyse im schulischen und außerschulischen Bereich*, Bad Heilbrunn 1991

Issing, Ludwig J. (Hrsg.) — *Medienpädagogik im Informationszeitalter*, Weinheim ²1988

Medienerziehung im Kindergarten: Neue Herausforderungen durch private Programme? LfR-Workshop September 1989, LfR Dokumentation Band 3, Landesanstalt für das Rundfunkwesen Nordrh.-Westf., Düsseldorf 1990

Fachzeitschriften

medien praktisch — Medienpädagogische Zeitschrift für die Praxis
Hrsg.: Gemeinschaftswerk der Evangelischen Publizistik e.V., Frankfurt

Media Perspektiven — Hrsg.: Arbeitsgemeinschaft der ARD-Werbegesellschaften, Frankfurt

Elternarbeit

Rogge, Jan-Uwe — *Kinder und Medien. Kommunikationspädagogische Fortbildung und Elternberatung Modellversuch*, in: *medien praktisch*, Medienpädagogische Zeitschrift für die Praxis, 4/92 Dezember 1992, Heft 64, 16. Jahrgang, S. 13 ff.

*Neue Medien - Freunde unserer Kinder?**

*Neue Medien und Familie.**

Beide Broschüren sind für die Gestaltung von Elternabend als Klassensatz kostenlos zu beziehen. Ein buntes Plakat als Einladung zum Elternabend und eine Broschüre für Erzieherinnen und Erzieher ist jeweils beigefügt.

* zu bestellen bei: Bundeszentrale für politische Bildung - Referat Neue Medien, Postfach 2325, Bonn

Rita Schafferhans

Hausaufgaben - Hausfriedensbruch oder Lernchance?

Probleme der gängigen Hausaufgabenpraxis und Möglichkeiten der Veränderung und Verbesserung

❑❑❑❑❑❑❑❑❑❑❑❑❑❑❑❑❑❑❑❑❑❑❑❑❑❑❑❑❑❑❑❑❑❑❑❑❑❑

1.1 Die gängige Hausaufgabenpraxis als Verursacher von HA-Konflikten

Lehrer/innen werden in ihrer schulischen Situation täglich mit den Auswirkungen der eigenen Hausaufgaben-Praxis und der ihrer Kollegen/innen in Form der daraus resultierenden Hausaufgabenkonflikte konfrontiert. Dennoch wird über die gängige (tradierte) Hausaufgabenpraxis wenig nachgedacht, geschweige denn viel verändert.

Vielleicht übernimmt man für die eigene Handlungsweise mehr oder weniger reflektiert die eigenen Schulerfahrungen (als Schüler/in) oder die Verfahrensweisen der Ausbildungslehrer/innen oder die des eigenen Kollegiums. Selbst wenn Lehrer/innen Bedenken gegen die gängige Praxis haben, fühlen sie sich doch weitgehend an die vorherrschenden Strukturen gebunden. Reflektierende Gespräche mit Kollegen - z.B. anläßlich auftretender Hausaufgabenkonflikte ("Über die Hälfte der 4a hat schon wieder die Hausaufgaben nicht gemacht!") oder auf dem Hintergrund der Umsetzung neuer Richtlinien - sind recht selten. In pädagogischen Gesprächen wird die Thematik kaum oder wenn, dann sehr emotionsgeladen behandelt. "Das habe ich immer schon so gemacht. - Ich weiß gar nicht, wie ich bei der Stoffülle ohne HA auskommen soll. - Wer in der Schule nicht lernen will, kann wenigstens zu Hause etwas tun. - Nach den Ferien haben die Schüler sowieso wieder alles vergessen, da müssen sie erst mal anständig Hausaufgaben bekommen. - Meine Schüler bekommen immer Hausaufgaben. - usw."

Dieser Artikel soll zunächst einmal helfen, Problembewußtsein zu gewinnen und fundiert begründet einen eigenen Standpunkt in Diskussionen mit Kollegen/innen und Eltern vertreten zu können. Problemerkenntnis und -reflexion werden dann auch hoffentlich Konsequenzen im Handlungsbereich nach sich ziehen und so eine Veränderung der heute noch gängigen Hausaufgabenpraxis herbeiführen.

1.2 Rollenspezifische Sichtweisen

Von der Hausaufgabenpraxis Betroffene sind Lehrer/innen, Eltern und Schüler/innen in ihrer jeweiligen Rolle, aus der heraus sie unterschiedliche Erwartungen haben und Ansprüche stellen. Aus jeder Rollenerwartung/Sichtweise lassen sich berechtigte Argumente für und gegen Hausaufgaben ableiten.

Immer schon sind Lehrer/innen mit den Ansprüchen der Eltern (Informationsgehalt von HA über das Unterrichtsgeschehen, HA als "Schaufenster" in die Schule, HA als (vermeintliches) Meßinstrument für die Qualität von Unterricht) konfrontiert worden. Gerade in bezug auf die Erwartungen dieser Gruppe haben Lehrer/innen intensive Aufklärungs- und Beratungsarbeit zu leisten.

Nachdenklichkeit hat sicherlich bei vielen engagierten Lehrer/innen und Eltern eingesetzt, und zwar einmal aufgrund der zahlreichen Hausaufgabenkonflikte in Schule und

Elternhaus, zum anderen werden seit Jahren - nicht nur in populär-wissenschaftlichen Publikationen[1] - immer deutlicher kritische Stimmen zur traditionellen (gängigen) HA-Praxis laut.[2]

Lehrer/innen haben mit Sicherheit in zwei verschiedenen Rollen (als Schüler/innen und als Lehrer/innen) Erfahrungen mit dem "Sinn und Unsinn der Hausaufgaben" (gleichnamiges Buch von Bernhard WITTMANN[3]) gemacht. Oft werden sie aber auch als Eltern schulpflichtiger Kinder (aus einer anderen Perspektive) mit der Problematik konfrontiert.

1.3 Legitimation des Themas

Der Strukturplan des deutschen Bildungsrates nennt folgende Aufgabengebiete (Grundqualifikationen) des Lehrers:

- Unterrichten
- Erziehen
- Beraten
- Beurteilen
- Innovieren

Die gängige Hausaufgabenpraxis an unseren Schulen - und sicherlich die Erfahrungen der Lehrer/innen aus ihrer eigenen Schulzeit - zeigen, daß HA vielfach

- zu unreflektiert,
- zu wenig differenziert,
- zu umfangreich erteilt werden,
- in keinem erkennbaren Zusammenhang mit dem Unterricht stehen,
- zu selten Erkundungs- und Beobachtungsaufgaben umfassen,
- zu wenig vorbereitenden Charakter haben,
- oft nicht genügend gewürdigt werden

und deshalb bei den Schüler/innen kaum zur generellen Entwicklung von Lern- und Leistungsbereitschaft beitragen.

Aus dieser Tatsache muß die Schlußfolgerung gezogen werden, daß dieser Teil der Unterrichtspraxis Gegenstand von Reflexion und Veränderung werden muß. Insofern werden durch die Auseinandersetzung mit dem Thema die Aufgaben Unterrichten und Innovieren angesprochen.

Da in der Literatur und in den entsprechenden Rechtsvorschriften (aller Bundesländer!) den HA auch pädagogische Funktionen zugewiesen werden (Übernahme von Verantwortung, Selbstorganisation/Selbständigkeit/Gewinn von Selbstvertrauen, Erziehung zu sinnvoller Freizeitbeschäftigung u.a.m), wird bei diesem Thema auch die Erziehungstätigkeit des Lehrers angesprochen.

Desweiteren haben (gerade junge) Lehrer/innen - vorrangig im Hinblick auf interessierte Eltern und die Reform von Unterricht (offenere Unterrichtsformen, projektorientierte. Verfahren, spielerisches Lernen, Erziehender Unterricht, Freie Arbeit/Wochenplan) - Eltern und Kollegen/innen verstärkt hinsichtlich einer Veränderung der Hausaufgabenpraxis zu beraten.

---

1) Der Spiegel, Nr. 12/1982: Hausaufgaben sind Hausfriedensbruch

2) Boßmann, D.: Die verdammten Hausaufgaben, Frankfurt 1979

3) Wittmann, B.: Vom Sinn und Unsinn der Hausaufgaben, Berlin 1964

1.4 Was sind eigentlich "Hausaufgaben"? - Begriffsdefinitionen:

> *"Hausaufgaben sind diejenigen Teile der schulischen Bildungsarbeit, die von den Schülern außerhalb der Schulzeit - in der Regel im Elternhaus - angefertigt werden."*[4)]
>
> *"Unter "Hausaufgaben" wird ... jedes mit der Schule verbundene, bewußte Lernen der Schüler außerhalb des Unterrichts verstanden, sofern es aus Sicht des Schülers und/oder Lehrers mit der Zielsetzung des Unterrichts in Zusammenhang steht. Damit sind HA Bestandteil der schulischen Bildungsarbeit."*[5)]
>
> *"Die Hausaufgaben bilden einen integrierten Bestandteil des Unterrichts."*[6)]

Schließt man sich der letzten Definition an, so ergibt sich als logische Schlußfolgerung, daß HA den gleichen Planungs-, Durchführungs- und Reflexionsprozessen zu unterliegen haben, wie jeglicher Unterricht überhaupt. Die dann zwingend notwendige Unterordnung der Hausaufgabenstellung, -durchführung und-kontrolle unter didaktisch/methodische Fragestellungen muß mit Sicherheit zu einer Veränderung der traditionellen HA-Praxis und damit zu einer Verringerung der HA-Konflikte führen. HA können folglich nicht mehr länger als Anhängsel von Unterricht betrachtet werden, bei dem sich didaktische und methodische Überlegungen erübrigen. Diese integrative Sichtweise bietet m.E.'s in besonderem Maße die Chance, Lehrer/innen für die Probleme aufzuschließen und zu sensibilisieren, um so reflektiert und verantwortlich handeln zu können.

1.5 Funktionen, die den HA beigemessen werden

In der Literatur werden den HA im Bildungsprozeß im wesentlichen folgende Funktionen zugewiesen bzw. untersucht:[7)]

A - pädagogische (erzieherische) Funktionen -

z. B. Übernahme von Selbstverantwortung, Stärkung des Selbstvertrauens, Anregung zur Selbsttätigkeit durch Weckung von Arbeitsfreude und Interesse, Förderung der Selbständigkeit, Entwicklung von Formen der Selbstorganisation (einschließlich Zeiteinteilung), Erziehung zu Regelmäßigkeit, Gewissenhaftigkeit, Pünktlichkeit und Pflichterfüllung

B - didaktische Funktionen

> ***"Vorbereitung des Unterrichts, Ergänzung der Unterrichtsarbeit, Unterstützung bezw. Fortsetzung von Lernprozessen, Aneignung bezw. Einprägung von Kenntnissen, Einübung von Kenntnissen, Fähigkeiten und Fertigkeiten, Anwendung von Kenntnissen und Fertigkeiten, Übertragung von Wissen und Fertigkeiten auf neue Situationen, Festigung und Verarbeitung und Vertiefung von Wissen und Einsichten, ... , Kontrolle für Schüler über ihren Leistungsstand"***[8)]

---

4) Kochan, B. / Neuhaus-Siemon, E.: Taschenlexikon Grundschule, Königsstein 1979, S. 191
Derschau, D. v. (Hrsg.): Hausaufgaben als Lernchance, München 1979, S. 42

5) Kamm, H. / Müller, E.: Hausaufgaben - sinnvoll gestellt, Freiburg 1975, S. 61

6) Die genannten Funktionen - mit Ausnahme der Diszplinierungsfunktion - stehen untereinander in starkem Zusammenhang, sie werden hier lediglich zum Zweck der Analyse und besseren Darstellbarkeit getrennt behandelt und aufgeführt.

7) Schwemmer, H: Was Hausaufgaben anrichten, Paderborn 1980, S. 27 (Hervorhebungen sind Anm. d. Verf.)

8) Schwemmer: a. a. O., S. 31

Empirische Untersuchungen (DIETZ/KUHRT 1957/58; DREWELOW 1971; PAKULLA 1967; alle DDR) weisen nach, daß in der Praxis die Hausaufgabenform der einfachen Einübung, Anwendung, Festigung des Gelernten, d.h. der einfachen Reproduktion ohne echte Transferleistungen, eindeutig vorherrscht, während andere HA-Formen nur eine sehr untergeordnete Rolle spielen. Ein ähnliches Bild ergibt sich aus einem HA-Erlaß-Vergleich aller Bundesländer[9]. Dieses Bild dürfte sich mit den Erfahrungen der Lehrer/innen bezügl. der gängigen Hausaufgabenpraxis decken. Auch Beobachtungen der Verfasserin in unterschiedlichen Ausbildungsklassen über längere Zeiträume hinweg weisen eindeutig eine Schwerpunktsetzung in dieser didaktischen Kategorie auf.

Die Ergebnisse der experimentellen Untersuchungen von WITTMANN (1970) und FERDINAND/KLÜTER (1968) zur Effektivität von Hausaufgaben sind - auch "gestandenen Lehrern" - relativ unbekannt. Danach konnte in bezug auf Rechen-, Rechtschreib- und Leseleistungen keine signifikante Leistungssteigerung durch HA nachgewiesen werden. Allerdings wurden diese Versuche nur mit Hausaufgaben des Typs einfache Festigung/Vertiefung (mechanisch/gedächtnismäßige Aneignung s.o.) und nicht anderer, pädagogisch sinnvollerer HA-Formen durchgeführt. Zur Leistungssteigerung durch die zuletzt angesprochenen Hausaufgabenarten liegen keine (jüngeren) empirischen Untersuchungen vor; zumindest nicht mit genügend breiter Probandengruppe.[10]

C - methodische Funktionen -

Erwerb von Lernmethoden (z.B. Methoden der Informationsbeschaffung und -verarbeitung, Nutzung und Anfertigung von Protokollen, Berichten, Schaubildern, Durchführung und Fixierung kontinuierlicher Beobachtungen, Techniken der Selbst- oder Partnerkontrolle, Techniken der Texterschließung, Techniken des Nachschlagens, des Abschreibens, des Auswendiglernens u.a.m.).

Anzumerken ist, daß in der Literatur unter diesem Aspekt vorwiegend - sehr zielorientiert - Lernmethoden gesehen werden, die die Schüler/innen erwerben sollen. Von einer HA-Methodik der Lehrer/innen wird in diesem Zusammenhang weniger gesprochen:

- Wie plant man HA?
- Wie werden sie kontrolliert?
- Welche Korrelationen ergeben sich zu der gewählten Methodenkonzeption?1

DERSCHAU[11] unternimmt den Versuch, die Erteilung von HA und die methodische Konzeption des Unterrichts in Beziehung zu setzen und hier Konsequenzen abzuleiten (ebenso H. MEYER, vgl. Anm. 11). KAMM/MÜLLER[12] binden die Erteilung der HA eng an das didaktische Modell der Berliner Schule und dort bezügl. der Artikulationsschemata an das (problemorientierte) Phasenmodell von Heinrich ROTH.

- Welche Eingriffe in den methodischen Ablauf der Stunde sind sinnvoll?
- Unter Differenzierungsansprüchen sind hier die unterschiedlichen Wege zum Erreichen der (grundlegenden) Ziele vom Lehrer mitzubedenken.

---

9) Derschau, D. v. (Hrsg.): a. a. O, S. 28/29

10) Lediglich Hilbert Meyer deutet in Bd. II seiner Unterrichtsmethoden (S. 175/176) derartige Zusammenhänge an; eine Konkretisation erfolgt nicht.

11) Kamm, H. / Müller, E.: a. a. 0.

12) Winkeler, Rolf: Hausaufgaben in der Schulpraxis, Ravensburg 1977, S. 25, (Unterstreichungen sind Anm. d. Verf.)

- Was muß der/die Lehrer/in beachten, damit Gelerntes ins Langzeitgedächtnis überführt wird (lernbiologischer Aspekt)?
- Welche Grundsätze des Übens sind zu berücksichtigen?

D - lernpsychologische Funktionen -

z. B. Anregung und Anleitung (Motivation) zu eigener Beschäftigung mit dem Gelernten, Weckung einer positiven Einstellung zum Lernen im allgemeinen, Erhaltung der Bereitschaft zur Auseinandersetzung mit der jeweiligen Lernanforderung, positive Verstärkung durch wachsendes Zutrauen in die eigene Leistungsfähigkeit, UnabhängigWerden von Bekräftigungstechniken, Sichbefassen mit lebensbezogenen, persönlich bedeutsamen Problemen - also Aufbau positiver Lerneinstellungen und Interesse am schulischen Lernen überhaupt.

Zu einem sehr hohen Prozentsatz (lt. Untersuchungsergebnis zw. 54% und 80%) haben Hausaufgaben mit Übungscharakter ein eindeutiges Übergewicht (s. o.). Gerade aber im Bereich des einfachen Übens/Festigens werden lernpsychologische Aspekte viel zu wenig berücksichtigt, ja sogar wichtige Einsichten grob verletzt. "Dem Unterricht liegt anscheinend ein einfaches Strickmuster zugrunde: die Erarbeitung neuer Inhalte geschieht in der Schule unter der Regie des Lehrers, die Übung wird dem häuslichen Fleiß des Schülers nach dem Motto "übe zu Hause" überlassen. Damit wird ein für erfolgreiches Lernen grundlegender Akt des Unterrichts, die Phase der Automatisierung, von der Einführung abgelöst und das Lernen auf halbem Wege abgebrochen. Dies wiegt deshalb besonders schwer, weil die Phase der Übung ein besonderes Maß an Motivation, methodischem Geschick und Verstärkung verlangt, wie sie eigentlich nur der Unterricht bieten kann." Mit der besonderen Problematik übender HA setzen sich sehr intensiv GEISSLER/PLOCK auseinander.

E - disziplinierende Funktionen -

z. B. HA als Strafarbeiten - (vgl. besonders SCHWEMMER, S. 70 - 120) - ungesetzlich; also verboten!

2. Anforderungen an eine geänderte Hausaufgabenpraxis

Da HA "Bestandteil der schulischen Bildungsarbeit"[13] sind, haben Lehrer sie zu planen, d.h. inhaltlich und methodisch zu gestalten. Wenn HA erteilt worden sind, gilt es als pädagogische Selbstverständlichkeit, daß deren Erledigung inhaltlich zu überprüfen und zu würdigen ist. Weiterführende HA sind auszuwerten. Eine Zensierung der Hausaufgaben hat zu unterbleiben; jedoch sollte unter pädagogischen Aspekten (vgl. päd. Funktionen) Anerkennung ausgesprochen werden.

---

13) Derschau: vgl. Anm. [5]

11 Tips, die Lehrer beherzigen sollten:

- Plane HA genauso wie deinen Unterricht.
  Sie müssen aus ihm erwachsen und wieder zu ihm zurückführen. Die Schüler/innen müssen sie selbständig lösen können.
- HA müssen differenziert gestellt werden.
  Inhalt, Umfang, Schwierigkeitsgrad und Bearbeitungsform müssen sich nach den Fähigkeiten, dem Kenntnisstand, dem Lerntempo, dem Lernmuster und dem Methodenrepertoire der einzelnen Schüler/innen richten.
- Sorge für eindeutige und klare Aufgabenstellung.
  HA-Stellung benötigt Zeit und ggf. schriftliche Fixierung. Ratschläge für die Durchführung, die Anwendung von Arbeitstechniken und Hilfsmitteln sollten gegeben werden. Rückfragen müssen möglich sein.
- Die sinnvolle Bearbeitung von HA sollte ab und zu im Unterricht geübt werden.
- HA müssen aufgegriffen und ausgewertet werden.
  Diese Forderung beinhaltet mehr als eine bloße "Sichtkontrolle". Wer meint, daß auf diese Art und Weise zu viel "wertvolle" Unterrichtszeit für die Nachbereitung von HA verbraucht wird, sollte einmal überlegen, ob er nicht auf viele der von ihm gestellten HA verzichten kann und stattdessen gleich im Unterricht die entsprechende Zeit nutzt.
- HA sollten die Lebenswirklichkeit und die Erfahrungen der Schüler/innen berücksichtigen.
- HA sollten Aufforderungscharakter haben.
  Sie sollten Lernanreize darstellen, die Kreativität fördern, offene Fragestellungen enthalten, längere Zeiträume zur Erledigung anbieten ("Wochenhausaufgaben"), subjekt- oder situationsorientiert erteilt werden.
- HA sollten kooperative Arbeitsformen zulassen.
- HA sollten den Schüler/innen Erfolgserlebnisse ermöglichen.
  Dadurch tragen sie zur Erhöhung der Übungsbereitschaft bei und fördern die generelle Lernmotivation.
- Sinn und Unsinn von HA müssen mit Eltern besprochen werden.
  Eltern sollten berechtigte Argumente für und gegen HA kennen und bewerten können. Lernpsychologische und pädagogische Funktion (s.o) sowie der geringe Wert von HA der Kategorie "einfaches Üben" sollten ihnen erklärt werden. Eltern müssen Gründe für HA-Konflikte kennen.
- Das Thema "Hausaufgaben" öfter mit Schüler/innen besprechen.
  Situationen nutzen (auftretende HA-Konflikte) oder Situationen schaffen (Durchführung eines Projektes (ca. ab 3. Schulj.) mit dem Thema: "Immer diese HA..."), in denen Schüler/innen sich ihrer eigenen Einstellung und Haltung zu HA bewußt werden können, diese artikulieren lernen und angeregt werden, den eigenen Lernprozeß mitzuplanen, mitzusteuern und mitzuverantworten.

Literaturverzeichnis

Becker, G. E. / Kohler, B.	*Hausaufgaben - Kritisch sehen und die Praxis sinnvoll gestalten*, Weinheim und Basel 1988
Boßmann, D.	*Die verdammten Hausaufgaben*, Frankfurt 1979
Derschau, D. v., (Hrsg.)	*Hausaufgaben als Lernchance*, München 1979
Der Spiegel	*Hausaufgaben sind Hausfriedensbruch*, Nr. 12/1982
Eigler, G. / Krumm, V.	*Zur Problematik der Hausaufgaben*, Weinheim und Basel, 1972
Feiks, D. / Rothermel, G.(Hrsg.)	*Hausaufgaben - pädagogische Grundlagen und praktische Beispiele*, Stuttgart 1981
Geißler, E. / Plock, H.	*Hausaufgaben - Hausarbeiten*, Bad Heilbrunn 1974, 2. neu bearb. und erw. Aufl.
Gudjons / Teske / Winkel (Hrsg.)	*Unterrichtsmethoden*, Hamburg 1987
Kamm, H. / Müller, E.	*Hausaufgaben - sinnvoll gestellt*, Freiburg 1975
Kochan, B. / Neuhaus-Siemon, E.	*Taschenlexikon Grundschule*, Königstein/Ts. 1979
Kultusminister von NW	*Richtlinien und Lehrpläne für die Grundschule*, Düsseldorf 1985
Meyer, Hilbert	*UnterrichtsMethoden*, Bd. I u. II, Frankfurt 1987
Schwemmer, H.	*Was Hausaufgaben anrichten*, Paderborn 1980
Winkeler, R.	*Hausaufgaben in der Schulpraxis*, Ravensburg 1977
Wittmann, B.	*Vom Sinn und Unsinn der Hausaufgaben*, Berlin 1964

Cäcilie Bongers

Projektorientiertes Arbeiten z. B. im Fach Deutsch - Ein Bericht aus der Praxis für die Praxis -

In vielen Schulen werden Projektwochen durchgeführt. Sie finden bei Schülern, Eltern und in der Öffentlichkeit großen Anklang, haben aber häufig keine Auswirkungen auf den unterrichtlichen Alltag, sondern bleiben lediglich Inseln. Viele Lehrer spüren zwar, daß der althergebrachte Frontalunterricht immer problematischer wird, daß das reine Rezipieren von Stoff bei Schülern auf Widerstand stößt, haben aber Schwierigkeiten, die Projektmethoden im Unterrichtsalltag anzuwenden. Die Frage nach den Gründen muß gestellt werden.

Obwohl die Literatur sehr umfangreich ist, fehlen häufig konkrete Hinweise über die nötigen Voraussetzungen, um erfolgreich projektorientiert arbeiten zu können. Deswegen soll im folgenden verdeutlicht werden:

- daß projektorientiertes Arbeiten keineswegs planlos ist. Die Schüler werden allerdings von der Planung bis zum Vorstellen der Arbeitsergebnisse in den Unterricht eigenverantwortlich einbezogen. Lehrer und Schüler sind für das Gelingen des Unterrichts verantwortlich;
- daß projektorientiertes Arbeiten einer schulinternen Arbeitsplanung bedarf, die neben Inhalten auch Absprachen enthält über Einführung und Übungen in Sozialformen und Arbeitstechniken;
- daß Frontalunterricht und Lehrgangsunterricht keineswegs überflüssig werden (daher nicht "Projektunterricht", sondern "projektorientiertes Arbeiten"),
- daß projektorientiertes Arbeiten für alle Schulstufen geeignet ist;
- daß projektorientiertes Arbeiten den sozialen Umgang zwischen Schülern und Lehrern verändern kann.

"Handwerkszeug" für erfolgreiches projektorientiertes Arbeiten

Um erfolgreich arbeiten zu können, müssen Voraussetzungen geschaffen werden. Herbert Gudjons spricht vom "methodischen Kleingeld", das Lehrer und Schüler erwerben müssen. Guter Unterricht ist immer vereinbarter Unterricht. Im folgenden sollen dazu einige Vorschläge gemacht werden.

a) Das Einüben in Sozialformen

Die Schüler müssen schrittweise lernen, in Gruppen zu arbeiten. Oft entstehen die ersten Schwierigkeiten bereits beim Umstellen von Tischen und Stühlen. Der Geräuschpegel wird so hoch, daß viele Lehrer dann bereits aufgeben. Entscheidend ist, daß vorher genau besprochen wird, wie Stühle und Tische transportiert werden (hochheben, nicht ziehen) und wie sie gestellt werden sollen. Dabei darf nur leise oder gar nicht gesprochen werden. Diese Prozedur muß so lange geübt werden, bis Schüler sich schnell und geräuschlos in Gruppen setzen können (Tip besonders für jüngere Schüler: Training als

Wettspiel mit Stoppuhr. Welche Gruppe stellt am schnellsten und am leisesten um!).

Wenn die Arbeit auf Dauer gelingen soll, erscheint es mir sehr wichtig, daß alle Schüler in einer Klasse in der Lage sein müssen, miteinander zu arbeiten. Gruppen, die über längere Zeit in festen Strukturen arbeiten, schotten sich häufig gegeneinander ab. Das Interesse an der Arbeit der anderen Gruppen wird immer geringer, die Ideen werden weniger. Deswegen erscheint es günstiger, wenn die Gruppenzusammensetzung sich öfters ändert. Die Schüler müssen über die Möglichkeiten der Gruppenbildung informiert sein.
Es können sich:

- Tischgruppen bilden. Das sind Schüler, die nebeneinandersitzen. Diese Form ist für Vorüberlegungen geeignet.
- Gruppen aus befreundeten Schülern bilden (besonders geeignet, wenn eine neue Klasse gebildet wird, z. B. im 5. Schuljahr).
- Gruppen aus Schülern bilden, die nahe zusammenwohnen (es besteht die Möglichkeit, am Nachmittag gemeinsam Arbeiten zu eredigen).
- für bestimmte Arbeiten reine Jungen- oder reine Mädchengruppen bilden.
- gemischte Gruppen bilden. Diese Zusammensetzung ist für die Arbeit besonders günstig. In manchen Entwicklungsphasen sperren sich die Schüler aber. Hier ist Rücksicht geboten.
- Gruppen bilden, in denen Schüler bestimmte Fähigkeiten mitbringen, die anderen noch fehlen (z. B. Rechtschreibfertigkeiten).
- Gruppen nach Interessen bilden.

Besonders gut arbeiten Vierergruppen. Die Aufgabenverteilung in einer Gruppe muß aber klar geregelt sein. Schüler, die keine Arbeit haben, langweilen sich und stören. Ein Schüler übernimmt die Aufgabe des Gruppensprechers. Er organisiert die Arbeit, ein zweiter hält die Ergebnisse fest.

Es erscheint günstig, die Aufgaben jede Stunde zu wechseln. Dabei erfahren die Schüler, daß sie aufeinander angewiesen sind.

b) Kommunikationsformen

Zuhören können ist eine wesentliche Voraussetzung, um miteinander sprechen zu können. Dazu bieten sich eine Reihe von Möglichkeiten an:
Meditationsformen eignen sich besonders morgens, um die Schüler auf den Unterricht einzustimmen. Um das Zuhören besser zu schulen, gibt es in der Literatur eine Reihe geeigneter Spiele. Eine ganz einfache Form ist die, daß die Schüler das Gesagte ihres Vorredners wiederholen (z. B. in einem Gesprächskreis).

Schüler brauchen Hilfen, um sich in höflichen Formen zu verständigen. Wählt man eine Form, die etwas von der Schülersprache abweicht, fällt das Einüben leichter. Diese Formen müssen allen Schülern zur Verfügung stehen. Sie müssen eingeübt werden - etwa:

- Ich habe den Beitrag gut gefunden, aber ich kann ihn ergänzen.
- Du hast bei deinen Überlegungen etwas vergessen.
- Ich habe nicht verstanden, was du gesagt hast, kannst du es bitte wiederholen usw.
- Schüler geben das Wort selbst weiter (es muß darauf geachtet werden, daß alle Schüler beteiligt werden).
- Die Schüler sprechen sich mit Vornamen an.
- Kritische Bemerkungen müssen weiterhelfen (vor der Kritik etwas Positives anführen).
- Wenn ein Mitschüler spricht, hören alle zu.
- Ein Mitschüler übernimmt immer die Gesprächsleitung (hier ist Hilfestellung durch den Lehrer erforderlich).

Es ist nötig, daß darauf geachtet wird, daß die Vereinbarungen eingehalten werden. Entscheidend ist, daß der Lehrer sich ebenfalls an die Vereinbarungen hält.

c) Arbeitstechniken

Um selbständig arbeiten zu können, müssen Schüler nach und nach verschiedene Arbeitstechniken erlernen. Es sollen nur einige Beispiele genannt werden:

- Texte lesen und auch verstehen (diagonal lesen, Umgang mit dem Textmarker, Anlage von Stichwortzetteln, evtl. Lesetraining);
- Benutzung von Nachschlagewerken;
- Informationsbeschaffung in Museen, Bibliotheken, bei Behörden, bei Betrieben;
- Beherrschung von schriftlichen und mündlichen Darstellungsformen;
- Ordnen und Strukturierung;
- Anlegen von Mappen und Heften;
- Verstehen und Behalten von Sachtexten.

Beispiel eines schulinternen Arbeitsplanes

Die ersten beiden Spalten sind Vorschläge für die Arbeit im Fach Deutsch. Jeder Lehrer kann die Themen und Inhalte austauschen. Das gilt auch für die Spalte Medien. Verbindlich sind die Spalten, die die Arbeit an Techniken und Sozialformen beinhalten. Nach Absprache in einer Gesamtkonferenz sollten die Pläne allen Lehrern zugänglich sein und möglichst im Fachunterricht unterstützt werden.

Die Arbeitspläne sollten ständig reflektiert und überarbeitet werden. In Schleifen werden im Klassenverband Sachverhalte geübt, die für alle Schülerinnen und Schüler wichtig sind.

Lehrplan Deutsch - 5. Schuljahr

Monate: August, September

Projektplanung" Wir sind neu in der Schule"

Mögliche Themen	Inhalte	Techniken	Sozialformen	Medien
Was muß ich tun, um mich zurechtzufinden? (Schule, Mitschüler und Lehrer kennenlernen)	Klassen-, Schulordnung, Räume, Vorstellungsspiele ABC-Spiele	genaues, sorgfältiges Lesen und Schreiben üben Nachschlagübungen	Partnerarbeit Gruppenarbeit	Sprachbuch: S. 24 ff. S. 58 ff. S. 80 ff. S. 22 ff. S. 111
Gestaltung des Klassenraumes Ordnung in der Klasse	Entwurf einer Klassenordnung Leseecke Umgang mit Büchern Lesebuch, Sprachbuch, Duden	Anlegen von Heften Ausstellen und Vorstellen eigener Arbeiten Notizzettel	Klassendienste sorgfältig wahrnehmen	Lesebuch: S. 36 ff. S. 201
Was müssen wir tun, um gut miteinander auszukommen?	Spielen Entwurf eines Spielbuches: Wettspiele, Spiele ohne Verlierer Rechtschreibespiele usw.	Richtiges aufteilen von Seiten Illustrationen (Schreibübungen, Sammeln und Ordnen)	Gruppenarbeit Reflexion der Arbeit	
"Das war der Hirbel" (P. Härtling)	Inhalt des Buches mündliche Inhaltsangaben Spracharbeit: Wortarten (Verb, Adjektiv, Namen und ihre Leistung)	Stichwörter herausschreiben; danach sprechen Text und Bild kombinieren Leitfragen	Einzel-, Partner- und Gruppenarbeit	

Diktat Nr. 1 - September (aus dem Unterrichtsstoff)
Diktat Nr. 2 - Prüfungsdiktat Oktober
Aufsatz Nr. 1 - Spielanleitung (Sept.)
Aufsatz Nr. 2 - Beantwortung von Leitfragen aus der Ganzschrift

Phasen des projektorientierten Arbeitens

Projektorientiertes Arbeiten umfaßt immer mehrere Phasen. Für den Schulalltag brauchbar erscheinen folgende Schritte:

Phasen		Aufgaben in den einzelnen Phasen
1. Themenfindungsphase	➽	Themenvorschläge sammeln Themen auswählen Themen einengen Motto suchen
2. Planungsphase	➽	Hauptthemen in Unterthemen aufteilen Ziel festlegen (Darbietungsform) Material und Informationen beschaffen und ausstellen Formulierung von Arbeitsthemen Neue Gruppenbildung Arbeitspläne erstellen und öfffentlich machen (aushängen) und diskutieren
3. Arbeitsphase	➽	Bearbeitung des Gruppenthemas Vorbereitung der Ergebnisdarstellung ständige Zwischenprüfung durch Vorstellen
4. Vorstellung der Ergebnisse	➽	Elternabend oder Theateraufführung Ausstellung oder Buch, Wandzeitung ...
5. Reflexion der Arbeit	➽	Kritische Betrachtung der Arbeitsabläufe der Schüler- und Lehrertätigkeit sowie der Ergebnisse, Benotung

Projektorientiertes Arbeiten - ein Beispiel
(5. Schuljahr, Deutsch)

1. Phase

Themenfindung

a) Themenvorschläge:

Themenvorschläge können von Schülerinnen und Schülern, vom Lehrer, von Eltern u.a. gemacht werden. In dem folgenden Beispiel schlagen die Schüler Themen vor, die sie interessieren.

Folgende Themen werden von den Schülern gesammelt (Tafel):

- Staustufen und Brücken an der Mosel,
- Tiere und ihr Leben,
- Rezeptbuch für Schüler,
- Weihnachten feiern,
- Wie es früher war.

b) Themenwahl:

- Die Schüler bilden miteinander Tischgruppen.
- Sie diskutieren über die verschiedenen Themenvorschläge.
- Danach entscheiden sie sich für ein Thema. Die Themenwahl wird begründet und zwar schriftlich (Notizzettel).

Schleife: Wir fertigen einen Notizzettel an.

Das Anfertigen von Notizzetteln erfordert genaue Absprachen in den Gruppen. Außerdem ist der Notizzettel eine Stütze für den Gruppensprecher beim Vortrag der Gruppenergebnisse.

Die Gruppensprecher tragen ihre Ergebnisse vor. Sie begründen ihre Wahl. Für die anderen Gruppenmitglieder besteht die Möglichkeit nachzufragen, Tips zu geben oder Kritik zu üben.

Es wurden drei Themen ausgewählt.

Hier einige Schüleräußerungen nach Lehrerprotokoll.

1. Gruppe: Tiere und ihr Leben

"Wir mögen Tiere. Wir wollen aber nicht nur über Tiere reden, sondern auch etwas tun. Vielleicht Tiere beobachten, Nistkästen für Vögel sauber machen. Wir wollen aber auch kleine Tiere beobachten, vielleicht Ameisen oder so. Viele haben Haustiere, die sie nicht richtig halten. Wir könnten Tips sammeln. Der Besuch auf einem Bauernhof wäre gut."

Notizzettel

- *nicht nur reden*
- *etwas tun*
- *Tiere beobachten*
- *Tips für Haustiere*
- *Besuch auf einem Bauernhof*

2. Gruppe: Wie es früher war

"Wir haben alle noch eine Oma und einen Opa. Wir möchten gerne wissen, warum sich viele von unseren Eltern scheiden lassen, aber nicht unsere Großeltern. Wir haben noch Bilder über Mode und Hochzeiten. Die könnten wir ausstellen. Wir wollen alte Kleider und Sachen sammeln. Omas könnten uns zeigen, was sie früher gespielt haben.

Eine hat das Buch 'Oma' gelesen. Das könnte die ganze Klasse lesen. Wir könnten einen Omakoffer machen."

Notizzettel

- *Eltern und Großeltern vergleichen*
- *alte Fotos*
- *Mode früher*
- *Sachen sammeln*
- *Spiele von früher*
- *Omakaffee*
- *Buch 'Oma'*

3. Gruppe: Rezeptbuch für Schüler

"Das Rezeptbuch für Schüler soll nicht so sein, daß da nur Rezepte für Mittagessen drinstehen. Wir könnten Spiele und Lieder dazu nehmen. Die Rezepte müßten auch ein bißchen anders aussehen, vielleicht für Kinderfeste. Wir müßten das aber dann auch kochen. Das Kochbuch könnten wir den Eltern vorstellen."

Notizzettel

- *Rezepte für Schüler*
- *außergewöhnliche Rezepte*
- *Kochspiele*
- *selbst kochen*
- *Elternabend*

Nach einer erneuten Besprechung in der Gruppe muß abgestimmt werden. Es muß sich für ein Thema entschieden werden. Die Klasse entscheidet, ob die Gruppensprecher oder jeder einzelne Schüler abstimmt (bei Einigkeit in der Gruppe können die Klassensprecher entscheiden). Die Schüler entscheiden sich durch Abstimmung für das Thema "Ein Rezeptbuch für Schüler".

Anmerkung: Diese ausführliche Prozedur zwingt die Schüler, miteinander zu kommunizieren, sich mit den eigenen Themen und den Themen der anderen Klassenkameraden auseinanderzusetzen. Außerdem werden erste Schritte im demokratischen Verhaltensmuster geübt.

Schleife 1: Es ist wichtig, daß die Schülerinnen und Schüler die einzelnen methodischen Schritte ständig wiederholen, damit sie den Unterricht später alleine organisieren lernen. Daraus entstand ein Diktattext.

Schleife 2:
- Erstellen von Wortlisten aus dem Kontext
- Rechtschriftliche Sicherung
- Schreiben eines Diktates
- Erweiterung der Wortlisten nach individuellem Bedarf

Wortliste

Gruppenarbeit
Projektunterricht
lernen
bitten
leiten
Vornamen
planen
Kochbuch
herstellen
Gesprächshilfen

Nr. 1
(Diktat)
Wir machen Unterricht

Wir sind jetzt vier Wochen in der neuen Schule. In dieser Zeit haben wir gelernt, wie Gruppenarbeit und Projektunterricht gehen. Es gibt viele Möglichkeiten, Gruppen zu bilden. In jeder Stunde wird ein Gruppensprecher bestimmt. Dieser leitet die Gruppe und trägt die Ergebnisse vor.
Damit wir das besser können, haben wir Gesprächshilfen gelernt. Wir sprechen uns mit dem Vornamen an und geben das Wort weiter. Ein Projekt planen müssen wir noch üben. Zuerst sammeln wir Themen, die uns gefallen. Davon suchen wir uns eines aus. Diesmal ist es das Thema Kochen. Wir wollen ein Kochbuch herstellen.

Schleife 3: Die Schüler lernen nach einem vorgegebenen Muster ein Protokoll auszufüllen. Dieses Protokoll wird jede Stunde ausgefüllt und aufbewahrt.

Protokoll:

Datum:

Fach:

Thema:

Was wurde erarbeitet?

-
-
-

Unterschrift

2. Phase

Planung

a) Gliederung in Unterthemen:

- In Tischgruppen werden Unterthemen gesucht.
- Die Gruppensprecher tragen die Themen vor und erläutern sie:
  - Märchenessen,
  - Kochlieder,
  - Kochspiele,
  - Essen der Untermosel,
  - Exotische Gerichte,
  - Phantastische Gerichte,
  - Essen aus Rußland,
  - Amerikanisches Essen,
  - Schnellessen für Schüler.

b) Festlegung des Ziels:

In einem Unterrichtsgespräch einigen sich die Schülerinnen und Schüler auf 2 Aufgaben:

- Erstellen eines gemeinsamen Kochbuches
- Vorstellen des Kochbuches an einem Elternabend.

c) Beschaffen von Material und Informationen:

Die Schüler brachten sehr viele Kochbücher - römische Kochbücher, Kochbücher aus der Zeit der Ritter, Kochbücher aus der Kriegszeit und viele andere - mit. Außerdem wurden Servietten, Geschirr, Porzellan, Bestecke usw. mitgebracht. In einer kleinen Ausstellung wurde es allen zugänglich gemacht.

Schleife 1: Wie baue ich eine Ausstellung?
Beschriften der Gegenstände

Schleife 2: Es wurden noch einmal die Gesprächshilfen besprochen. Ab jetzt übernimmt - natürlich mit Hilfe des Lehrers - ein Schüler die Gesprächsleitung.

Hilfe für Gesprächsleiter und Gruppensprecher

Jeder muß für diese Aufgaben üben!

Achte darauf, daß

- das Wort weitergegeben wird,
- viele Schüler sich äußern können,

- ihr fair seid,
- das Thema nicht verlassen wird,
- ein Protokoll angefertigt wird,
- nachgefragt werden kann.

d) Entscheidung für ein Unterthema

- Die Schülerinnen und Schüler halten die Unterthemen schriftlich fest.
- Jeder entscheidet sich für ein Unterthema, für das er sich interessiert.
- Es werden neue Gruppen gebildet (Interessengruppen).
- Ein Gesprächsleiter übernimmt die Organisation.
- Falls eine Gruppe zu stark besetzt ist, müssen Lösungen gefunden werden.
- Folgende Unterthemen wurden gewählt:
    - Märchenessen,
    - Exotisches Essen,
    - Russische Gerichte,
    - Kochspiele und Kochlieder,
    - Essen bei uns an der Mosel.

e) Aufstellen von Arbeitsplänen in den Gruppen:

Schleife: Das Aufstellen von Arbeitsplänen wird im Plenum besprochen. Es festes Muster ist am Anfang hilfreich. Ein Arbeitsplan sollte enthalten: Gruppenthema, Gruppenmitglieder, Arbeitsthema, voraussichtliche Zeitdauer, erste Zwischenvorstellung der Arbeit am, voraussichtliche Dauer der Arbeit. Die Pläne werden für alle sichtbar ausgehängt (geeignet sind Tonpapierbögen).

Die Zielsetzung ist für Schülerinnen und Schüler in diesem Alter noch sehr schwierig. Sie besitzen keine realistische Zeitvorstellung. Das Umgehen mit der Zeit muß daher erprobt werden.

Schleife 1: Wie schreibe ich ein Kochrezept?

- Besprechung von Merkmalen für Kochrezepte;
- Die Schüler machen eigene Entwürfe;
- Sie werden überarbeitet: Zusammenstellen von Satzanfängen, Suchen und Erproben von treffenden Verben (Ersatzprobe).

3. Phase

Arbeit in den Gruppen

a) Die Gruppen arbeiten an ihren Unterthemen. Der Lehrer gibt, wenn nötig, Hilfestellung.

Er achtet auf die Aufgabenverteilung in der Gruppe, auf die Verteilung der Hausaufgaben durch den Gruppensprecher und auf die Anfertigung der Stundenprotokolle.

b) 1. Zwischenreflexionsphase

Gruppe 1: Ob Spannung, Spaß oder Gekicher, Märchenessen, das ist sicher.

- Lesen von Märchen, in denen es etwas zu essen gibt
- Erzählen von Märchen
- In der Hexenküche
- Kochen einer Hexenbrühe

- Hilfe, ein Lehrervernichtungstrank!
- Zwergeneis - nur für Kinder

Für den Elternabend soll eine Hexenküche aufgebaut werden.

<u>Lehrervernichtungsmittel</u>

Zutaten:
1/4 l Drachenblut
7 Schlangenzungen
12 Kaffebohnen
3 Federn vom Teufel
1 Teelöffel Matsch

Anwendung:
Dem Lehrer eine kleine Dosis Trunk in den Kaffee geben.

So wird's gemacht:
Als erstes nehme ich das Drachenblut und verdicke es mit dem Matsch. Dann werden die Schlangenzungen ganz klein geraspelt und zum Drachenblut hinzugegeben. Nun werden die Kaffebohnen untergemischt. Danach kommt alles auf eine Feuerstelle. Zum Schluß nehme ich die Teufelsfedern und halte sie über den Trunk. Jetzt sage ich die Worte: 1 x 10 Lehrer gehen! Und das 10 x. Dann werfe ich die Federn ins Feuer.

Gruppe 2: Chinesisch essen

- Rezepte suchen, die einfach zu kochen sind.
- Etwas über China lesen und die anderen informieren.
- Einen Tisch chinesisch decken.
- Üben, mit Stäbchen zu essen.
- Am Elternabend soll ein Wettessen der Väter mit Stäbchen veranstaltet werden.
- Musik und Tanz zum Essen.

Gruppe 3: Essen an der Untermosel
- Wie man ein Hochzeitsessen kocht
- Sitten und Bräuche bei der Hochzeit
- Was die Oma in armen Zeiten kochte

Am Elternabend soll ein Weinprobierstand aufgebaut werden.

Gruppe 4: Wie kocht man in Rußland
- Aussiedlerschüler wollen ihre Rezepte vorstellen und zum Probieren auffordern.

Gruppe 5: Eine Kinderfete

- Besondere Kinderrezepte (Tigerpudding, maskierte Mohrenköpfe, Lutscher aus eigener Küche)
- Lieder und Gedichte für zwischendurch
- Spiele gegen den Hunger

Am Elternabend sollen die Spiele mit den Eltern gespielt werden.

<u>Schleife</u>: Wie schreibe und gestalte ich eine Einladung? Die Einladung wird als Klassenarbeit gefertigt. Die gelungendste wird vervielfacht und an die Eltern weitergegeben.

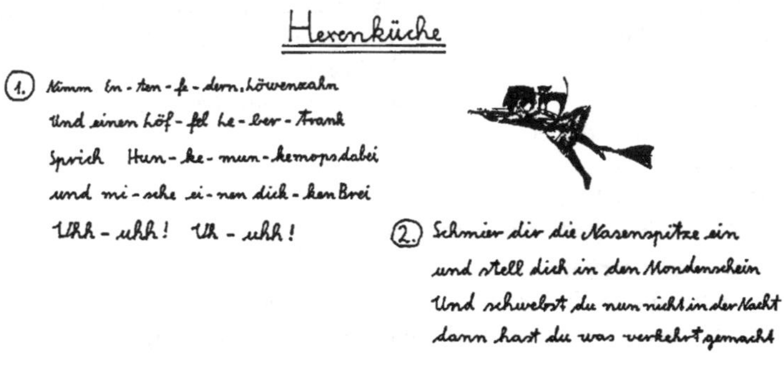

4. Phase

Vorstellen der Arbeit

Die Vorbereitungen für den Elternabend werden getroffen. Die Schülerinnen und Schüler stellen ihre Arbeit vor. Sie haben Kostüme besorgt. Die Musiklehrerin hat beim musikalischen Teil mitgeholfen, in der Küche hat die Arbeitslehrelehrerin Tips gegeben. Zwei Mütter stehen den Kindern zur Seite.

An diesem Abend sollte aber gleichzeitig die Form des projektorientierten Unterrichts vorgestellt werden.

Auszug aus dem Text:

1. Dieses und vieles mehr steht in unserem Kochbuch.
2. Wie wir darauf gekommen sind?
3. Wie wir das gemacht haben?
4. Wir haben gelernt, selbst Unterricht zu machen.
5. Zuerst haben wir Themen gesucht, die uns gefallen. Diese wurden an die Tafel geschrieben.
6. In den Gruppen haben wir darüber geredet.
7. Dann haben wir uns für eines entschieden.
8. Das Ergebnis haben die Gruppensprecher vorgetragen.
9. Danach konnten die Gruppen noch einmal beraten.
10. Jetzt fiel die Entscheidung.
11. Es wurde abgestimmt.
12. Kochen - Kochbuchmachen war der Favorit.

5. Phase

Reflexion der Arbeit

Hilfreiche Fragen für die Schüler:

- Was haben wir gelernt?
- Wie war die Zusammenarbeit in der Gruppe?
- Was können wir verbessern?
- Wo gab es Schwierigkeiten?
- Wo klappte es besonders gut?

Die Arbeit wird in den Gruppen diskutiert. Der Gruppensprecher stellt die Ergebnisse vor. Er kann bereits einen begründeten Notenvorschlag für die Gruppe machen. Es ist wichtig, daß die Schüler festhalten, was sie gelernt haben:

- nachschlagen,
- Einladungen schreiben,
- Satzanfänge suchen,
- Ersatzproben machen,
- Wortlisten aufstellen und üben,
- Kochrezepte schreiben,
- Spielanleitungen schreiben,
- "Rollenbuch" für den Elternabend schreiben.
- Texte richtig lesen, betonen und spielen,
- Märchen lesen und erzählen,
- miteinander sprechen üben,
- Seiten schön gestalten u. a.,

Probleme, die die Kinder vortragen:

- Schwierigkeiten mit der Zeiteinteilung (wir wollten zuviel machen),
- Probleme mit einzelnen Gruppenmitgliedern (zu faul, unordentlich).

Verbesserungsvorschläge:

- den Plan genauer schreiben,
- mehr auf die Zeit achten,
- mit schwierigen Gruppenmitgliedern sprechen.

Reflexion der Lehrerin:

- Die Schüler/innen haben eine Menge an Arbeitstechniken kennengelernt.
- Diese müssen verbessert werden.
- Bei dem vielen Schreiben konnten nicht immer alle Fehler bereinigt werden.
- Hier muß aber kontinuierlich weitergearbeitet werden.
- Das soziale Gefüge hat sich sehr gebessert.
- Die Sprechweise ist verbessert worden.
- Bei einzelnen Schülern müssen Lese- und Schreibtechnik trainiert werden (einzelne gezielte Hilfen und Übungen).

Literaturverzeichnis

AOL (Hrsg.) (Arbeitsgruppe Oberkircher Lehrmittel) — *Das AOL Projektebuch. 250 Projekte und Ideen für eine lebendige Schule*, Reinbek 1986 (rororo-Tb. 8098).

Bastian, J. / Gudjons, H. (Hrsg.) — *Das Projektbuch. Theorie-Praxisbeispiele-Erfahrungen*, Hamburg 1991 (Bergmann und Helbig).

Das Projektebuch II. Über die Projektwoche hinaus. Projektlernen im Fachunterricht, Hamburg 1990 (Bergmann und Helbig).

Betrifft: Erziehung (Hrsg.) *Projektorientierter Unterricht*, Weinheim 1976.

Fauser, P. /Fintelmann, K. J. / Flitner, A. (Hrsg.) — *Lernen mit Kopf, Herz und Hand*, Weinheim/Basel 1983 (Beltz).

Frey, K. — *Die Projektmethode*, Weinheim/Basel 1984.

Gudjons, H. — *Was ist Projektunterricht? Begriffe-Merkmale-Abgrenzungen*. In WPB 6/1984.

Handlungsorientiert lehren und lernen, Bad Heilbrunn 1984.

Hänsel, D. / Müller, H. (Hrsg.) — *Das Projektbuch Sekundarstufe*, Weinheim/Basel 1988.

Heller, A. / Semmerling, R. (Hrsg.) — *Das ProWo-Buch. Leben, Lernen, Arbeiten in Projekten und Projektwochen*, Königstein 1986.

Jostes, M./Weber, R. — *Projektlernen. Handbuch zum Lernen von Veränderungen in der Schule, Jugendgruppen und Basisinitiativen*, Köln 1987.

Klippert, H. — *Projektwochen. Arbeitshilfen für Lehrer und Schulkollegien*, Weinheim/Basel 1985.

Michaelis, H. J. — *Projektorientierter Unterricht. Möglichkeiten zur Öffnung der Schule*. In WPB 4/78.

Münzinger, W. / Frey, K. *Chemie in Projekten*, Kiel 1986.

Pädagogik (Zeitschrift) — *Über die Projektwoche hinaus. Projektlernen im Fachunterricht*, Heft 7/8, Weinheim 1980.

Videoband *Leben auf einer Burg gestern und heute*, aus der Fernsehreihe "Beispiele machen Schule", auszuleihen bei der Landesbildstelle Koblenz.

Dagmar Rickert

"Die Olchis sind da" (E. Dietl) - Produktiver Umgang mit einem Kinderbuch

"Grundlegende Aufgabe ist, durch Texte die Freude, die Fähigkeit und die Bereitschaft der Kinder, mit Texten umzugehen, zu wecken und zu fördern."[1]

Der Lehrplanforderung kann entsprochen werden, wenn der Sprachunterricht Kindern die Möglichkeit bietet, sich durch handlungsorientierte Zugriffsweisen auf Texte einzulassen.

Durch das produktive Umgehen mit Texten erfolgt eine vertiefende Auseinandersetzung mit den Inhalten. So können nachgestaltende und textausgestaltende Aktivitäten die Kinder zu neuen und erweiterten Verstehensformen führen.[2]

Neben dem eigentätigen In-Gebrauch-Nehmen von Texten steht aber auch das soziale Miteinander beim Umgang mit Texten, denn "kindliche Ausdrucks- und Verarbeitungsprozesse sind nicht monologisch, sondern auf Sinnverständigung mit konkret vorhandenen anderen Personen ausgerichtet"[3].

In diesem Artikel werden vielfältige Möglichkeiten produktiver Textumgangsformen mit dem Kinderbuch "Die Olchis sind da"[4] vorgestellt. Sie wollen dazu anregen, den Umgang mit Büchern lustvoll und kreativ zu gestalten.

Gründe für die Buchauswahl

"Die Olchis sind da" ist ein Kinderbuch, das die Entwicklung von Phantasie und Vorstellungskraft fördert und in besonderem Maße jedem Kind eine Fülle von texterschließenden Zugriffsweisen ermöglicht.

Auch kann das Buch zu einem Weiterdenken in bezug auf Umweltschutzfragen anregen. Eine kritische Auseinandersetzung und Weiterverarbeitung (z. B.im Sachunterricht) wäre wünschenswert.

Über das Buch

<u>1. Kapitel: "So sind die Olchis"</u>

Olchis sind Wesen, die in der Nähe von Müll- und Abfallbergen leben. So läßt sich auch ihr Geruch erklären, der sogar Fliegen tot umfallen läßt. Olchis sehen sonderbar aus: sie haben scharfe Zähne, um damit Glas und Metall zu knacken. Anstelle der Ohren wachsen ihnen drei spitze Hörhörner auf dem Kopf.

---

1) Der Kultusminister das Landes Nordrhein-Westfalen (Hrsg.): Richtlinien und Lehrpläne für die Grundschule in Nordrhein-Westfalen - Sprache, Köln 1985.
2) Ritz-Fröhlich, Gertrud: Kinderkultur: Produktiver Umgang mit Büchern, in: Die Grundschulzeitschrift Heft 39/1990.
3) Hurrelmann, Bettina: Kinderkultur: Produktiver Umgang mit Büchern. In: Die Grundschulzeitschrift Heft 39/1990.
4) Dietl, Erhard: Die Olchis sind da, Hamburg 1990.

Olchis sind sehr stark. Obwohl sie so viel Kraft besitzen, sind sie bequem und extrem faul. "Morgen ist vielleicht auch noch ein Tag!" - so lautet die Devise der Olchis.

2. Kapitel: "Die Olchis packen den Koffer"

Olchi-Papa hat die Idee, mit der Familie an das Meer zu fahren. Olchi-Oma nimmt diesen Vorschlag zum Anlaß, Olchi-Opa das Schwimmen beizubringen. Sie wählt dazu ein mit Wasser gefülltes Ölfaß. Nur widerwillig läßt Olchi-Opa das "Wasserspiel" über sich ergehen. Derweil treffen die einzelnen Familienmitglieder ihre Reisevorbereitungen.

3. Kapitel: "Die Olchis am Strand"

Die Olchis fliegen mit ihrem Drachen "Feuerstuhl" ans Meer. Dort angekommen, soll Olchi-Papa einen Schwimmkurs machen. Doch Olchi-Opa geht unter und wird von Olchi-Papa gerettet.

4. Kapitel: "Olchi-Baby in Gefahr"

Nach einem vergnüglichen Strandtag fliegen die Olchis wieder nach Hause. Dabei rutscht Olchi-Baby der Mama-Olchi aus den Händen und stürzt ins Meer. Mutig springt Olchi-Opa ins Wasser und rettet das Baby.

5. Kapitel: "Wieder daheim"

Als die Familie wieder daheim ist, wird der ereignisreiche Tag bei einem "Olchi-Kuchen-Fest" abgeschlossen.

Materialangebot zum produktiven Umgang mit ausgewählten Textteilen

Das Material ist als offenes Angebot konzipiert und eignet sich für den Unterricht in der 1. bis zur 4. Klasse. Je nach Stand der Lerngruppe kann es modifiziert und reduziert werden:

1. "Olchi-Texte" erfinden und aufschreiben
2. Nachgestalten von Textteilen durch "Szenisches Spiel"
3. Umsetzen von Textteilen in Bilder
4. Übertragen von "Olchi-Gesprächen" in Bild-Text-Kombinationen

Die Ideen zu diesem Material stammen aus meiner eigenen Arbeit als Grundschullehrerin. Sie sind zudem alle in der Praxis erprobt, denn mit dem Buch wurde im Rahmen einer Kompaktphase des Studienseminars für die Primarstufe in Bochum in den Schuljahren 1 - 4 an einer Dortmunder Grundschule (März 1992) gearbeitet.

1. "Olchi-Texte" erfinden und aufschreiben

Olchi-Geschichten

Die Kinder schrieben Geschichten über die Olchis. Sie verfaßten "Freie Texte" oder ließen sich durch Überschriften ("Die Olchis am Strand"/"Die Olchis schlafen - erzähle einen Olchi-Traum") und durch Bilder/Bilderfolgen anregen.

Die Geschichten wurden in einem "Olchi-Geschichtenbuch" gesammelt und in die Leseecken der Klassen gestellt.

Olchi-Lieder

Das im 3. Kapitel abgedruckte Lied veranlaßte die Schüler/innen, selbst Liedstrophen zu dichten und zu der Melodie von "Hänschen klein" zu singen.

> **Bsp.:** 3. Schuljahr
>
> Spinnenbein und Fliegendreck,
> mit Feuerstuhl sind wir gleich weg.
> Wir mögen Dreck und viel Gestank -
> und werden überhaupt nicht krank.

Um die Arbeit des "Dichtens" zu erleichtern, wurde das Reimwörterlexikon von G. Sennlaub bereitgestellt.[5)]

Olchi-Flüche

Olchi-Opa flucht, wenn etwas mißlingt (2./4. Kapitel). Einmal richtig fluchen zu dürfen, machte den Kindern großen Spaß. Um Obzönitäten und Fäkaliensprache zu vermeiden, wurde den Kindern eine Liste mit "Olchi-Fluchwörtern" gegeben.

Nach der mündlichen Erprobung und dem Aufschreiben der Flüche wurden diese mit besonders "fluchig-olchiger" Stimme vorgetragen.

Bsp.: "Schmatzen - kratzen - Dreck - Spinnen und Krötenschleim"

Olchi-Rezepte

Die Schüler/innen fanden in Anlehnung an das im Buch beschriebene Rezept (5. Kapitel) eine Vielzahl von eigenen Rezepten, die aufgeschrieben und in einem "Olchi-Kochbuch" gesammelt wurden.

Bsp.: 4. Schuljahr	
Olchi-Eintopf	
Zutaten:	100 Kröteneier2 l Schmieröl 5 ausgelutschte Zitronen1 kg Spinnenbeine 3 Autoreifen (fein zerschnitten)
Zubereitung:	Alles in eine Schüssel geben und durchrühren. Das Essen auf verrostete Blechteller verteilen und mit Froschschleim verzieren.

---

5) Sennlaub, Gerhard (Hrsg.): Und mitten drin der freche Hans, Gedichte für Grundschulkinder, Berlin 1986.

Daneben wurden Olchi-Rezepte vorgegeben, die auch schon die Kinder im 1. Schuljahr lesen und erproben konnten.

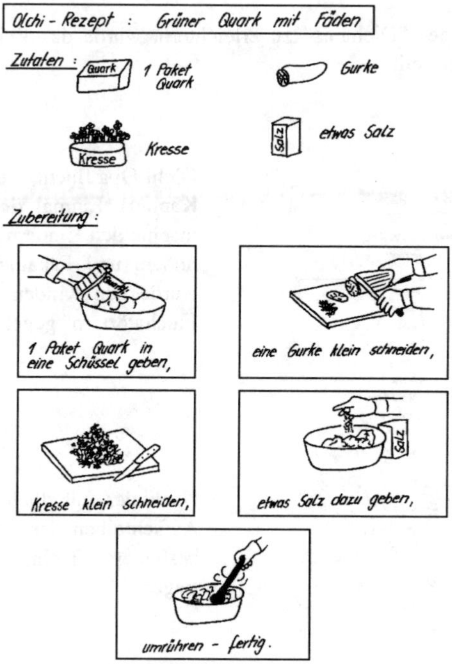

Bastelanleitung

Der Drache "Feuerstuhl", das Transportmittel der Olchi-Familie, fand bald viele Freunde unter den Kindern.
So wurde er auf unterschiedliche Arten nachgestaltet:

- aus Tonpapier ausgeschnitten und mit Fäden versehen
- aus Papiermache gefertigt
- aus Knete geformt
- aus Toilettenpapierrollen als Marionette hergestellt.

Die jeweilige Bastelanleitung schrieben die Kinder auf und beachteten dabei folgende Schreibhinweise (Materialliste, Bastelschritte in kurzen Sätzen - evtl. erklärende Bilder).

Die Bastelanleitungen wurden der Parallelklasse vorgelegt, die das Textverständnis überprüfte und Korrekturhinweise gab.

Nach der Textüberarbeitung wurden die Bastelanweisungen in die Bastelmappe für den Kunstunterricht geheftet.

Spielanweisung

Spielanweisung für das Spiel

„Bordsteinwerfen"

Schreibe deine Spielregel auf.

Spielmaterial: 2 Schuhkartons, Kreide, Zentimeterband

Mitspielerzahl: 2 Spieler

Vorbereitung: Einen Kreidestrich auf den Boden malen (Start).

Spielverlauf:
1. Die beiden Spieler stellen sich an den Startstrich.
2. Sie werfen die Schuhkartons ganz weit.
3. Dann wird abgemessen, wie weit sie geworfen haben.
4. Wer am weitesten geworfen hat, ist Sieger.

Tip → Zeige deine Spielanweisung anderen Kindern.
Spielt zusammen das Spiel.
Ist alles klar?
Verbessere deine Anweisung, wenn nötig.

Im 4. Kapitel wird erzählt, daß die Olchi-Kinder Weitwerfer mit Olchi-Papas Bordstein spielen.

Wie mag solch' ein Spiel wohl aussehen?

Die Kinder schrieben ihre Ideen auf - und Bordsteinwerfen wurde bald ein beliebtes Pausenspiel.

2. Nachgestalten von Textteilen durch "Szenisches Spiel"

Das 5. Kapitel erzählt eher beschreibend von dem Olchi-Fest, das die Familie nach ihrer Rückkehr vom Strand feiert. Die Kinder nahmen diesen Textteil zum Anlaß, ihn in "Szenischen Spielen" darzustellen. Die auftretenden Personen (Mama, Papa, Oma, Opa, Mädchen 'Isolde', Junge 'Theodor', Baby) wurden festgelegt. In Gruppenarbeit wurden Dialoge aufgeschrieben, die die Spiele unterstützen sollten.

<u>Bsp.</u>: "Wieder daheim", 3. Schuljahr

Opa:	Schön, daß wir wieder zu Hause. Das Wasser war schrecklich. Ich wasche mich bestimmt 10 Jahre nicht mehr.
Oma:	Und die frische Luft am Meer war auch schrecklich. Ich muß immer noch husten.
Mama:	Jetzt backe ich einen leckeren Kuchen mit 15 faulen Eiern und Schneckensaft.
Theodor:	Mmmmmmm, lecker!
Mama:	So, der Kuchen ist fertig. Ihr könnt essen.
Papa:	Lecker, lecker. Ich könnte 100 Stück essen.
Mama:	Zum Nachtisch gibt es ein Stück Seife.
Baby:	Ähhhhhhhh!
Isolde:	Mama, Olchi-Baby will auch Seife haben.
Mama:	Olchi-Baby kriegt auch Seife.
Papa:	Das war ein anstrengender Tag, jetzt müssen wir schlafen. (Alle legen sich hin und schnarchen.)

Spielvarianten entstanden durch die unterschiedlichen Schüler/innentexte und durch die Darstellungsformen:

- Stegreifspiel
- Stabpuppenspiel
- Schattenspiel
- Spiel mit Folienfiguren auf dem OHP

(Von den Stabpuppenzeichnungen wurden Folien angefertigt)

3. Umsetzen von Textteilen in Bilder

<u>Einzelbild</u>

Neben dem freien Malen der Olchi-Figuren ging es u. a. auch darum, einem Text Informationen zu entnehmen, der genaue Hinweise auf das Aussehen der Olchis gab.

Die Bilder wurden auf ihre "Richtigkeit" hin überprüft und zu einem *Wandfries* zusammengestellt.

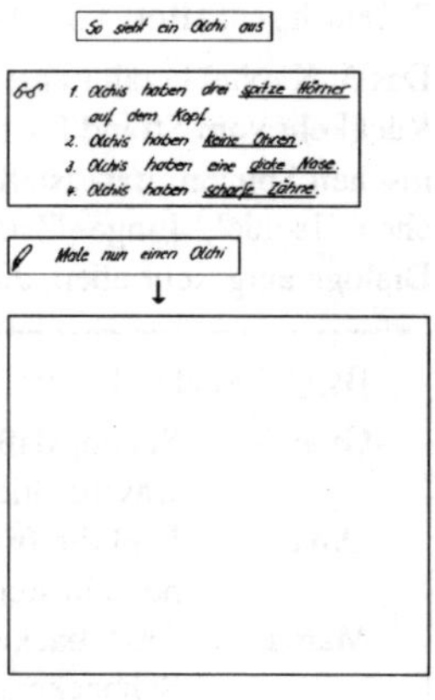

<u>"Erzählkino"</u>

Selbst zusammengestellte Bildfolgen, die neue Geschichten ergaben, machten die Arbeit mit dem "Erzählkino" für die Kinder reizvoll.
Ein Bildstreifen wurde in eine (mit einem Schlitz versehene) Papprolle gesteckt. Durch das langsame Herausziehen des "Films" wurden die Erzählungen der Kinder effektvoll unterstützt.

Diaserie

Der Flug der Olchi-Familie auf dem Rücken Feuerstuhls (3. Kapitel) erschien einigen Schüler/innen im Buch zu kurz beschrieben. So machten sich die Kinder Gedanken, was die Olchis auf ihrer Fahrt alles hätten sehen können:

- einen Fuchs im Wald
- eine Kuh auf der Wiese
- einen Kirchturmhahn ...

Die Szenen wurden auf Dias gemalt (wasserlösliche Folienstifte) und zu dem Diavortrag "Die Olchis - hoch in der Luft" zusammengestellt.

4. Übertragen von "Olchi-Gesprächen" in Bild-Text-Kombinationen

Klappbilderbuch

Oma-Olchi möchte ihrem Mann das Schwimmen beibringen (2. Kapitel) und steckt ihn zu Übungszwecken in ein Ölfaß. Das Gespräch zwischen Oma und Opa wurde zuerst im Stegreifspiel erprobt und dann für das Klappbilderbuch aufgeschrieben.

Je nach Leistungsstand der Lerngruppen wurden Ein-Wort-Sätze (Bsp. 1. Schuljahr: 1) nein, 2) los, 3) kalt, 4) Hilfe) oder ausgestaltete Dialoge verfaßt.

Leporello

Bei der Anfertigung der Leporellos malten die Kinder zu vorgegebenen Dialogen die passenden Bilder. Auch hier wurde die Arbeit qualitativ und quantitativ auf die jeweiligen Klassen abgestimmt.

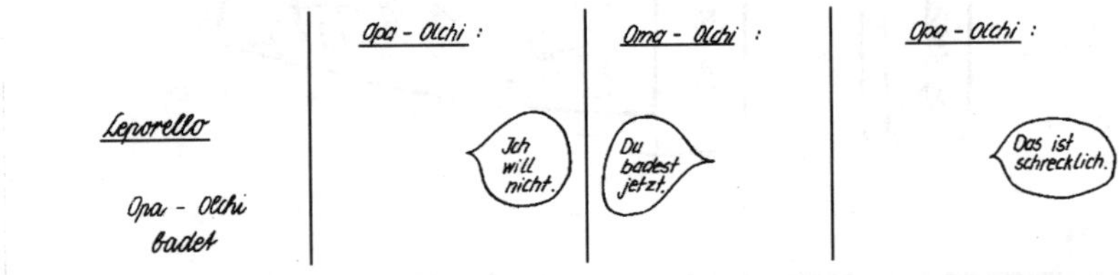

Die nach- und ausgestaltenden Aktivitäten in Verbindung mit dem Kinderbuch mündeten - auf Wunsch der Kinder - in ein *Olchi-Fest*.

Texte wurden vorgelesen, Lieder gesungen, Flüche vorgetragen und Spiele dargeboten. Besonderer Beliebtheit erfreuten sich jedoch die Olchi-Speisen, die durch Lebensmittelfarben und Lakritzfäden in olchigerechter Weise aufbereitet wurden.

Durch die Erzählungen ihrer Kinder wurden auch einige Eltern vom "Olchifieber" angesteckt und trugen als beifallspendende Zuschauer oder als freundliche Helfer zum guten Gelingen des Festes bei.

❑❑❑❑❑❑❑❑❑❑❑❑❑❑❑❑❑❑❑❑❑❑❑❑❑❑❑❑❑❑❑❑❑❑❑❑❑❑

Literaturverzeichnis

Der Kultusminister von Nordrhein-Westfalen (Hrsg.) — *Richtlinien und Lehrpläne für die Grundschule in Nordrhein-Westfalen - Sprache*, Köln 1985.

Ritz-Fröhlich, Gertrud — *Kinderkultur: Produktiver Umgang mit Büchern.* in: Die Grundschulzeitschrift, Heft 39/1990.

Hurrelmann, Bettina — *Kinderkultur: Produktiver Umgang mit Büchern.* In: Die Grundschulzeitschrift, Heft 39/1990.

Dietl, Erhard — *Die Olchis sind da*, Hamburg 1990.

Sennlaub, Gerhard (Hrsg.) — *Und mitten drin der freche Hans, Gedichte für Grundschulkinder*, Berlin 1986.

Walter Kosack

Technik/Arbeitslehre/AWT

1. Didaktik

Eine Darstellung des Stands der Didaktik technischer Grundbildung muß in Rechnung stellen, daß weder eine unumstrittene Bezugswissenschaft noch ein allseits akzeptierter Kern fachdidaktischer Grundaussagen über das Wesen technischer Grundbildung im deutschsprachigen Raum ausgearbeitet sind. Im folgenden werden daher die wesentlichen konkurrierenden Ansätze in einer stark gerafften Form dargestellt, so, wie sie von exponierten Vertretern publiziert wurden. Dabei kann auf eine gut dokumentierte Auseinandersetzung der Exponenten der jeweils widerstrebenden Hauptvertreter dieser Ansätze zurückgegriffen werden. Ziel ist nicht eine Genese der unterschiedlichen Strömungen darzustellen, sondern den aktuelle Stand der Auseinandersetzungen.

Da die neuen Länder erst nach und nach Richtlinien für einen entsprechenden Unterricht erlassen, ist der Stand der Darstellung der Situation Ende 1992 entsprechend. In Anlehnung an SCHMAYL (1992) werden schwerpunktmäßig die drei verbreitetsten Ansätze dargestellt:

- der arbeitsorientierte Ansatz (AoA) mit den Hauptvertretern OBERLIESEN und SELLIN,
- der mehrperspektivische Ansatz (MpA) mit den Hauptvertretern B. SACHS und SCHMAYL,
- der allgemeintechnologische Ansatz (AtA) mit den Hauptvertretern ARP und HÄRTEL.

Die folgende Grafik charakterisiert die drei dargestellten Ansätze im Überblick.

	Pädagogische und anthropologische Grundaussagen	Ziel-vorstellung	Bevorzugte Methode	Unterrichts-organisation
AoA	Menschwerdung des Menschen durch Arbeit	Fähigkeit, Arbeit und Technik menschengerecht und naturverträglich zu gestalten	Projekt Betriebs-erkundung	ein integratives Fach Fächer mit institutionalisierter Kooperation
MpA	Der Mensch als Gestalter der Kultur	Fähigkeit, in einer technikgeprägten Kultur human zu handeln	Aufgaben-orientierter Katalog von Methoden	Einzelfach zum Teil mit Kooperation
AtA	entfällt	Fähigkeit, technische Verfahren und Objekte zu analysieren	Analyse, Synthese	Einzelfach

Abb. 1: Überblick über die konkurrierenden Ansätze

Der arbeitsorientierte Ansatz

Zentrale anthropologische Bestimmungsgrößen des arbeitsorientierten Ansatzes sind die Begriffe "Arbeit" und "Produktion". Dabei wird in Anlehnung an Marx die Menschwerdung des Menschen durch Arbeit konstatiert. Arbeit wird verstanden als "Prozeß zwischen Mensch und Natur". Dieser Prozeß erlischt im Produkt. Der Gebrauchswert der Produkte sei ein Tauschwert, und der Tausch von Produkten bilde die Sphäre der Wirtschaft. Dabei wird der Produktionsbegriff weit gefaßt: er umfaßt sowohl die Arbeit im beruflichen Bereich (Erwerbsarbeit), als auch die Arbeit in Haushalt, Verein etc. (Eigenarbeit).

Arbeit und Produktion vollziehen sich unter gesellschaftlichen, politischen und ökonomischen Bedingungen und machen so Technik erst verständlich. Der Bildungsbegriff ist nicht für alle Vertreter dieses Ansatzes ein wesentliches Moment zur Fundierung des didaktischen Aussagesystems. Wird er erwähnt, dann meist in einem Kontext, der die gesellschaftliche Zentrierung deutlich werden läßt. "Ein Allgemeinbildungsverständnis, das anknüpft an das ursprüngliche Verständnis von Bildung und die bedeutendsten Momente der klassischen Bildungstheorie weiterdenkt ... muß von den zentralen Momenten wie Selbstbestimmung, Mitbestimmung und Solidarität ausgehen." Zentrale pädagogische Aufgabenstellung ist daher die Kompetenz zur "menschengerechten und naturverträglichen Gestaltung von Arbeit und Technik" (OBERLIESEN 1988, S. 7 f.).

Der mehrperspektivische Ansatz

Der Technikbegriff in seiner für den MpA typischen Ausdeutung ist die grundlegende Größe dieses Ansatzes. Technik wird verstanden als "bedeutender Bereich menschlicher Kultur. Sie ist dem Menschen nicht äußerlich, sie ist Ausdruck seiner Gestaltungsfähigkeit" (B. SACHS 1990, S. 10). Noch griffiger wird die anthropologische Dimension des Technikverständnisses bei Schmayl ausgedrückt, indem er formuliert: " ... der Mensch ist neben anderem ein Geschöpf der Technik und einschneidend durch sie modelliert" (SCHMAYL 1989, S. 61). Pädagogische Aufgabenstellung dieses Ansatzes ist die "Bildung" des Menschen, verstanden durchaus im humboldtschen Sinn als "Erzeugung eines Universums in der Individualität einer Person " oder vereinfacht als "... den Vorgang der individuellen Kulturaneignung" (vergl. ROPOHL 1992, S. 7). Dabei vermeidet der MpA die Gefahr einer Mißinterpretation der so verstandenen Bildung im Sinne einer nicht gemeinten Innerlichkeit, indem er auf eine an Humanität orientierte Handlungsfähigkeit in technisch geprägten Situationen hinarbeitet.

Der allgemeintechnologische Ansatz

Anders als die zwei vorherigen Ansätze verzichtet der AtA auf eine anthropologische Positionsbeschreibung. Er ist geprägt von der Systemtheorie der Technik (ROPOHL, 1979) und versteht sich als Wissenschaft, "deren Gegenstand die Gesetzmäßigkeiten zwischen den Grundkategorien der Technik sind" (ARP 1989, S. 5). Unter diesen Grundkategorien sind als wichtigste zu nennen: Stoff, Energie und Information. Zur Abgrenzung nichttechnischer Systeme - beispielsweise eines Tieres, das ja auch Stoff, Energie und Information umsetzt - wird Technik beschrieben als "... die Gesamtheit der Verfahren und Mittel, die der Mensch sich mit dem Ziel der Befriedigung seiner materiellen und kulturellen Bedürfnisse schafft und dienstbar macht" (ARP zitiert hier Horst WOLFGRAMM). In einer *Allgemeine Technologie* genannten Theorie der Technik werden Beschreibungen von Begründungszusammenhängen für technische Sachverhalte erstellt. Methoden dieser Theorie sind u. a. "die Beschreibung der Funktionen und Strukturen von technisch genutzten Systemen, insbesondere mit dem Ziel der Zuordnung der jeweils genutzten Ströme von Material, Energie und Information innerhalb von Produktionsprozessen, die Darstellung des Zeitverhaltens der dazu betriebenen technischen Einrichtungen sowie die Gewinnung von Gestaltungskriterien für den Entwurf von Funktionsmodellen durch die Begründung von Analogien zu real beobachtbaren Prozeßabläufen" (a. a. O., S. 6).

Die pädagogische Aufgabenstellung ist eine utilitaristisch begründete Fähigkeit, Technik zu verstehen und anhand von technikimmanenten Kriterien zu bewerten.

Bearbeitete Gebiete und Bezugswissenschaften der drei Ansätze.

Die folgenden drei Grafiken sollen darstellen, welche Kernbereiche von den drei konkurrierenden Ansätzen zum Gegenstand des Unterrichts erklärt werden und zugleich einen Eindruck davon vermitteln, wohin sich Randzonen des Unterrichtsgegenstandes erstrecken.

Der Arbeitsorientierte Ansatz

Abb. 2: Gegenstandsbereich und Bezugswissenschaften des arbeitsorientierten Ansatzes

Der Kernbereich dieses Ansatzes liegt im Zusammenwirken von Technik und Gesellschaft. Da die Arbeitswelt und ihre Veränderbarkeit zentrale Größe dieses Ansatzes sind, erstrecken sich die unterrichtlich zu bearbeitenden Bereiche bis weit in das Feld der Wirtschaft hinein. Technik und technische Objekte werden von einigen Autoren, z. B. OBERLIESEN, als bedeutende Gegenstandsbereiche genannt; andere halten sie jedoch für entbehrlich, z. B. KAHSNITZ.

Der mehrperspektivische Ansatz

Abb. 3: Gegenstandsbereich und Bezugswissenschaften des mehrperspektivischen Ansatzes

Der Kernbereich dieses Ansatzes sind technische Objekte und Verfahren. Der Randbereich wird nicht durch didaktikimmanente Strukturen vorgegeben, sondern durch die Diskussion der Fachdidaktiker untereinander und die Erfordernisse der Praxis. So wurde z. B. die Textiltechnik bei SACHS genannt, nicht aber von SCHMAYL. Letzterer dagegen legte Wert auf den Bereich der historisch- gesellschaftlichen Dimension, welcher von SACHS zwar nicht vernachlässigt, aber untergeordnet eingeschätzt wurde.

Der allgemeintechnologische Ansatz

Abb. 4: Gegenstandsbereich und Bezugswissenschaften des allgemeintechnologischen Ansatzes

Der allgemeintechnologische Ansatz bearbeitet im Prinzip die Gesamtheit aller technischen Objekte und Verfahren, wobei selbstverständlich aus methodischen Gründen für die unterrichtliche Thematisierung nur eine kleine Auswahl in Betracht kommt. Das konsequente Beharren auf einer überschaubaren Struktur führt zu einer starken Orientierung an einer Wissenschaftsdisziplin; angrenzende Bereiche werden von ARP so gut wie gar nicht und von HÄRTEL in geringem Maße als thematisierungswürdig angesehen.

Zielvorstellungen und methodische Grundaussagen der Ansätze

Der arbeitsorientierte Ansatz

Das Spektrum der fachdidaktischen Aussagen der Vertreter des arbeitsorientierten Ansatzes ist das weitgestreueteste der drei vorgestellten Ansätze. Eine Auswahl von programmatischen Äußerungen aus der Vielzahl von Beiträgen der Fachdidaktiker des Fächerbereichs Arbeit/Wirtschaft/Technik kann, da sich die Didaktiker selbst in der Regel eine Strukturierung am Begriff "technische Grundbildung" verbitten würden, den Vorwurf der Willkürlichkeit nicht vollständig von sich weisen. Zentrale Kategorien der Ziel-, Inhalts- und Methodendarstellung der dem arbeitsorientierten Ansatz zuzurechnenden Didaktiker ist nämlich weder ein Technik- noch ein Bildungsbegriff, sondern in erster Linie ein an bestimmte Lebenssituationen gekoppelter Qualifikationsbegriff. KAHSNITZ (1982 S. 6) meint, Arbeitslehre ist "weniger an wissenschaftlichen bzw. künstlerischen Disziplinen ausgerichtet, sondern soll zum Handeln in spezifischen Lebenssituationen in spezifischen sozialen Handlungssystemen befähigen". Kurz und bündig formuliert KLIPPERT (1988 S. 2): "Zu den zentralen Anliegen der Arbeitslehre zählt von Anfang an die Vorbereitung der Schüler auf ihre zukünftige Rolle als Arbeitnehmer."

Methodisch liegt der Schwerpunkt dieses Ansatzes daher auf Verfahren, die Produktionsabläufe transparent machen bzw. eine kritische Bewertung von Produkt, Produktion und gesellschaftlichenRahmenbedingungen der Produktion ermöglichen. In den Empfehlungen der Bundesarbeitsgemeinschaft SCHULE WIRTSCHAFT sind für den Unterrichtsbereich Arbeit-Wirtschaft-Technik besonders hervorgehoben:

- Betriebserkundung/Praktikum,
- Projekte/projektartiger Unterricht,
- Werkstattarbeit,
- Expertengespräche,
- Rollenspiel/Planspiel,
- Fallstudie/Fallbeispiel.

Der mehrperspektivische Ansatz

Die Aussagen zu den leitenden Zielen des MpA faßte SCHMAYL (1992 S. 10) wie folgt zusammen: (sie - die Ziele -) ... "zeichnen das Bild einer reifen Person: Sie kann sich in technisch bestimmtem Lebenslagen orientieren und sie hinreichend verstehen. Sie kommt zu überlegten Urteilen. Sie trifft verantwortlich Entscheidungen und bringt sie umsichtig und mit Geschick zur Ausführung. Sie ist insgesamt in der Lage, in ihrem Wirkbereich an der humanen und ökologischen Weiterentwicklung unserer technischen Kultur mitzuarbeiten." SACHS (1992 S. 4) konkretisiert diese Ziele durch Verweis auf vier Perspektiven:

- technische Kenntnisse und Strukturzusammenhänge,
- technisches Handeln,
- Bedeutung und Bewertung technischer Sachverhalte,
- vorberufliche Orientierung.

Aus diesen Perspektiven heraus sind die Richtziele durch weitere Konkretisierung festzulegen.

Die Inhalte des Unterrichts werden weder aus einer fachwissenschaftlichen Sachsystematik hergeleitet noch von zufälligen Situationsimpulsen bestimmt, sondern innerhalb von fünf soziotechnischen Problem- und Handlungsfeldern gewonnen, welche als Orientierungs- und Suchbereiche dienen. Diese Bereiche sind (nach SACHS, 1991 S. 45):

- Arbeit und Produktion,
- Bau und Wohnen,
- Versorgung und Entsorgung,
- Transport und Verkehr,
- Information und Kommunikation.

Die Methoden des MpA sind außerordentlich vielfältig und teilweise nicht fachspezifisch, sondern auch in anderen Fächern verbreitet. Eine ausführliche Darstellung lieferten WILKENING (1982), WILKENING/SCHMAYL (1984) und in neuerer Zeit HELLING (1992). Als Auswahl seien genannt:

- Fertigungsmethode,
- Objektanalyse,
- Lehrgang,
- Experiment,
- Planspiel.

Der allgemeintechnologische Ansatz

Ziel des AtA ist die Vermittlung eines umfassenden Technikverständnisses und die Bewertung technischer Systeme. Dies wird erreicht durch die Kenntnis einer überschaubaren Anzahl strukturbestimmender Elemente und ihrer Wechselwirkungen. Die didaktische Nähe zu naturwissenschaftlichen Curriculumentwürfen der 70er Jahre, als man versuchte, naturwissenschaflichen Unterricht durch konzeptorientierte Ansätze zu straffen und zu verwissenschaftlichen, ist offensichtlich. Analog zu den Konzepten: Teilchen, Energie, Feld etc. bezieht sich der AtA auf die "natürlichen" Grundkategorien: Energie, Stoff und Information, denen die "künstlichen" Grundkategorien: Werkzeug, System und Modell zugeordnet wurden.

Der AtA versteht sich in der Anwendung der Allgemeinen Technologie als "zeitinvariantes Verfahren zur Sachanalyse für die Planung von technischem Unterricht"; darüberhinaus wird die Selbstbeurteilung der eigenen Leistung ermöglicht, da die Anwendung allgemeintechnologischer Prinzipien "intersubjektiv wiederholbar" sei (ARP, 1989 S. 6). Daher orientieren sich die Unterrichtsthemen auch strikt an der Systematik der Bezugswissenschaft und lauten z.B. wie folgt:

1. Einführung in die Allgemeine Technologie
2. Stoffumsatz in technischen Systemen
3. Energieumsatz in technischen Systemen
4. Informationsumsatz in technischen Systemen
5. Verbund technischer Systeme des Energieumsatzes
6. Wechselwirkungen technischer Systeme des Energieumsatzes mit ihrem Umfeld.

Hohen Stellenwert im methodischen Vorgehen mißt der AtA dem Erstellen von Strömungsbildern und dem Aufbau von Orientierungsmustern aufgrund dinglicher Erfahrung bei. "Sind bereits Orientierungsmuster aus dinglicher Erfahrung gewonnen worden ... so erweisen sich Strömungsbilder als geeignete Transfermuster ... Liegen keine dinglichen Erfahrungen vor, so ist das Strömungsbild zugleich ein geeignetes Analysemuster für den gegebenen Sachverhalt ... Das Analysemuster ermöglicht dann wieder die Identifikation geeigneter Orte, längs der Strömungswege, an denen am ehesten dingliche Erfahrungen gewonnen werden können ... Aufeinander bezogen ermöglichen sie jedoch auch künftig die Orientierung in einer technisierten Umgebung." (ARP, 1989 S. 8 f.)

Zusammenfassende Darstellung der didaktischen Grundaussagen

Didaktische Konzeptionen machen Aussagen zu den drei Hauptfaktoren, die das Unterrichtsgeschehen beeinflussen: Sache, Schüler und Lehrer. Dieser Sachverhalt ist unter dem Namen "Didaktisches Dreieck" häufig zur Charakterisierung unterschiedlicher Schwerpunktsetzungen verschiedener didaktischer Entwürfe verwendet worden. SCHMAYL (1992 S. 6) wendet dies in leicht abgewandelter Form auf die drei besprochenen Ansätze an und kommt zu folgenden Ergebnissen:

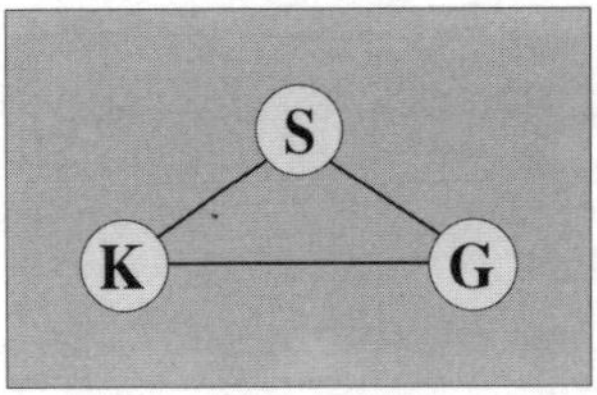

S Die Sache, die erlernt werden soll

K Der Lernende (das Kind)

G Die Gesellschaft (vertreten durch den Lehrer)

Abb. 5: Das "Didaktische Dreieck" (Text: SCHMAYL, Grafik: KOSSAK)

Dem arbeitsorientierten Ansatz entspricht etwa folgende Darstellung:

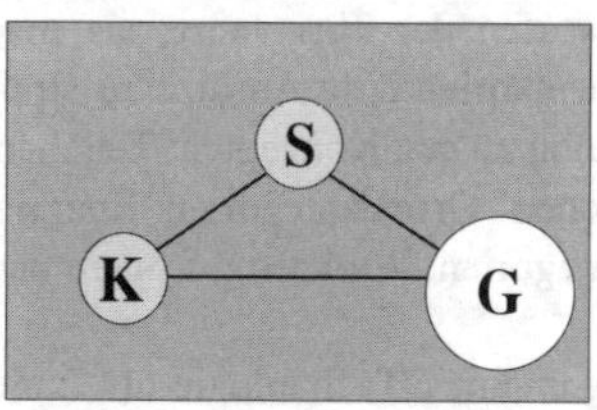

Arbeitsorientierter Ansatz

Im arbeitsorientierten Ansatz liegt der Schwerpunkt auf der gesellschaftlichen Dimension.

Abb. 6: Schwerpunkt des AoA

Dem mehrperspektivischen Ansatz entspricht etwa folgende Darstellung:

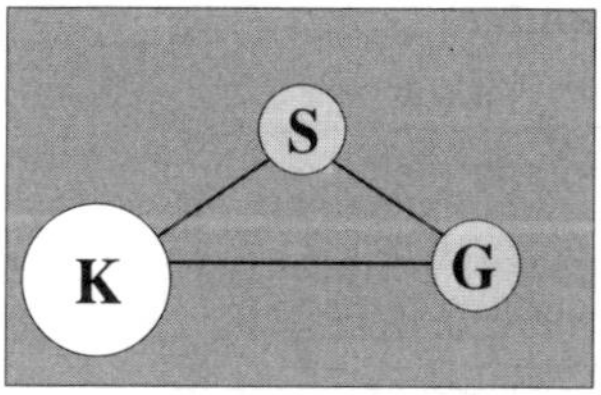

Mehrperspektivischer Ansatz

Im mehrperspektivischen Ansatz liegt der Akzent auf dem Subjekt technischer Bildung.

Abb. 7: Schwerpunkt des MpA

Dem allgemeintechnologischen Ansatz entspricht etwa folgende Darstellung:

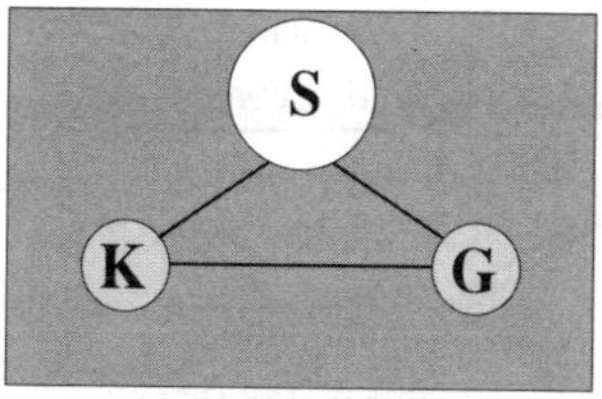

Allgemeintechnologischer Ansatz

Im allgemeintechnologischen Ansatz liegt der Akzent auf der Sache, die unter technikwissenschaftlichem Blickwinkel betrachtet wird.

Abb. 8: Schwerpunkt des AtA

2. Möglichkeiten der Behandlung im Unterricht

Das Unterrichtsfeld: Arbeit/Wirtschaft/Technik ist nicht nur fachdidaktisch, sondern auch in seiner schulpolitischen Umsetzung äußerst disparat. Es dient wie kaum ein anderes Fach zur landestypischen Umsetzung schulpolitischer Vorstellungen bei der Profilierung einzelner Schularten bzw. Kurse. Bei so stark divergierenden didaktischen Ansätzen ist es nicht möglich, ein allen drei entsprechendes Modell unterrichtlichen Vorgehens zu entwerfen. Am Beispiel des Unterrichtsthemas "Computer" wird dies verdeutlicht. Im Lernfeld Arbeit/Wirtschaft/Technik ist der Computer wesentliches Objekt in folgenden Gebieten:

- Einsatz zu technischen Zwecken (zum Messen, Steuern, Regeln, CAD, CIM etc.),
- Computer als Sachsystem (Aufbau, Funktionszusammenhänge),
- Computer als Medium (für Unterrichtszwecke),
- Bedienung des Computers (Handling, Programmierung, Wartung),
- Gesellschaftliche Auswirkungen der Computeranwendung (Arbeitsplätze, Datenschutz).

Alle genannten Ansätze sind bestrebt, einen möglichst umfassenden Zugang zum Thema zu gewährleisten; da jedoch die zur Verfügung stehende Zeit beschränkt ist, werden ansatzspezifische Schwerpunkte gebildet. Die im folgenden als untergeordnet bezeichneten Bereiche werden meist nicht direkt ausgeklammert, sondern in "dienender Funktion" behandelt. Darunter ist zu verstehen, daß einzelne Themen nicht in ihrer sachimmanenten Bedeutung, sondern in ihrer Funktion in bezug auf die übergeordneten Inhalte behandelt werden.

Vorstrukturierung des Unterrichtsgegenstandes im Lichte der verschiedenen Ansätze (Beispiel: Informationstechnik - Computer)

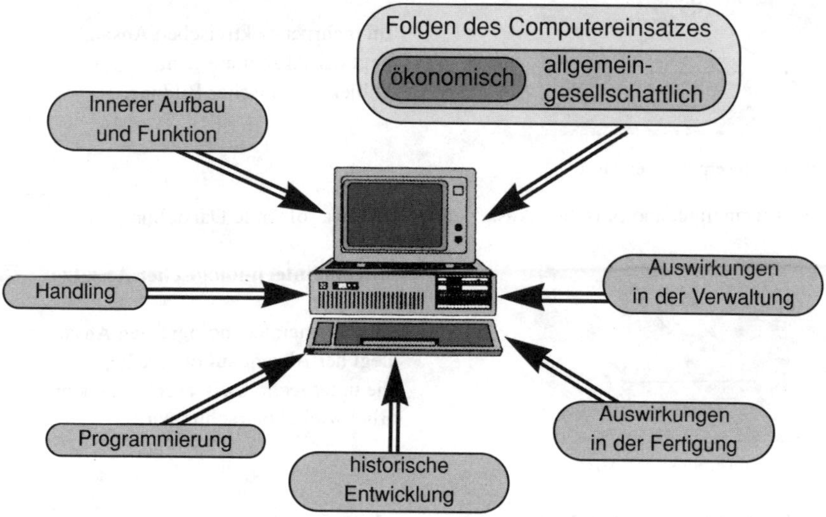

Abb. 9: Behandlungsschwerpunkte

Je nach vertretenem Ansatz könnte der Unterricht folgenden Schwerpunkt haben:

AoA:
- Einsatz des Computers bei der Fertigung eines Produkts (z. B: Schülerzeitung)
- Auswirkungen auf den Arbeitsplatz/Produktqualität/Wirtschaftlichkeit/Gesellschaft/Umwelt
- Vermarktung des Produkts (Werbung, 'Buchführung' etc.).

<u>untergeordnet sind daher</u>:
- innerer Aufbau und Funktion,
- Programmierung,
- historische Entwicklung.

Ausgestaltung des Unterrichts (Bsp. Schülerzeitung):
Die Gruppe stellt eine Schülerzeitung her. Dabei wird in projektartigem Vorgehen über die Zielsetzung, den Inhalt und die Ausgestaltung der Artikel der Zeitung sowie über die Finanzierung, den Einkauf der benötigten Dinge und die Verwendung eines evtl. erwirtschafteten Überschusses entschieden.

- Produktive Phasen, z. B.:
  Gewinnen von Anzeigenkunden, Setzen der Texte und Grafiken, Vervielfältigen, Vertrieb.

sind verzahnt mit:

- reflektiven Phasen, z. B.:
  Organisation der Arbeitsschritte, Beurteilung von Zwischenergebnissen, Erlernen von Fähigkeiten und Fertigkeiten, Transfer des Modellhaften auf die Wirklichkeit (z. B. Erkundung einer Druckerei).

Der/die Unterrichtende übernimmt wechselnde Funktionen z. B.:

- Vertragspartner bei der leihweisen Überlassung von schuleigenen Unterrichtsmitteln,
- Berater bei Ausführungsproblemen,
- Lehrgangsleiter beim Erlernen von Fertigkeiten,
- Lehrer beim Anwenden und Übertragen des Gelernten.

MpA:
- Herstellung eines technischen Objekts (z. B.: Ampelmodell, Werkstück mit CNC-Technik)
- Steuern des Objekts/der Fertigung (evtl. mit selbsthergestelltem Interface)
- Auswirkungen des Computereinsatz auf Produkt und Arbeitsplatz (Vergl. früher-heute).

Untergeordnet sind daher:
- innerer Aufbau und Funktion,
- Vermarktung des Produkts.

Ausgestaltung eines Unterrichtsbeispiels (Bsp.: Computergesteuerte Fertigung eines Werkstücks):

Die Lernenden stellen ein Werkstück sowohl mit Handwerkzeug als auch mit einer computergesteuerter Werkzeugmaschine her. Beim Vergleich der Werkstücke und der Fertigungsart lernen sie die Veränderung der Arbeitswelt durch Computer kennen. Sie übertragen das Gelernte auf die Gesellschaft.

- Phasen manuellen Tuns z. B.:
  Fertigung eines Interface,
  Zeichnen eines Werkstücks (von Hand/mit Hilfe eines CAD Programms),
  Schreiben von Programmen,

sind verzahnt mit:
- kognitiv geprägten Phasen z. B.:
  Planen von Schaltplänen,
  Erstellen von Programmen,
  Arbeitsorganisation und Arbeitsplatzbeschreibung,
  Betriebserkundung,
- Lehrgängen z. B.:
  Platinenlayout anfertigen und Platinen ätzen,
  Programme schreiben,
  Handhabung von Werkzeugen und Werkzeugmaschinen,
- Experimenten z. B.:
  mit verschiedenen Programmteilen,
  mit unterschiedlichen Arbeitsabläufen.

Der/die Unterrichtende organisiert die Lernprozesse z. B.:
- Leitung von Lehrgängen,
- Beratung und Hilfestellung bei der Objektfertigung,
- Anregung und Steuerung bei der Herausarbeitung von Bewertungskriterien,
- Förderung der Persönlickeitsentwicklung.

AtA:
- Herstellung eines datenverarbeitenden Objekts (z. B.: TTL-Schaltungen, Addierer),
- Analyse von Energie- und Informations- bzw. Datenfluß beim Einsatz des Objekts.

Untergeordnet sind daher:
- ökonomische und gesellschaftliche Auswirkungen,
- historische Entwicklung.

Für die Sekundarstufe 1 fehlt eine prägnante Darstellung der konkreten unterrichtlichen Handlungsmöglichkeiten dieses Ansatzes. Legt man die Grundform technischen Handelns, das Gestalten, zugrunde, so würden die Lernenden in folgenden Schritten ihre Objekte erstellen und beurteilen:

- Zielsetzung des Objekts,
- Konkretisierung anhand der gruppenspezifischen Gegebenheiten (Alter/Größe/vorhandenes Material/Voraussetzungen psychosozialer und sachlicher Art etc.),
- Konzipierung des Prozesses,
- Entwurf des Objekts,
- Optimierung des Entwurfs,
- Ausarbeitung des optimierten Entwurfs (evtl. erneute Optimierung),
- Überprüfung anhand der Zielsetzung,
- Bewertung.

Der/die Unterrichtende
regt an, unterweist, kontrolliert, unterstützt etc.

❑❑❑❑❑❑❑❑❑❑❑❑❑❑❑❑❑❑❑❑❑❑❑❑❑❑❑❑❑❑❑❑❑❑❑

Literaturverzeichnis

Arp, H. — *Der allgemeintechnologische und der mehrperspektivische Ansatz für die Ausbildung von Techniklehrern.* a&l 62/1989, S. 5-9

Helling, K. — *Methoden für die Vermittlung fachlicher Qualifikationen sowie für die Förderung von Schlüsselqualifikationen.* Polyskript, PH Ludwigsburg 1992

Kahsnitz, D. — *Aufgaben fachdidaktischer Forschung und Lehre für den Unterrichtsbereich Arbeit-Wirtschaft-Technik bzw. Arbeitslehre.* a&l 20/1982, S. 6-9

Klippert, H. — *Erziehung zum mündigen Arbeitnehmer.* a&l 58/1988 S. 2

Oberliesen, R. — *Gestaltungskompetenz als Lernziel.* a&l 58/1988, S. 7-13

Ropohl,G. — *Philosophie der technologischen Bildung.* a&l/Technik 8/1992, S. 6-9

Sachs, B. — *Replik auf die Entgegnung von Günter Reuel.* tu 60/1991, S. 45-50

Ansätze allgemeiner technischer Bildung in Deutschland. tu 63/1992, S. 5-14

Schmayl, W. — *Richtungen der Technikdidaktik.* tu 65/1992, S. 5-15

Technik und Pädagogik. Bad Heilbrunn 1989

Wilkening, F. — *Unterrichtsverfahren im Lernbereich Arbeit und Technik.* Villingen-Schwenningen 1982

Wilkening, F./ Schmayl, W. — *Technikunterricht.* Bad Heilbrunn 1984

Abkürzungen für Zeitschriften:

a&l bzw. a&l/Technik — *arbeiten und lernen, die Arbeitslehre, ggf. Technikheft.* Friedrich Verlag, Seelze.

tu — *Zeitschrift für Technik im Unterricht.* Neckar Verlag, Villingen-Schwenningen.

Manuela Petersen

Kleine Spiele in der Grundschule

Bedeutung und Stellung der Spiele in der körperlichen Grundausbildung

Die "Kleinen Spiele" sind durch ihre aktivierenden Inhalte und abwechslungsreichen Formen des Wetteiferns und des Erlebens von Freude und Frohsinn besonders für die körperliche Bildung im jüngeren Schulalter geeignet.

Die den Spielen eigenen Bewegungsmöglichkeiten, vor allem Ganzkörperbewegungen in vielfältigen Spielhandlungen, wirken komplex auf die Vervollkommnung koordinativer und konditioneller Fähigkeiten (z. B. Orientierungsfähigkeit, Reaktionsfähigkeit und Schnelligkeit).

Die besondere Bedeutung der "Kleinen Spiele" besteht in der schnellen Erlernbarkeit, der Unkompliziertheit sowie in der Variierbarkeit hinsichtlich der Belastungsgestaltung und Beanspruchung verschiedener Organsysteme und in den geringen materiellen Voraussetzungen und Vorbereitungen.

Was heißt "Kleine Spiele"?

Darunter verstehen wir eine von einem bestimmten Spielgedanken ausgehende Folge von freudvollen Handlungen, die in anregender und unterhaltender Form die körperlichen und geistigen Kräfte entwickeln und ausbilden.

Kleine Spiele nehmen mit 35 Prozent des Stundenvolumens einen hohen Anteil des Sportunterrichts ein. Damit ist eine entscheidende Voraussetzung gegeben, die notwendigen Vorleistungen für die Sportspielausbildung in der Mittel- und Sekundarstufe zu erbringen.

Ziele und Aufgaben der Spielausbildung

Die verschiedenen Formen der Spiele erfordern rasches Reagieren, Aufmerksamkeit und gemeinschaftliches Handeln. Sie bereichern zudem die Phantasie der Kinder. Schwerpunkt in der 1. und 2. Klasse sind einfache Laufspiele, in Klasse 3 und 4 hingegen Ballspiele. Aber auch Kraft- und Gewandheitsspiele sind Bestandteil der Spielausbildung. Zusammenfassend ist festzustellen, daß:

- die Kleinen Spiele als eigenständiger Stoffbereich einen wesentlichen Beitrag zur körperlichen Grundausbildung in den unteren Klassen leisten,
- die Ziel- und Aufgabenstellung dem Leistungs- und Entwicklungsstand dieser Altersstufe, insbesondere dem Bewegungsbedürfnis entspricht,
- besonders die Ballspiele vorbereitenden und hinführenden Charakter auf die Sportspiele tragen.

Verwendung Kleiner Spiele

Wegen ihrer Eignung werden sie oft als Bestandteil der einleitenden Stundenteile genutzt.

Dabei müssen aber folgende Forderungen berücksichtigt werden:

- Nur solche Spiele auswählen, die eine gleichzeitige Bewegungstätigkeit aller Kinder gewährleisten.
- Nach Möglichkeit bekannte Spiele verwenden, so daß die Kinder nach kurzer Erklärung spielen können.
- Darauf achten, daß die Muskulatur, die im Hauptteil höherer Belastung ausgesetzt ist, durch das Spiel angeregt, aber nicht überbelastet wird.

Auch als freudvoller Ausklang einer Sportstunde können Kleine Spiele zur Anwendung kommen.

Systematik der Kleinen Spiele

Bewegungsspiele

- jahreszeitlich gebundene Straßenspiele
- Kleine Spiele, Turnspiele, Schulspiele, Bunte Spiele, Tummelspiele
  - Singspiele
    - Darstellungsspiele, Spiellieder
    - Tanzspiele
  - Laufspiele
    - Wettläufe, Staffeln, Platzsuchspiele
    - Haschespiele
  - Ballspiele
    - Ballspiele zur Schulung der Wurf- und Fangsicherheit, Ballspiele mit Abfangen
    - Ballspiele zur Schulung der Treffsicherheit und des Ausweichens, Grenz- und Torballspiele
  - Kraft- und Gewandtheitsspiele
    - Zieh- und Schiebekämpfe, Gleichgewichtskämpfe
  - Spiele zur Übung der Sinne
    - genaues Beobachten, schnelles Handeln
    - Orientierung bei geschlossenen Augen
  - Kleine Spiele im Wasser
    - Kleine Spiele im flachen Wasser
    - Kleine Spiele im tiefen Wasser
    - Spiele mit Booten
  - Kleine Spiele bei Eis und Schnee
    - Spiele im Schnee, Spiele mit dem Schlitten, Skispiele, Spiele auf dem Eis
- Sportspiele, Große Mannschaftsspiele, Kampfspiele

Geländespiele - Anschleich-, Versteck- und Suchspiele - Spursuch- und Jagdspiele, Angriff, Durchbruch, Verteidigung
Heimspiele - Kraftproben, Geschicklichkeit und Gleichgewicht, genaues Beobachten, schnelles Handeln, Spielformen bei geschlossenen Augen

Leistungsbewertung in den Kleinen Spielen

Eine Leistungserfassung und -bewertung bereitet vielen Sportlehrern große Schwierigkeiten, da die Leistungen nicht exakt mit Stoppuhr und Bandmaß wie bei den leichtathletischen Übungen gemessen werden können. Es geht darum, komplexe Spielhandlungen darzustellen, die von Mit- und Gegenspielern negativ oder positiv beeinflußt werden.

Wesentlich für die Leistungsbewertung ist eine ausreichend lange Entwicklungszeit, in der das Spiel betrieben wurde, und - um gerecht zu verfahren - auch die Berücksichtigung individueller Besonderheiten.

Für eine Leistungsbewertung könnten folgende Gesichtspunkte berücksichtigt werden:

- Die Teilnahme am Spiel, der Grad der Spielaktivität, das zweckmäßige Verhalten;
- das geistige Auffassungsvermögen (Spielgedanke und Spielregeln werden schnell oder langsam erfaßt, beherrscht oder ständig vergessen), kluges (taktisches) Verhalten;
- Reaktionsfähigkeit, Bewegungsschnelligkeit;
- die Gewandtheit und Geschicklichkeit in den grundlegenden Bewegungsfertigkeiten;
- der Grad des Beherrschens sportlicher Bewegungsfertigkeiten - typischer Spielfertigkeiten wie Fangen, Werfen, Schlagen, Treffen, Ausweichen, Fintieren, die komplexen Koordinationsfähigkeiten;
- das charakterliche Verhalten im Spiel und in der Mannschaft (ehrlich, diszipliniert, gerecht, beherrscht, hilfsbereit, kameradschaftlich, uneigennützig, einsichtig usw.).

Anwendungsgebiete der Kleinen Spiele

Kleine Spiele nehmen nicht nur einen festen Platz im Sportunterricht ein, sie sind auch Bestandteil der Freizeitgestaltung der Kinder. So bieten sie auf den Hofpausen einen notwendigen Ausgleich zur sitzenden Tätigkeit im Unterricht, bringen Entspannung und lassen die Kinder neue Kraft zur Bewältigung ihrer Aufgaben schöpfen.

Auch während der Betreuung im Schulhort gewinnen Kleine Spiele immer mehr an Bedeutung.

Die Wertung Kleiner Spiele sollte stets so erfolgen, daß möglichst kein Spieler ausscheiden oder untätig zuschauen muß.

Eine Möglichkeit ist die Vergabe von Minuspunkten, die im Anschluß, wie beim Pfänderspiel, eingetauscht werden können.

Eine Auswahl Kleiner Spiele

1 . Spiele mit Alltagsmaterialien

mit Schuhkartons

- umlaufen, überspringen, aufeinanderstapeln oder hintereinanderlegen;
- schieben, schubsen oder werfen mit Händen und Füßen;
- "Förderband": übergeben oder zuwerfen mit Händen oder Füßen (sitzend bzw. liegend);
- Kartons versetzt übereinanderstapeln und mit Tischtennisbällen durch die Lücken zielen;
- ein Turm aus übereinandergestapelten Kartons wird Ziel von Wurfübungen; Materialien: Tischtennisbälle, Schaumstoffbälle;
- Balancieren eines Turms aus Kartons.

mit Handtüchern

- Fangen / Werfen von Ballons, Tischtennis- oder Softbällen mittels dem Tuch;
- einen Partner auf dem Tuch sitzend transportieren;
- Werfen / Fangen der Tücher.

mit leeren Dosen

- Bau einer Slalomstrecke: durchlaufen, übersteigen, mit leeren Dosen überspringen ... ;
- Zielwerfen auf Dosen: verschiedene Anordnungen möglich (nebeneinander, übereinander, pyramidenartig);
- Dose als Ball: Fußball, Handball, Zielwerfen mit Dosen;
- um aufgestellte Dosen einen Ball rollen oder dribbeln;
- Turmbau: Wer kann die meisten Dosen übereinanderstellen?
- Wettwander(ball) mit Dosen;
- Dosenhockey: Jeder Spieler hat einen Hockeyschläger oder Stab, 2 Mannschaften, versuchen die Dose mittels Stockschlägen über die gegnerische Linie zu treiben;
- Dosenvertreiben: Dosen sind an der Mittellinie aufgestellt, alle Spieler (2 Mannschaften) haben einen kleinen Ball, Dosen über gegnerische Linie durch genaues Werfen treiben.

mit Joghurtbechern

- alle Spielformen wie mit Dose;
- Staffelläufe mit wassergefüllten Bechern;
- "Kellnerstafette": Balancieren von wassergefüllten Bechern auf einem Tablett über eine Hindernisstrecke;
- "Wasserleitung": 2 Mannschaften, jeder Spieler übergibt seinem Nachbarn das Wasser aus einem Becher;
  Wo ist das meiste Wasser im letzten Becher?
- "Von Stock zu Stock": Kreisaufstellung, 2 Mannschaften, Herumgeben eines Bechers von einem hochgehaltenen Stock zum nächsten;
  Welcher Kreis ist schneller?

mit Bierdeckeln

- Mini-Frisbee (Werfen und Fangen);
- Balancieren mit verschiedenen Körperteilen;

- Staffelspiele jeder Art (z. B. Einsammeln, Zielwerfen ...);
- Platzsuche: auf der Spielfläche sind soviele Bierdeckel verteilt, wie Spieler vorhanden sind; Musik ertönt, alle laufen durcheinander, bei Verstummen der Musik suchen sich alle einen Bierdeckel; nach und nach werden einige Bierdeckel entfernt;
  Wer keinen Bierdeckel als Platz findet, muß bei einem Spieler Unterschlupf suchen (Huckepack o. a.).

mit Zeitungen
- Wer hört am besten: alle schließen die Augen, ein Spieler macht etwas mit der Zeitung. Die anderen Spieler versuchen, die entstandenen Geräusche zu deuten.
- Rennläufer: die ausgebreitete Zeitung auf die Brust legen und so schnell laufen, daß die Zeitung ohne Festhalten nicht herunterfällt.
- Schneeballschlacht: Kugeln aus Zeitung formen; Wer erzielt die meisten Treffer?
- Zeitungshaschen: jeder Spieler befestigt ein Zeitungsblatt hinten an der Hose, nun haschen die Kinder nach der Zeitung der anderen. Wer erhascht die meisten Zeitungen und bleibt unversehrt?
- Partnerübungen: paarweise ein Zeitungsblatt zwischen den Rücken klemmen und verschiedene Aufgaben erfüllen, z. B.: gehen, laufen, hüpfen, eine Hindernisstrecke überwinden oder Hasche spielen.

2. Krankenhausspiel

Benötigt werden: Zwei Weichböden (hilfsweise auch je zwei Turnmatten) und eine größere Anzahl mittelgroßer Weichbälle (ein bis zwei Bälle mehr als die Hälfte der Zahl der Teilnehmer).

Spielfeld: Gespielt wird quer über die Halle, damit die Bälle möglichst ständig im Spiel sind. In der Mitte ist das Spielfeld durch ein oder zwei Bänke geteilt. Am hinteren Ende jeder Spielfeldhälfte liegt ein Weichboden.

Spielidee: Es stehen sich zwei Mannschaften gegenüber. Beide versuchen, die Spieler der Gegenmannschaft mit Weichbällen abzutreffen. Wer getroffen ist, muß sich sofort an Ort und Stelle auf den Boden legen und darf nicht mehr mitspielen. Getroffene können jedoch wieder geheilt werden, wenn sie von Mitspielern (Sanitätern) zum Weichboden (Krankenhaus) geschleppt und darauf deutlich erkennbar zum Sitz oder zum Liegen gebracht werden. Es zählen alle Arten von Treffern (auch nach vorheriger Bodenberührung). Auch die Sanitäter müssen dann ihre Rettungsaktion abbrechen.
Das Spiel ist erfahrungsgemäß endlos und muß vom Spielleiter abgebrochen werden. Man könnte zwar einen Sieger feststellen, wenn man danach fragt, welche Mannschaft zum Zeitpunkt des Abbruchs die wenigsten Kranken hat. Doch widerspricht das eigentlich dem Vergnügen, das alle Beteiligten an diesem lebhaften und oft auch lustigen Spiel haben.

3. Spiele mit Auslegeware

materielle Voraussetzung

Aus der im Handel erhältlichen Auslegeware werden Kreise mit einem Durchmesser von sechs Zentimetern sowie Quadrate a = 50 cm ausgeschnitten. (In vielen Geschäften werden solche Stücke als Abfall bzw. Reste gewertet. Sie sind preisgünstig erhältlich.)

Spielmöglichkeiten mit Kreisen

- Legen von Linien (Begrenzungslinien der Turnhalle nutzen)
- Legen von Bildern (Den Kindern nach eigener Phantasie Bilder legen lassen; z. B. Häuser, Tiere, Blumen, Muster.)
- Schneeballschlacht:
  Jedes Kind erhält eine Handvoll Kreise. Auf Kommando dürfen sie sich bewerfen. Das macht den Kindern viel Spaß, und sie schulen dabei ihre Wurfkraft. Die nächste Aufgabe gilt dem Einsammeln der Kreise. Das kann als Wettbewerb erfolgen.
  Aufgabenstellung: Bringe so viele Kreise wie möglich in den Karton! Verlierer ist das Kind, welches als letztes einen Kreis in der Hand hält.
- Staffelspiele:
  Dazu werden ausreichend Kreise für die Mannschaften bereitgelegt. Auf Kommando läuft der erste Spieler jeder Mannschaft los, hebt unterwegs ein Plättchen auf und legt es am Ende der Strecke auf die bereitgelegten Bilder (Blume, Haus, Gesicht).

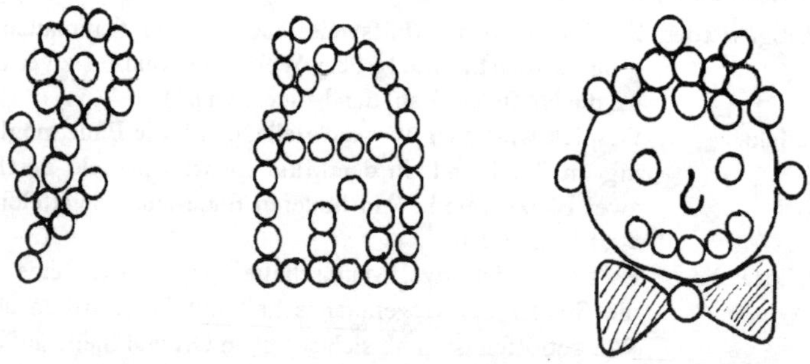

Spielmöglichkeiten mit Quadraten

- Ein Kind befindet sich auf dem Quadrat (im Schneidersitz, Sportlersitz, Kniestand, mit ausgestreckten Beinen). Der Partner versucht nun, ihn zu ziehen oder zu schieben.
  Möglich: Handfassung - vorwärts, rückwärts;
  Schultergriff (nur beim Schieben möglich);
  Beinfassung;
  Quadrat fassen;
- Laufen auf zwei Quadraten (wie Scheuerlappenlauf);
- Legen von Laufmustern;
  Jede Mannschaft erhält eine Anzahl Quadrate. Sie legen eine Strecke von A nach B zurück, dürfen dabei nur auf den Quadraten laufen und den Boden nicht berühren (Abwandlung: Hindernisse aufbauen).

4. Schwanz ab!

Alle Spieler haben lose auf dem Rücken ein buntes Band oder Tuch (ich verwende dazu die alten Halstücher) hängen; es kann zum Beispiel in den Bund der Turnhose gesteckt werden. Jedes Kind ist nun bestrebt, den anderen Spielern das Band wegzunehmen, das eigene aber zu behüten. Alle Spieler sind also Läufer und Häscher zugleich. Wer sein Band verloren hat, kauert sich nieder.

Zwei Sieger werden ermittelt: Wer konnte bis zum Schluß sein Band behüten? Wer hat die meisten Bänder erobert?

Abwandlung:
Nur ein Kind ist der Häscher. Nach vorgegebener Zeit versucht es, möglichst viele Bänder zu erobern.

5. Omnibus

Spielerzahl: 12 bis 40
Spielgeräte: Kastenteile
Auf einer gedachten Kreislinie werden mehrere Kastenteile aufgestellt - die "Omnibusse". Die "Fahrgäste" laufen (hüpfen) um den Kreis und nehmen auf ein Zeichen ihre Plätze ein. Jeder Omnibus nimmt aber nur eine bestimmte Anzahl von Fahrgästen mit - zwei, drei oder vier -, was vorher laut bekanntgegeben werden muß. Die vorhandenen Plätze richten sich nach der Größe der Spielgruppe und der Anzahl der Kastenteile.

Noch reizvoller ist es, mit Verteilen von Minuspunkten zu spielen. Man kann an dieses Platzsuchspiel auch noch einen Wettlauf anschließen. Jeder vollbesetzte Omnibus darf sofort nach einem vorher angegebenen Ziel starten.

6. Freunde suchen

Spielerzahl: 20 bis 37
Gegenüber den ersten Formen der Partnersuchspiele wird das "Freunde suchen" dahingehend erschwert und weitergeführt, daß die Spieler sich jetzt aus dem Durcheinandergehen oder -laufen zusammenzufinden haben. Darüber hinaus wird die Anzahl der sich suchenden Spieler erhöht, laufend verändert und die Gruppenbildung durch geforderte Ordnungsformen erschwert.

Das geschieht folgendermaßen: Während die Spieler durcheinanderlaufen, haben sie genau auf die Rufe des Spielleiters zu achten. Die angerufene Zahl von zwei bis zwölf ist das Signal für die Anzahl der sich suchenden Freunde. Auf den Ruf "Vier !" haben sich jeweils vier Freunde zusammenzufinden. Wer keinen Freund gefunden hat, erhält einen Minuspunkt und muß beim nächsten Mal wachsamer sein; denn zum Schluß stellen wir fest, welche Spieler die meisten Minuspunkte erhalten haben.

Um bei dem Suchen auch gleich Ordnung in die Spielgruppen zu bekommen, sagen wir vorher deutlich an, in welcher Form sie sich zusammenzufinden haben: in Linie, in Reihe, im Kreis. Außerdem können die Spieler stehen, sitzen oder gehen.

7. Der Zauberer (Der Zaubermeister)

Spielerzahl: 15 bis 20
Spielfeld : 12 m x 20 m bis 20 m x 20 m
In der Mitte des Spielfeldes steht der Zauberer, er hält einen Zauberstab in der Hand. Wenn er seinen Arm hebt, sind alle Spieler in seinem Bann und kommen aus ihren Freimalen (Ecken) heraus, um sich im Mittelfeld frei zu bewegen. Der Zauberer macht bei

erhobenem Arm verschiedene Bewegungen vor, zum Beispiel: Niederhocken, Hüpfen, Laufen seitwärts. Die Bewegungen müssen von allen sogleich ausgeführt werden. Wenn er aber seinen Stab hinwirft, sind die Spieler erlöst und flüchten in ihre Male. Der Zauberer versucht jedoch, so viele wie möglich zu fangen. Die Gefangenen werden seine Helfer, oder einer von ihnen muß den Zauberer ablösen.

8. Der Bär ist los !

Spielerzahl: 15 bis 30
In der Mitte der Turnhalle befindet sich der Bär. Alle anderen Spieler stehen etwa 3 m von ihm entfernt. Auf den Ruf des Spielleiters, "Der Bär ist los, jeder rette sich auf eine Sprossenwand!" flüchten alle Spieler zu dem angegebenen Freimal, da sie der Bär verfolgt. Die abgeschlagenen Spieler werden ebenfalls Bären. Im nächsten Spiel wird ein anderes Gerät als Freimal genannt.
Abwandlung:
Die abgeschlagenen Spieler werden zu Helfern des Bären, dürfen aber selbst nicht abschlagen. Sie können die Davonlaufenden festhalten, bis der Bär zum Abschlag herbeieilt. Natürlich versuchen die Spieler, sich zu befreien. Hier kommt zu dem Laufen noch eine Rauferei hinzu.
Bemerkung:
Es ist zu beachten, daß bei einer großen Spielerzahl zu Beginn des Spiels solche Geräte als Freimal genannt werden, auf denen viele Spieler Platz finden. Im Freien gespielt, wählt man markante Stellen im Gelände oder steckt Freimale mit Fähnchen ab.

9. Eins, zwei, drei, letztes Paar vorbei!
(Böckchen, Böckchen, schiele nicht!)

Spielerzahl: 9 bis 17
Die Spieler bilden zwei Reihen, indem sie paarweise mit oder ohne Handfassung dicht nebeneinander stehen. Das erste Paar befindet sich an der Grundlinie. Ein Häscher - etwa 1 m vor dem ersten Paar auf einer Mallinie stehend - ruft, ohne sich umzusehen: "Eins, zwei, drei, letztes Paar vorbei!" Er führt dabei die Arme aus der Seithalte über den Kopf, um bei dem Wort "vorbei!" kräftig in die Hände zu klatschen. Daraufhin läuft das letzte Paar getrennt an beiden Seiten vorbei nach vorn, um sich innerhalb des Spielfeldes vor dem Häscher zu vereinigen, der zum Fangen ablaufen darf, sobald ein Läufer die Mallinie überschritten hat. Gelingt dies dem Läuferpaar, so ist es frei und stellt sich vor die Spieler. Wird aber ein Läufer gefangen, so muß er haschen.

Man kann auch die Läuferpaare oder die gesamte Spielgruppe rufen lassen: "Böckchen, Böckchen, schiele nicht!", worauf der Häscher (Böckchen) antwortet: "Eins, zwei, drei!" und bei drei mit erhobenen Händen einen Handklapp ausführt, der das Signal zum Laufen gibt.
Abwandlungen:

- Es steht ein Häscherpaar auf der Mallinie.
- Bei einer großen Spielgruppe sollte die Viererreihe angewandt werden; es heißt dann: "Eins , zwei, drei, die letzten vier vorbei!"
  Hierbei laufen zwei Spieler links und zwei Spieler rechts ohne Handfassung an der Reihe entlang nach vorn. Der Häscher hat so lange Schlagrecht, bis alle vier wieder vereinigt sind.

10. Ausscheidungsrennen (Kreiswettlauf)

Spielerzahl: 12 bis 32

Spieleraufstellung: Innenstirnkreis

Die Spieler zählen zu zweit, zu dritt oder zu viert ab, so daß immer sechs bis acht Spieler die gleiche Nummer haben. Die Spieler mit der Nr. 1 treten aus dem Kreis heraus und beginnen auf Pfiff das Verfolgungsrennen, wobei jeder versucht, seinen Vordermann zu fangen. Wer abgeschlagen wird, verläßt sofort die Laufbahn. Das geht so lange, bis drei oder vier Spieler ausgeschieden sind. Dann bestreiten die Spieler mit der nächsten Nummer das Verfolgungsrennen.

Will man mit Wertung spielen, bilden alle Spieler mit der gleichen Zahl eine Mannschaft, die für jeden nicht abgeschlagenen Läufer einen Punkt erhält. Welche Mannschaft hat die meisten Punkte?

Abwandlungen:

- Nicht Einzelläufer bestreiten das Rennen, sondern Gruppen von zwei oder drei Spielern, die sich an den Händen halten oder an ein zusammengelegtes Sprungseil fassen. Der erste Läufer jeder Gruppe versucht, den letzten der vor ihm laufenden Gruppe abzuschlagen; die Gruppe muß dann ausscheiden. Reißt die Kette oder weicht sie vom Kurs ab, so scheidet die Gruppe ebenfalls aus.
  Diese Form ist besonders bei einer sehr großen Spielerzahl zu empfehlen.
- Die Läufer müssen auf Pfiff des Spielleiters ihre Richtung plötzlich ändern.
- Das Ausscheidungsrennen ist auch in Form von Sackhüpfen möglich. Die Laufbahn muß verhältnismäßig kurz sein. Um recht viel Abschlagmöglichkeiten zu geben, sollte die Teilnehmerzahl hier ebenfalls groß sein.
- Die Spieler bilden Mannschaften. Der erste jeder Mannschaft beginnt den Verfolgungslauf, darf aber nicht mehr als eine Runde laufen. Hat er seinen Platz wieder erreicht, startet auf Abschlag der nächste und so fort. Wird aber ein Spieler unterwegs abgeschlagen, so muß die ganze Mannschaft ausscheiden. Das Spiel wird so lange fortgesetzt, bis nur noch eine Mannschaft als Sieger übrigbleibt. Es können kleine Bälle oder Staffelstäbe übergeben werden. Zu bevorzugen ist Aufstellungsform.
  Diese Abwandlung des Ausscheidungsrennens steht in enger Verbindung mit den Staffeln im Kreis (Rundstaffeln).

Bemerkung:

Um das Ausscheiden der Spieler zu vermeiden, kann jeder erzielte Abschlag einen Punkt für die Mannschaft bringen. Welche Mannschaft hat nach mehreren Läufen die meisten Punkte?

11. Bälle einsammeln

Spielerzahl: beliebig

Spielgeräte: Kastenteil oder Korb, 20 bis 30 kleine Bälle

In die Mitte der Halle oder des Spielplatzes wird ein Kastenteil gestellt, das mit Bällen (Gymnastik-, Wurfbällen, auch Bälle verschiedener Größe) gefüllt ist. Der Spielleiter oder ein gewandter Spieler wirft die Bälle nacheinander in alle Richtungen des Spielfeldes und versucht, den Kasten zu leeren. Alle anderen Spieler verhindern das, indem sie die Bälle schnell wieder einsammeln und versuchen, den Kasten immer voll zu halten. Wer wird Sieger?

Methodische Bemerkung:
Dieses Laufen und Bücken nach den Bällen ist eine heitere Form der Ballgewöhnung für drei- bis achtjährige Kinder. Wird mit kleinen Bällen gespielt, so kann der "Austeiler" auch einen Ballkorb tragen und ständig den Platz wechseln.

12. Schnappball

Spielerzahl: beliebig
Spielgeräte: Hohlbälle, für je 2 oder 3 Spieler einen Ball
Der Spielgedanke liegt im Namen. Es geht darum, einem oder mehreren Gegenspielern den Ball wegzuschnappen. Die Schnappballpiele sind eine direkte Vorübung für die Kampfspiele, in denen die Manndeckung gefordert wird.

- Schnappball zu zweit:
  Die Spieler finden sich paarweise zusammen. Der eine spielt mit dem Ball, wirft ihn hoch und prellt ihn auf den Boden; der zweite versucht, den Ball wegzuschnappen. Gelingt das, so werden die Rollen gewechselt. Das Laufen mit dem Ball in den Händen ist nicht gestattet.
  Später kann man das freie Spiel mit dem Ball zweckvoller (in Vorbereitung der Sportspiele) gestalten. Der Ball darf nur noch mit einer Hand geprellt, beziehungsweise muß beim Lauf gedribbelt werden. Der ballbesitzende Spieler soll sich dabei drehen und wenden, er gewöhnt sich so schon an die Körperdeckung des Balles. Auf diese Weise können wir die Ballführung für das Handball- und Basketballspiel schulen helfen. Außerdem kann auch schon auf das Fintieren hingewiesen werden: Schritt nach links andeuten, aber nach rechts ausführen; Tempowechsel; plötzliches Stoppen und Wiederantreten.
- Schnappball zu dritt:
  Zwei Spieler werfen sich den Ball zu, und der dritte versucht zu fangen. Außer dem üblichen Rollentausch nach dem Ballschnappen kann auch in einer vorher festgelegten Reihenfolge gewechselt werden.
  Beim Schnappball zwei gegen einen hat der Fänger schon eine recht schwere Aufgabe zu lösen. Dauert ein Spielvorgang zu lange, muß der Spielleiter von sich aus den Rollentausch anordnen oder hier bereits Bewegungsbeschränkungen für die Ballbesitzer vornehmen (kein Laufen mit dem Ball, keine Bodenberührung des Balles, Festlegen der Wurfart).

13. Kreistorball

Spielerzahl: 8 bis 10
Spielgerät: Hohlball
Die Spieler stehen mit gegrätschten Beinen im Kreis. Ein Spieler befindet sich in der Mitte des Kreises und versucht, den Ball durch eines der so gebildeten Tore hindurchzuwerfen. Sind die Kreisspieler reaktionsschnell genug, verhindern sie das, indem sie zur Abwehr in die Grundstellung springen, so daß der Ball an den Beinen abprallt. Der Werfer darf täuschen und in eine beliebige Richtung werfen. War er erfolgreich, so löst ihn der geschlagene "Torwart" ab. Welcher Mittelspieler benötigt die wenigsten Würfe, um abgelöst zu werden?

Literaturverzeichnis

Döbler, Erika/ Döbler, Hugo — *Kleine Spiele*
Volk und Wissen, Volkseigener Verlag Berlin 1986

Lukacsy, András — *Spiele aus aller Welt*
Verlag für die Frau, Leipzig 1983

Autorenkollektiv — *Sport im Hort*
Volk und Wissen, Volkseigener Verlag Berlin 1987

Simona Gimpel

Gestalten mit Ton

❑❑❑❑❑❑❑❑❑❑❑❑❑❑❑❑❑❑❑❑❑❑❑❑❑❑❑❑❑❑❑❑❑❑❑❑

1. Didaktische Konzeption - Lehrplanziel - und Aufgaben

Das Fach *Künstlerisches Gestalten* setzt sich zum Ziel, ästhetische Erfahrungen zu vermitteln. Es ist in besonderem Maß geeignet, dem Kind die Fähigkeit intensiver und vielschichtiger Wahrnehmung zu vermitteln und zum Verstehen und Genießen des Wahrgenommenen zu führen. Das Fach *Künstlerisches Gestalten* ist in die Lernbereiche *Malen, Zeichnen, Rezeption ästhetischer Objekte, Umweltgestaltung und Plastik* untergliedert.

Allen Lernbereichen liegt das Prinzip der Kindgemäßheit, Ganzheitlichkeit und Pluralität zugrunde. Stets muß an vorhandene individuelle Fähigkeiten, Fertigkeiten und Kenntnisse angeknüpft werden und sie müssen zum Ausgangspunkt unterrichtlichen Planens und Geschehens gemacht werden, um so den unterschiedlichen Voraussetzungen und Erfahrungen, die Kinder mitbringen, gerecht zu werden.

Das plastische Gestalten knüpft am Spielverhalten des Grundschulkindes an, hilft ihm, Raum- und Formvorstellungen zu klären und sich besser in seiner Lebenswelt zu orientieren. Durch Erproben, Erfinden, Verändern und Herstellen werden Erfahrungen mit verschiedenen Werkstoffen wie Papier, Knete, Plastelin, Ton gewonnen und erweitert, die Phantasie angeregt und konstruktives Denken gefördert. Durch diese Tätigkeiten erfährt das Kind, daß Ausdruckskraft und Funktion eines gestalteten Objektes abhängen vom Zusammenwirken des Materials, der Bearbeitung und der Formgebung.

> *"Durch die Dreidimensionalität und ihre Verknüpfung mit dem Licht besitzt die Plastik-andere Wirkungsmöglichkeiten als die Bildgestaltung, die Malerei und Grafik ..... "*

Es werden körperhafte, allseitig betrachtbare und tastbare, raumbezogene Kunstwerke geschaffen.

> *"Die Werke der Plastik existieren körperhaft in dem Raum, in dem sich der Betrachter selbst befindet."*

Die Aufgabe des plastischen Gestaltens der Schüler im Unterricht besteht darin, ihre Sinne, besonders den taktil-motorischen und optischen Sinn in bezug auf plastische Werke anzusprechen, sie zum Erleben, Erkennen, Gestalten und Werten von Plastiken zu befähigen. Das Plastische Gestalten trägt auch dazu bei, Fähigkeiten und Fertigkeiten auszubilden, die für andere Arbeitsbereiche bedeutsam sind. Es fördert die Entwicklung des bewußten Körper-Raum-Erlebnisses, die Entwicklung der Feinmotorik, der Beidhändigkeit sowie allgemeiner handwerklicher Fähigkeiten. Die zu formenden Themen und Objekte werden der unmittelbaren Umwelt der Schüler, ihrem Erlebnis- und Erfahrungsbereich entnommen.

In der Plastik gibt es zwei von den Materialien bestimmte Grundverfahren: Das antragende Arbeiten mit Hilfe weicher Werkstoffe wie Ton, Wachs, Plastelin usw. und das abtragende Arbeiten in Stein, Holz, Gips oder Kunststein usw., auch Skulptur genannt. Für Grundschulkinder eignet sich das erstgenannte Verfahren. Der Werkstoff Ton bildet den Schwerpunkt.

2. Zum Material

Ton ist ein Naturprodukt tertiären Ursprungs und ist durch Verwitterung entstanden. Ton hat sich seit Jahrtausenden als eines der ergiebigsten, vielseitigsten und billigsten Formmaterialien bewährt. Ersatzmaterial dafür gibt es nicht. Bei der Auswahl der unterschiedlichsten Tonsorten sollte der Verwendungszweck, das Brennverhalten und die Bildsamkeit beachtet werden.

Tonmasse erhält man in unterschiedlichen Brennfarben, z. B. Dunkelbraun, Rot, Weiß und Schwarz. Ton erhält man fertig aufbereitet und luftdicht in Plastikfolie abgepackt im Fachhandel oder auch beim Töpfer in Form eines Hubels von 10 kg.

Für den freien Aufbau der Keramik sollte Ton mit Schamotteanteil verwendet werden. Schamotte ist ein keramischer Rohstoff und wird plastischen Massen zugesetzt, um die Standfestigkeit zu erhöhen, dem Reißen und Verziehen entgegenzuwirken, die Schwindung zu verringern, den Trocknungsprozeß zu erleichtern und zu beschleunigen.

3. Werkzeuge

Zur Grundausstattung sollten gehören:

- Brennofen,
- Küchenmesser, Drahtschlinge, Nudelholz, Holzbrett, Modellierhölzer,
- evtl. Ränderscheibe - zum Drehen der Keramik.

Es kann aber auch eine Zeitung dafür benutzt werden.
Hauptwerkzeuge sind die eigenen Hände.

4. Techniken

Für Grundschulkinder eignen sich folgende Techniken:

- Daumenschalentechnik,
- Plattentechnik,
- Aufbau durch Tonwülste .

Vorbereitung für den Lehrer sind:

- Ton schlagen, damit die vorhandene Luft entweichen kann.
- Mengen für die Schülerhand vorbereiten, in Plastiktüten oder Eimer mit Deckel aufbewahren.

4.1. Aufbautechnik durch Tonwülste - am Beispiel Gefäß

Zuerst wird vom Tonhubel ein Teilstück mit dem Messer abgeschnitten oder mit einem Draht durchtrennt. Um zu verhindern, daß sich später beim Brennen die eventuell eingeschlossene Luft in der Tonmasse ausdehnt und die aufgebaute Form sprengt, wird der Tonklumpen einige Male kräftig auf die Tischplatte geworfen.

Gleichzeitig wird dadurch die Masse in ihrer Beschaffenheit etwas fester. Von dem geschlagenen Ton nimmt man einen Klumpen und formt diesen zwischen beiden Händen zu einem dicken, kurzen Wulst.

Mit der Innenfläche der beiden gestreckten Hände den dicken Wulst, eine ganze Umdrehung mit nicht zu starkem Druck auf der Tischplatte vor und zurückrollen. Das Ausrollen geschieht von der Mitte aus, wobei jeweils beide Hände getrennt zum rechten bzw. linken Ende hinarbeiten. Bewährt hat sich ein Wulstdurchmesser von ca. 0,7 cm. Der Bearbeitungzustand des Tones ist dann am besten, wenn man den Wulst biegen kann und er dabei nicht reißt oder bricht. Zu feuchter Ton bleibt an den Händen kleben. Zu trockene Tonmasse bricht.

Entsprechend der Höhe des beabsichtigten Gefäßes bereitet man Tonwülste vor, bewahrt sie in einer verschlossenen Plastiktüte auf. Nun stellt man die Grundfläche her. Ausgangspunkt ist die Kugel, die breitgeklopft wird. Mit einem Messer kann die gewünschte Grundfläche geformt werden - z.B. ein Kreis.

Die Dicke sollte ca. 1 cm betragen. Um das Ankleben am Tisch zu vermeiden, legt man Zeitung unter, die später einfach abgezogen wird. Nun kann der erste Tonwulst mit der Grundfläche verbunden werden (andrücken, gut verstreichen). Die Enden des Wulstes mit den Fingern abkneifen; Nahtstelle verstreichen.

In der Regel ist der Ton feucht genug, um eine feste Verbindung der Wülste herzustellen. Man kann auch Schlicker (Tonkleber) verwenden. Dazu wird Ton in Wasser aufgelöst (Gummibecher verwenden). Die anderen Wülste werden entsprechend der beabsichtigten Gefäßform aufgelegt und stets miteinander gut verbunden.

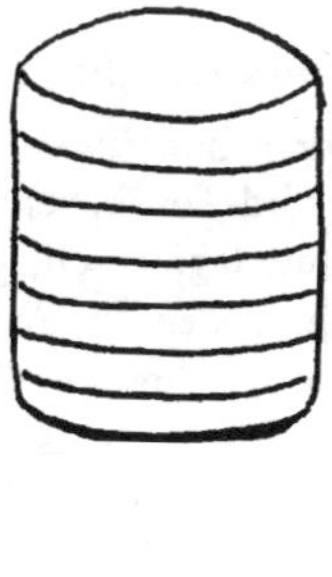

Abb. 1: gerader Aufbau

Abb. 2: versetzter Aufbau

Die Wülste wirken hier als Dekor. Sie können auch innen und außen verstrichen werden, so daß eine glatte Oberfläche entsteht.

4.2. Daumenschalentechnik

Diese Technik ist sehr gut geeignet, die Schüler in die Arbeit mit Ton einzuführen, ihnen ein Gefühl für Ton zu vermitteln. Jeder Schüler erhält eine kleine Menge Ton, die er in der Hand greifen und formen kann. Wichtig: Ton einige Male auf den Tisch schlagen, damit die Luft entweicht.

Der Ton wird zu einer Kugel geformt. Nun drückt man mit dem Daumen eine Vertiefung in die Kugel. Die Kugel wird in der Hand leicht gedreht und dabei mit den Fingern eine gleichmäßige Wandstärke von ca. 5 mm herausgearbeitet.

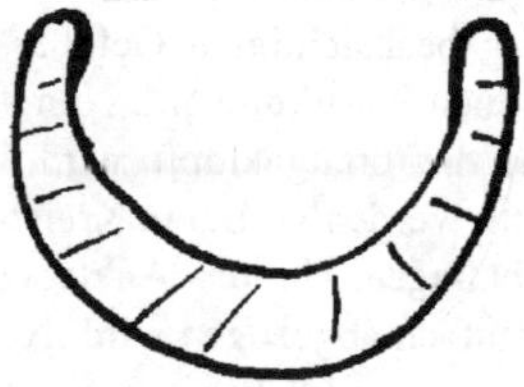

Abb. 3: Daumenschale

Die entstandene Form kann Grundlagen für verschiedene Gefäße oder auch Tiere (Hohlkörper) sein. Durch Prägen, Ritzen können Dekore eingearbeitet werden. Schmuckelemente können auch durch antragendes Verfahren angebracht werden. Wichtig: feste Verbindung zum Grundkörper - für Schmuckelemente geometrische Grundformen verwenden.

4.3. Plattentechnik - Aufbau eines Gefäßes durch Tonstreifen

Der Gefäßaufbau vollzieht sich durch das Zusammensetzen von Tonstreifen, die erst vorbereitet werden müssen. Dazu wird Ton in reichlicher Abmessung und in nicht zu weichem Zustand auf eine glatte Unterlage geschlagen. Dies muß sehr intensiv geschehen, damit die ganze Tonplatte einen festen Zusammenhalt erfährt, Tonfalten und Lufteinschlüsse verschwinden. Um die gewünschte Stärke der Tonplatten zu erhalten, werden Holzleisten dieser Stärke links und rechts neben den Tonkörper gelegt und mit einem Nudelholz so lange gerollt, bis Tonplatte und Holzleiste die gleiche Höhe haben.

Nun können aus dieser Platte mit einem Messer die Tonstreifen in benötigter Anzahl, Länge und Breite geschnitten und von der Unterlage abgehoben werden. Der Tonstreifen wird jetzt mit der Grundplatte durch Verstreichen evtl. Verwendung von Schlicker) verbunden, die Nahtstelle zusammengedrückt.

Abb. 4: Plattenaufbau

Die anderen Tonstreifen werden übereinandergesetzt, die Ansatzstelle und Nahtstelle jeweils gut verstrichen. Beim Finden der Form ist zu beachten, daß Tonstreifen relativ starr sind und in der Bewegung daher wenig Möglichkeiten der Formgebung zulassen. Kann eine Arbeit nicht in der vorgesehenen Zeit (Unterrichtsstunde) fertiggestellt werden, bewahrt man die begonnenen Arbeiten in Plastiktüten auf und bindet sie mit einem Faden zu.

Sind die Arbeiten fertig, trocknet man sie. Am besten ist es, wenn sie auf einer Holzunterlage in einem Arbeitsraum stehen.

5. Trocknung

Der Vorgang des Trocknens sollte sehr langsam und gleichmäßig vor sich gehen. Wird die Trocknung in der prallen Sonne, an Öfen oder Heizkörpern durchgeführt, treten Verformungen, Sprünge und Rißbildungen auf. Die Trocknung beginnt zuerst am oberen Rand der Gegenstände und setzt sich nach und nach über den gesamten Gegenstand fort.

Dabei entweicht das mechanisch gebundene Wasser in Form von Wasserdampf. Während dieser Zeit verlieren die Arbeiten deutlich an Größe. Man nennt dies Trockenschwindung. Sie beträgt ca. 3-8%. Fette Tone schwinden stärker als magere (mit Schamotte versetzt).

Mit dem Ende der Schwindung verliert die Masse ihre Bildsamkeit. Der Zustand wird als *lederhart* bezeichnet. Die Masse klebt nicht mehr, ist auch nicht spröde. Das Ende der Trocknung wird mit dem Zustand *hart* bezeichnet. Das Material ist nur noch durch Schaben oder Schleifen geringfügig zu verändern. Es besitzt jetzt eine gleichmäßig helle Färbung. Von diesem Zeitpunkt an ist Brennen möglich.

6. Brennen / Glasur

Durch den Brennprozeß erhalten Tonwaren die Eigenschaften, die sie zum praktischen Gebrauch benötigen.

Die lufttrockenen Formlinge werden in den Brennofen eingeschichtet und dem Schrüh- oder Glühbrand zugeführt. Die 1. Phase dieses Brandes ist die Vorwärmphase. Hier steigen die Temperaturen bis ca. 200°C sehr langsam an. Das ist notwendig, damit die Formlinge nicht in Einzelteile zerspringen und den Ofen beschädigen.

Ist die Vorwärmphase abgeschlossen, können die Temperaturen rasch bis 900°C ansteigen. Während des Brennens entweicht das noch vorhandene Wasser und die organischen Substanzen, so daß das Volumen der Arbeit erneut reduziert wird: Am Ende dieser Brenntemperatur ist eine poröse, nicht mehr regenerierbare Masse entstanden, die als "Scherben" bezeichnet wird.

An dieser Stelle kann man sich für eine Unterbrechung oder Fortsetzung entscheiden. Fortgesetzt wird der Brand dann, wenn man auf die Glasur verzichten möchte. Man läßt die Temperatur weiter ansteigen bis ca. 1300°C. Das Material sintert. Die genaue Sintertemperatur richtet sich nach der verwendeten Tonsorte. Beim Sintern schmelzen einzelne Bestandteile aus und dichten das ursprünglich poröse Gefüge ab. Das Brenngut muß nun langsam abkühlen, auch wenn der Brand nach 900°C unterbrochen wird. Das geschieht dann, wenn man beabsichtigt, die keramischen Erzeugnisse zu glasieren. So wird dem porösen Scherben Widerstandsfähigkeit, absolute Wasserdichte, Glätte, Glanz und Farbe gegeben. Die Glasur erfüllt nicht nur technische Forderungen, sondern dient auch gleichzeitig als Schmuckelement. Die Glasur stellt einen dünnen, glasartigen Überzug des keramischen *Scherbens* dar. Sie wird gleichmäßig dicht aufgetragen. Dazu stellt man einen *Glasurbrei* aus Trockengemenge und Wasser her (Achtung - Glasur kann giftige Bestandteile enthalten z.B. Kadmium, Selen, Uran).

Der Glasurbrei muß leichtbeweglich sein, aber nicht dünnflüssig, da sonst die Deckfähigkeit nicht garantiert ist. Für das Auftragen der Glasur gibt es mehrere Verfahren:

- Tauchen: Der Gegenstand wird durch den Glasurbrei gezogen. Man kann auch das Gefäß erst innen *ausgießen* und anschließend außen tauchen .
- Begießen: Gegenstände werden mittels eines Schöpflöffels *beschüttet*.
- Auftragen mit dem Pinsel.

Nachdem die Glasur getrocknet ist, wischt man den Gefäßboden sauber ab und bereitet sie auf den Glasurbrand vor. Der Brennprozeß wird nach der Unterbrechung nun fortgesetzt. Die Temperaturen richten sich nach der verwendeten Glasur und max. Brenntemperatur des Ofens. Der *Scherben* und die Glasur verschmelzen innig miteinander.

Das Brennen als letzter Arbeitsschritt beendet den Entstehungsprozeß des Gefäßes vom Ursprungsmaterial bis zum fertigen Ergebnis.

❑❑❑❑❑❑❑❑❑❑❑❑❑❑❑❑❑❑❑❑❑❑❑❑❑❑❑❑❑❑❑❑❑❑❑

Literaturverzeichnis

Arlt, Joachim — *Plastisches Gestalten mit Schülern*, Volk und Wissen, Berlin 1980

Gebauer, Walter — *Kunsthandwerkliche Keramik*, VEB Fachbuchverlag, Leipzig 1980

Dill Erhard — *Töpfern ohne Scheibe - Aufbaukeramik*, Brunnenreihe 213, Christophorus Verlag Freiburg

Autorenkollektiv — *Methodik Kunsterziehung*, Volk und Wissen, Berlin 1978

Lehrplan Thüringen — *Vorläufige Lehrplanhinweise für die Grundschulen - Künstlerisches Gestalten -*

Lehrplan Rheinland-Pfalz *Bildende Kunst / Textiles Gestalten / Werken Grundschule*

Konrad Fees

Klassik im Musikunterricht: Mozarts G-Moll Sinfonie KV 550 als Beispiel für die Sonatensatzform

❑❑❑❑❑❑❑❑❑❑❑❑❑❑❑❑❑❑❑❑❑❑❑❑❑❑❑❑❑❑❑❑❑❑

Einleitung

Die Vermittlung "klassischer Musik" bzw. von "Klassik" stellt ein zentrales Anliegen des schulischen Musikunterrichtes dar, eben auch in der Sekundarstufe I. Spätestens ab Klasse 7 tritt die sogenannte "Wiener Klassik" unter verschiedenen Gesichtspunkten hervor - unter personalen (Musik und ihre Komponisten), epochalen (die Wiener Klassik als Zeitalter), instrumentalen (Musik in verschiedenen Besetzungen) u. a. Aspekten. Im folgenden steht der formale Gesichtspunkt im Vordergrund - die Sonatensatzform bzw. Sonatenhauptsatzform am Beispiel des ersten Satzes Molto allegro der G-Moll Sinfonie KV 550 von Wolfgang Amadeus Mozart.

Zur Sinfonie

Mozarts erster Satz *Molto allegro* dieser Sinfonie bietet sich für den Musikunterricht geradezu an. Denn er ist "traumhaft" schön - springt unmittelbar in das Ohr -, fraglos exemplarisch für all das, was man mit der Wiener Klassik, der Person Wolfgang Amadeus Mozart, der Gattung Sinfonie bzw. dem Form-Modell Sonatensatzform verbindet. In vielen Unterrichtsstunden ist mir noch nie ein Schüler begegnet, der auf diesen Satz mit Ablehnung reagiert hätte. Von hier aus lassen sich Fäden in alle Richtungen spinnen.

Problematik

"Musik" ist schwer begrifflich zu machen und daher auch schwer zu vermitteln. Ein literarischer Text besteht aus Wörtern, die zumindest einzeln Bedeutung tragen, bei einem Bild oder einer Graphik sieht man Farben, Linien, Formen, welche der Betrachter verfolgen und sogar auf sie deuten kann.

Doch Musik vergeht in der Zeit, sie stellt eine eigene Sprache dar, und der Notentext ist so abstrakt, daß dieser als Hilfsmittel im Umgang mit Laien - solche sind Schüler ja - nur bedingt taugt. Daher erweist sich die Vermittlung der Sonatensatzform mit ihrem komplizierten Verlauf als einer der schwierigsten Gegenstände im Musikunterricht der Sekundarstufe I.

Aus diesem Grund ist der vorliegende Entwurf offen gehalten. Ziel sollte nicht sein, die Schüler mit enzyklopädischen Begriffen zu quälen, deren Bedeutung sie allenfalls erahnen können, sondern das Prinzip der Sonatensatzform zu vermitteln. Diese erklärt sich als eine dreiteilige Großform, die zum einen aus der Spannung des Themendualismus der Exposition lebt, zum andern aus dem einfachen Prinzip des Aufbaus (Exposition), der Zergliederung (Durchführung) sowie der Einheit stiftenden Wiederholung (Reprise).

Im Unterricht empfiehlt es sich, vor der "Analyse" den Satz ein Stück weit ohne Vorgaben schlicht anzuhören. Je nach dem, was zuvor unterrichtlich behandelt wurde, kann der/die Lehrer/-in Grundlagen schaffen: Mozart und sein Leben, Gattung Sinfonie, Titel, Köchel-Verzeichnis, Wiener Klassik, Dur/Moll u. a.

Vorgehensweise

Die Schüler sollten die Haupt-Themen in Noten vor sich haben (Anlage). Das erste Thema ist beispielhaft für die Wiener Klassik: eine Acht-Takt-Periode mit Vorder- (s^6 - Frage) und Nachsatz (t - Antwort), Vorder- und Nachsatz sind jeweils symmetrisch angeordnet:

Das Hauptthema besteht aus der viermaligen Abfolge eines Seufzermotives, welches im Barock als Figur der *suspiratio* bekannt war. Ihre rhythmische Grundgestalt bleibt stets gleich:

Takt	1-3	Motiv	a	t	Bewegungsrichtung	aufwärts
"	3-5	"	b	s^6	"	abwärts
"	5-7	"	a'	D^7	"	aufwärts
"	7-9	"	b'	t	"	abwärts

Das Thema kann mit Schülern geklatscht, gesungen sowie auf Orff- oder sonstigen Instrumenten gespielt werden.

Ebenso sollten die Schüler das Seitenthema kennen. Dieses steht in der Paralleltonart B-Dur, ist ebenfalls in Vorder- und Nachsatz gegliedert und von ruhigem Charakter:

Beide Themen sollten mit den Schülern gesungen oder gespielt oder ihnen auf Klavier bzw. Tonträger vorgespielt werden - sie müssen sie gut kennen. Dieses Rüstzeug genügt bereits für die Analyse. Die Schüler erhalten als Arbeitsblatt ein Schema, welches der Lehrer je nach Präferenzen mit Vorgaben versehen, ihnen aber auch unausgefüllt überlassen kann. Die Lerngruppe kann sich auf die Exposition beschränken, diese aber auch vorgeben und sich gezielt der Durchführung zuwenden. Oder sie hört - was sich zugegebenermaßen nicht in allen Klassen realisieren läßt - den ganzen Satz Stück für Stück durch.

Allerdings muß der Lehrer zur Vorbereitung die Partitur durchgearbeitet haben. Erst dann kann er/sie in Auszügen, die er selbst aussucht, den Satz vorspielen. Die Schüler sollen erkennen, welche Motive/Themen vorkommen, in welcher Weise diese verwendet werden und diese in eine Formübersicht eintragen.

Der Fachmusiker könnte einwenden, die Formübersicht berücksichtige nur eine sehr grobe Gliederung. Jedoch sollte man sich im Musikunterricht der Sekundarstufe I auf diese beschränken, um den Schülern das Prinzip der Dreiteiligkeit der Sonatensatzform umso klarer vor Augen zu stellen.

Arbeitsblatt

Sonatensatzform

Die Sonatensatzform kann man verstehen als ein musikalisches Drama in drei Teilen. Sie lebt aus der Spannung, die im ersten Teil - der Exposition (= Vorstellung) - durch die Entwicklung vom 1. zum 2. Thema entsteht. Diese Entwicklung findet in der Überleitung statt, die Exposition wird durch die Schlußgruppe beendet. Daher ist die Exposition für sich bereits ein abgeschlossener Teil.

In der sich anschließenden Durchführung wird das musikalische Material der Exposition frei verarbeitet und bis in kleinste Motive zergliedert. Oft wandern die Motive in entlegene Tonarten.

Da die Durchführung sehr frei ist, verlangt das Ohr nach Bekanntem. Deshalb erklingt die Exposition noch einmal, meist etwas verändert, und heißt nun Reprise (= Wiederholung).

Welche Merkmale haben die drei Teile der Sonatensatzform?

Exposition: --

Durchführung: --

Reprise: --

Mozart, Sinfonie K.V. 550, G-Moll, 1. Satz, Molto allegro
Sonatensatzform

Exposition

Formteile:	....	....	....	....	....
Material:	....	....	....		
Takte:	1	28	44	62	80 - 100

Durchführung

	....
Motive:	....
Takte:	101 - 164

Reprise

Formteile:	....	....	....	....	....
Material:	....		....		
Takte:	164	183	227	245	260 281

Lösung

Mozart, Sinfonie K.V. 550, G-Moll, 1. Satz, Molto allegro
Sonatensatzform

Exposition

Formteile:	Hauptsatz	Überleitung	Seitensatz	Steigerung	Schlußgruppe
Material:	1. Thema	Modulation	2. Thema		
Takte:	1	28	44	62	80 - 100

Durchführung

nur Verarbeitung des 1. Themas

Motive:	Motive des 1. Themas
Takte:	101 - 164

Reprise

Formteile:	Hauptsatz	Überleitung	Seitensatz	Steigerung	Schlußgruppe (Coda)
Material:	1. Thema		2. Thema		
Takte:	164	183	227	245	260 281

❑❑❑❑❑❑❑❑❑❑❑❑❑❑❑❑❑❑❑❑❑❑❑❑❑❑❑❑❑❑❑❑❑❑

Literatur

Mozart, W. A. Sinfonie g-Moll, KV 550, Taschen-Partitur, Einführung und Analyse v. Manfred Wagner, Schott-Verlag, Mainz 1981.

Gitta Zöllmer

Comparison of Adjectives

Didaktische Vorüberlegungen

Ziel des Englischunterrichts ist es, Schülerinnen und Schüler zu befähigen, in häufig wiederkehrenden Situationen des privaten und öffentlichen Lebens auch in der Fremdsprache ihren eigenem Absichten entsprechend handeln zu können.

Erfolgreiche Kommunikation setzt Kommunikationsbereitschaft und Kommunikationsfähigkeit auf inhaltlich-sachlicher, sprachlicher und sozialer Ebene voraus. Die didaktische und methodische Aufbereitung der zu vermittelnden Inhalte richtet sich nach Kriterien wie Altersgemäßheit, Anschaulichkeit, der Progression vom Leichten zum Schwierigen, sie hat zum Ziel, die Lernenden zu größtmöglicher Selbsttätigkeit zu führen; dabei geht sie von ihrem Erfahrungs- und Interessenbereich aus.

Die Aneignung grammatischer Strukturen ist nicht Selbstzweck, sondern dient der Realisierung von Sprachhandlungen. Die Grammatik gewährt Einsichten in sprachliche Gesetzmäßigkeiten, d.h., sie hilft den Schülerinnen und Schülern die Sprache zu durchschauen, zu verstehen und anzuwenden. Der Schwerpunkt der Grammatikarbeit liegt auf der Übung und Anwendung sprachlicher Strukturen, nicht auf ihrer Analyse. Eine sichere Beherrschung der grammatischen Grundstrukturen ist nur durch ausdauerndes, intensives Üben zu erreichen.

Übungen im Grammatikunterricht sollen:

- Schwierigkeiten vereinzeln,
- lern- und behaltenswirksam sein,
- ermöglichen, daß Schülerinnen und Schüler als sie selbst sprechen,
- kognitive und kreative Fähigkeiten fördern,
- Partnerbezug ermöglichen,
- semantische Aspekte grammatischer Strukturen durch Situationsbezug verdeutlichen,
- Fehler vermeiden helfen,
- Freude am Lernen erhöhen.

Im Englischunterricht der Orientierungsphase sollen die Schülerinnen und Schüler *die* grammatischen Elemente lernen, die sie zur Verwirklichung der in den Lehrplänen /RRL aufgeführten Sprechakte brauchen. Dazu gehört zweifellos das Wissen um die Steigerung der Adjektive. Der Grad der angestrebten Beherrschung ist auf dieser Altersstufe abhängig vom jeweiligen Leistungskurs. Für die leistungsschwächeren Schüler liegt der Grad der Beherrschung bei den Grundanforderungen, d.h. die Schüler sollen produktiv nur die Steigerung mit -er und more beherrschen. Die anderen Formen werden nur rezeptiv und reproduktiv verlangt. Die leistungsstarken Schüler sollen alle Formen beherrschen (siehe Lehrpläne der einzelnen Bundesländer). Um Sätze mit Vergleichen bilden zu können, wird für die Grundanforderungen die Form mit 'than' angeboten.

Werden Gesetzmäßigkeiten der Sprache bewußtgemacht, so sind die englischen Fachbegriffe zu gebrauchen.

Sachanalyse

In den Lehrbüchern der 5. /6. Klassen ist das Grammatikkapitel 'comparisons of adjectives' in unterschiedliche Sachthemen eingebettet. Im Lehrwerk 'English G OS 2' finden wir es in der Unit 4, die sich schwerpunktmäßig mit dem Wortschatz zu 'body' befaßt. Beide Bereiche haben einen hohen fremdsprachlichen Gebrauchswert. Personen und Gegenstände zu vergleichen tritt in vielen Situationen an die Schüler heran (über sich und andere sprechen, Hobbys, Einkaufen...). Die hier vermittelte Struktur ist damit vielseitig verwendbar.

Im Englischen unterscheiden wir zwei Arten von Steigerung: die germanische und die romanische. Diese abstrakten Begriffe werden im Unterricht nicht verwendet. Die Schüler lernen die Arten als Steigerung mit -er/est und als Steigerung mit more/most kennen. Dem Stand des Spracherwerbs entsprechend werden einfache Regeln gegeben:

- einsilbige Adjektive und zweisilbige, die auf -y enden, werden mit er/est gesteigert,
- die meisten anderen zweisilbigen und *alle* mehrsilbigen Adjektive werden mit more/most gesteigert,
- es gibt unregelmäßige Steigerungsformen, die jeweils zu lernen sind, z.B. good - better - best.

Bei der Steigerung mit -er sind beim Schreiben mehrere Regeln zu beachten:

- endet ein einsilbiges Adjektiv auf einen kurz gesprochenen Konsonanten, so wird dieser verdoppelt big/bigger,
- endet ein zweisilbiges Adjektiv auf -y, wird das -y zu -i (happy/happier),
- endet ein Adjektiv auf ein stummes -e, fällt dieses weg (nice/nicer).

Die Schülerinnen und Schüler lernen nicht diese Regeln, sondern nur die veränderte Schreibweise. Die verschiedenen Möglichkeiten, Sätze mit Vergleichen zu bilden, werden entsprechend der Lerngruppe angeboten.

Lernziele

Die hier aufgeführten Lernziele sind beispielhaft für Grundanforderungen und müssen entsprechend der Lerngruppe ausgeweitet werden.

<u>1. Grobziel</u>

Die Schüler sollen die neuen grammatischen Formen beim Hören verstehen, richtig aussprechen, lesen und schreiben können. Sie sollen die Formen richtig bilden und aktiv gebrauchen können

<u>2. Feinziele</u>

a. Die Schüler sollen die neuen Formen mit optischer Unterstützung durch Folie und Realien kennenlernen und ihre Bedeutung beim Hören verstehen .

b. Die Schüler sollen die neuen Formen richtig nachsprechen können und Sicherheit in der Aussprache der Wörter gewinnen.

c. Die Schüler sollen das Schriftbild der gesteigerten Adjektive durch Tafelanschrift kennenlernen, laut ablesen können und sich das Schriftbild einprägen.

d. Die Schüler sollen die neuen Formen in ihr Regelheft übertragen- und orthographisch richtig in die Arbeitsblätter eintragen (abschreiben, aufschreiben).

e. Die Schüler sollen mündlich Vergleiche anstellen und dabei die Formen richtig bilden.

f. Die Schüler sollen aus vorgegebenen Adjektiven den Komparativ bilden und richtig schreiben.

Unterrichtsformen und -verfahren

Die Lehrerin bzw.der Lehrer ist Helfer im Lernprozeß, nicht nur Wissensvermittler und sprachliches Vorbild. Die Lernatmosphäre muß zu sprachlicher Interaktion ermutigen. Offene, aktivierende, flexible Gestaltung der Lehr- und Lernmittel schaffen Voraussetzung für Individualisierung, so daß unterschiedliche Zugänge, Übungsformen und Reaktionen möglich sind und Schülerinnen und Schüler zu selbständigem Üben geführt werden.

Eine der wichtigsten Aufgaben von Englischlehrkräften ist es, die Lernenden in der Fremdsprache zum Sprechen zu bringen. Für die Schülerinnen und Schüler, die Schwierigkeiten haben, ihre Sprechhemmungen zu überwinden, wird die Hemmschwelle meist bei der Arbeit in Kleingruppen geringer. Sie haben zudem die Gelegenheit,die Fremdsprache öfters als im Frontalunterricht aktiv anzuwenden. Durch die Nähe des Partners und durch den Blickkontakt wird die interaktive Kommunikation natürlicher. Und schließlich kann durch Gruppen- und Partnerabeit die Arbeitsatmosphäre gelöster und kooperativer werden. Sie trägt damit zum sozialen Lernen bei.

Manipulative und kommunikative Übungen haben ihren festen Platz in der Grammatikbehandlung. Während die manipulativen Übungen in den Phasen des Neuerwerbs und der Reaktivierung vorherrschen, bewegen sich kommunikative Übungen schwerpunktmäßig in der Transferphase sowie in der Phase der freien Verfügbarkeit.

Um Sprechübungen in Gang zu bringen und zu steuern, müssen Situationen gefunden werden, die dem Schüler, der Schülerin Anlaß zu echtem Sprachhandeln geben. Das Bild als Sprechimpuls hat mehrere Vorzüge. Während das Erfassen einer Textinformation längere Zeit braucht, wird der Bildinhalt simultan erfaßt. Zugleich bietet das Bild mehr Möglichkeiten für eine eigene sprachliche und inhaltliche Ausdeutung und gibt so die Möglichkeit zu kreativem Denken und Sprechen. Von daher ist es auch hervorragend für differenzierende Übungen geeignet.

Damit Bilder einen wirklichen Sprechanlaß geben, müssen sie Aufforderungscharakter aus sich heraus haben, oder dem Schüler muß eine spezielle, zur Problemlösung herausfordernde Aufgabe gestellt werden, die ihn zur Auseinandersetzung mit dem Bild zwingt. Bilder, bei denen für den Schüler der Spielinhalt im Vordergrund steht, erfüllen das lernpsychologische Postulat der Freude am Lernen (ROTH).

Auch die weniger sprachlich Interessierten werden durch die kommunikative Aufgabe angesprochen und werden sich um eine Lösung bemühen. Die Verbindung von Denk- und Sprachhandlungen ist lern- und behaltenswirksam.

Spielmöglichkeiten

Bei allen Übungen ist der Wortschatz bekannt, somit kann sich die Aufmerksamkeit der Schüler ganz auf die neue grammatische Form richten. Da die neuen Strukturen neben der mündlichen Verwendung auch geschrieben werden sollen, müssen alle vier sprachlichen Fertigkeiten (Hören, Sprechen, Lesen, Schreiben) geübt werden - und zwar auch in dieser Reihenfolge. Um das Auftreten anderer Schwierigkeiten zu vermeiden, werden Wortlisten als Hilfe bereitgestellt.

1. Den Schülern werden zwei (bzw. mehrere) ähnliche Bilder gezeigt. Je nach thematischem Wortschatz kann es sich um Personen, ein Klassenzimmer, Arbeitsmittel der Schüler, ein Geschäft, eine Spielszene o. ä. handeln. Die Unterschiede müssen Sätze mit dem Komparativ verlangen, z. B. können in dem zweiten Bild die Leute bigger, taller,

smaller, thinner, dirtier, happier sein. In Gruppen oder in Partnerarbeit versuchen die Schüler, die Unterschiede zwischen den Bildern zu finden.

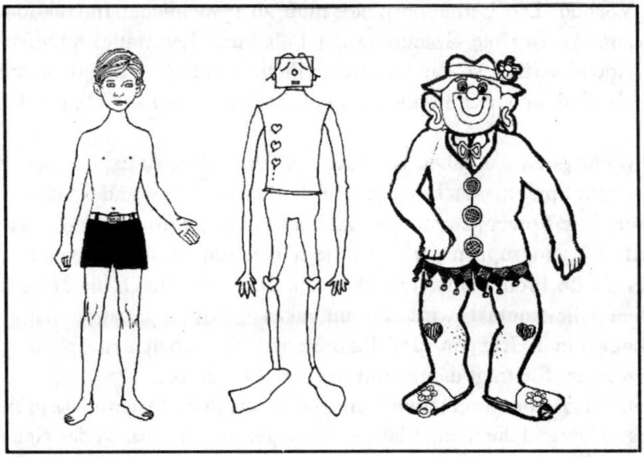

2. Ein Arbeitsblatt enthält mehrere Bildgruppen des gleichen Objekttyps (z.B. Leute, Autos, Radios, Fahrräder), wobei jedes einzelne sich ein wenig von den anderen unterscheidet. Gespielt wird in Gruppen oder mit einem Partner. Ein Gruppenmitglied oder der Partner wählen sich im Geiste eines der abgebildeten Objekte aus. Die anderen haben jetzt eine begrenzte Zeit oder eine begrenzte Anzahl von Fragen, um das ausgewählte Objekt zu bestimmen.

Example: *Bill is older than Fred.*

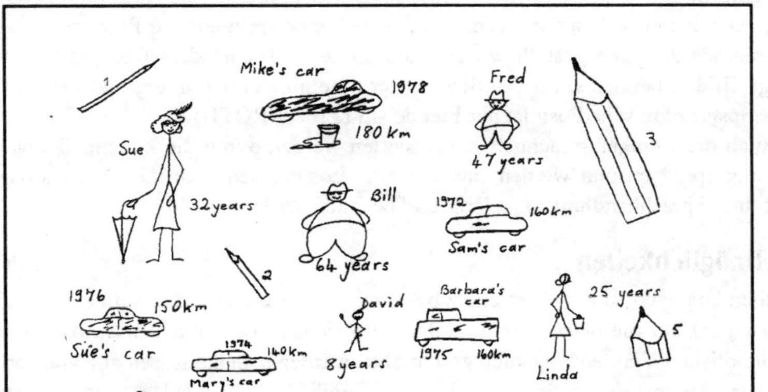

3. Quartettspiel

In dieser Altersstufe sind Autos sehr beliebt. Dazu gibt es eine Vielzahl von Kartenspielen, die Angaben über Baujahr, PS, km/h, Gewicht, Länge etc. enthalten. Die Auswahl bzw. die Verteilung erfolgt nach der Leistungsfähigkeit der Gruppen. Dieses Spiel bietet sich für die Bildung des Komparativs sowie des Superlativs an.

Example: *The 'Rolls Royce Twenty Horspower' is older than the 'Grandeur-Cadillac'.*

D1 Landaulette

Rolls Royce Twenty Horspower

Rolls Royce lieferte bis zum zweiten Weltkrieg nur Chassis aus. Die Karossen bauten andere. Dieser war einst ein Wagen des belgischen Königshauses.

Baujahr	1928
km/h	100
PS/kW	20/14,7
U/min	2200
0–100 km/h	60 sec.

H2 Spezial-Aufbau

Grandeur-Cadillac

Um eineinhalb Meter ließ sich König Feisal von Saudi-Arabien seinen Cadillac-Grandeur Coupé verkürzen.

Baujahr	1980
km/h	200
PS/kW	280/206
U/min	3900
0–100 km/h	14

4. Reihenübung

You and your friends

Sven is taller than Marc.

Marc ist older than Anna.

In leistungsstarken Gruppen können auch Vergleiche mit (not) as..... as gebildet werden.

5. Übung des Superlativs (Folie oder Tafelbild)

A prize for everybody

Each pupil in our class is better than the others at something. Or worse!

best basketball player	*loudest shouter*
qickest learner	*best football player*
most beautiful writer	*cleverest card player*
fastest runner	*most beautiful singer*
hardest worker	*worst singer*
funniest storyteller	*fastest swimmer*
quietest speaker	*best actor*

Die Schüler benutzen die Vorgaben, um sie mit Namen von Mitschülern zu verbinden, z. B.:

Susan is the best storteller.

6. Activity

Jeder Schüler zeichnet sein eigenes Autoposter, Phantasieautos erwünscht. Hinterher werden die Autos verglichen.

Anmerkungen zur Gruppen- und Partnerarbeit

- Erklären Sie den Schülern vor dem Austeilen des Materials, was damit geschehen soll, sonst werden die Schüler sich das Material ansehen und den Anweisungen nicht zuhören!
- Vergewissern Sie sich, daß jeder verstanden hat, was er machen soll!
- Überlegen Sie sich vorher die Zusammensetzung der Gruppen, um unnötigen Zeitverlust oder Unstimmigkeiten zu vermeiden!
- Zählen Sie die Schüler, bevor sie eingeteilt werden! Rechnen Sie mit einer ungeraden Zahl, und seien Sie darauf vorbereitet. Zählen Sie auch die Karten/Texte, die Sie verteilen wollen.
- Nehmen Sie an den Aktivitäten selbst nicht teil! Die Schüler müssen sicher sein können, daß die Lehrkraft zu Hilfe gerufen werden kann, wenn dies nötig sein sollte.

Lern- und Arbeitstechniken im Grammatikunterricht

"Um Schülern im Unterricht das Erkennen von Grammatikregeln zu erleichtern oder um sie beim selbständigen Wiederholen einer Grammatikregel zu unterstützen oder um sie zu befähigen, sprachliche Gesetzmäßigkeiten ganz allein zu erkennen, sollten sie im Unterricht wiederholt angehalten werden, das Herausfinden solcher Gesetzmäßigkeiten zu üben." (Ute RAMPILLON)

Die Befähigung zum *lifelong learning* muß auch im Grammatikunterricht vermittelt werden. Dazu gehören:

- das Ableiten einfacher Grammatikregeln,
- das Führen eines Grammatikheftes,
- das Erkennen und Anwenden von Visualisierungstechniken und Signalwörtern,
- Markierungs- und Notierungstechniken, die das Nachschlagen und Wiederholen erleichtern.

Die vorhandenen Sätze werden miteinander verglichen und Ähnlichkeiten herausgesucht. Die einander entsprechenden Segmente der Beispielsätze trennt man von den übrigen und ordnet sie untereinander an. Merkmale der Struktur werden durch Unterstreichen, farbige Schreibung, Einkästeln hervorgehoben. Dann wird die Regel formuliert und unter die Beispiele geschrieben. Beim Vergleichen werden auch Ausnahmen zur Regel festgestellt. Mit ihnen verfährt man ebenso und formuliert zum Schluß die Ausnahmeregel. Die Beispielsätze werden von den Schülern mehrmals laut und konzentriert gelesen, ebenso die Regel. Dies unterstützt den Lernprozeß. Anschließend werden Beispiele und Regel in das grammatische Merkheft eingetragen. Das selbständige Eintragen und Gestalten des Grammatikheftes fördert ebenfalls das Behalten.

Um die Struktur zu automatisieren, folgt als nächster Schritt das Üben. Erst danach kann die Struktur von den Schülern frei angewandt werden.

Literatur

Bredella, L./ Legutke, M. (Hrsg.) — Schüleraktivierende Methoden im Fremdsprachenunterricht, Kamp 1985

Der Niedersächsische Kultusminister (Hrsg.): Rahmenrichtlinien für die Orientierungsstufe im Fach Englisch, Hannover 1989

RRL - Entwurf für die Realschule im Fach Englisch, September 1992

Rampillon, Ute — Lerntechniken im Fremdsprachenunterricht - Handbuch Hueber 1989

English G — OS2, CVK, Auflage 1987

English H — Bd. 3, CVK, Auflage 1984

Learning English — Red Line 3, Ernst Klett Verlag, Stuttgart 1986

Kommunikative Grammatikübungen für den Englischunterricht, Sekundarstufe I, Ernst Klett Verlag, Stuttgart 1981

Verzeichnis der Autoren

Cäcilie Bongers, Jg. 1937, Studium zur Grund-/Hauptschullehrerin an der Pädagogischen Hochschule Koblenz, Fachleiterin für Deutsch, Konrektorin an der Regionalen Schule Untermosel Kobern-Gondorf, tätig in der Lehrerfortbildung des staatlichen Fortbildungsinstitutes in Speyer.

Albin Dannhäuser, Jg. 1943, 1961-68 Technischer Zeichner und 2. Bildungsweg, 1968-71 Lehramtsstudium, Vorbereitungsdienst 1971-74, bis 1980 Hauptschullehrer in Würzburg und München, Studium der Diplom-Pädagogik, seit 1968 im BLLV als Studentenvertreter, Vorsitzender der BLLV Studentengruppe, 1971-73 Bezirksvorsitzender der ABJ-Unterfranken, 1973-79 ABJ-Landesvorsitzender, 1974-80 Leiter der Abteilung "Junge Lehrer" im VBE, 1978-80 im HPR im bayerischen Kultusministerium, 1980 Bundesgeschäftsführer des VBE in Bonn, seit 1984 Präsident des BLLV, seit 1985 stellv. Bundesvorsitzender des VBE, 1980 Gründer einer bundesweiten ADJ im VBE, Verfasser zahlreicher Aufsätze sowie mehrerer Bücher zu lehrer-, schul- und bildungspolitischen Themen.

Konrad Fees, Jg. 1959, 1979 Studium der Fächer Musikwissenschaft, Germanische Philologie, Neuere Geschichte an der Albert-Ludwigs Universität in Freiburg, 1980-83 Studium der Fächer Musik, Deutsch für das Lehramt an Realschulen an der Pädagogischen Hochschule Freiburg, seit 1985 Realschullehrer, 1990 Promotion zum Dr. phil. über *Die Incisionslehre bis zu Johann Mattheson. Zur Tradition eines didaktischen Modells* an der Univ. Freiburg, seit 1991 Bundesgeschäftsführer der ADJ, seit 1993 Mitglied im ÖPR beim Staatl. Schulamt Stuttgart und Vorsitzender des VBE Kreiverbandes Stuttgart.

Germaine Geiben, Jg. 1953, Studium der Didaktik der Primarstufe, Geschichte an der Pädagogischen Hochschule in Saarbrücken, seit 1975 Grundschullehrerin, Leiterin des Referates Medien im VBE, Beisitzerin im Bundesvorstand des VBE, Referentin für Presse und Öffentlichkeitsarbeit im Saarländischen Lehrerinnen- und Lehrerverband (SLLV).

Simona Gimpel, Jg. 1961, 1978-82 Studium am Institut für Lehrerbildung in Krossen bei Gera, seit 1982 Grundschullehrerin in den Fächern Deutsch, Mathematik, Kunsterziehung, seit 1992 Fachberaterin für Kunsterziehung im Kreis Rudolstadt, seit 1990 Mitglied im TLV, seit 1991 ADJ-Landesvorsitzende in Thüringen.

Karl-Heinz Harfst, Jg. 1947, 1969-72 Studium der Fächer Englisch, Geschichte für das Lehramt an Grund- und Hauptschulen an der Pädagogischen Hochschule Ludwigsburg, seit 1972 GHS-Lehrer, 1975-1980 Ausbildungslehrer und Mentor, 1980-1986 Konrektor und kommissarischer Schulleiter einer 5zügigen Hauptschule in Stuttgart, seit 1986 Schulleiter der Grund- und Hauptschule in Stuttgart-Plieningen, 1991/92 Ausbildung zum Suggestopäden, 1992/93 Ausbildung zum NLP-Practitioner, seit 1989 im ÖPR des Staatl. Schulamts Stuttgart, seit 1993 Stellvertretender Vorsitzender des VBE-Kreisverbandes in Stuttgart.

Bärbel Kirsch, Jg. 1937, 1961 Diplom in Psychologie an der Humboldt-Universität Berlin, Arbeit in einer Psychiatrischen Kinderklinik, 1974 Promotion über *Untersuchungen über konfliktverursachende Bedingungen im Berufsleben der Lehrerin*, 1982 Habilitation über *Psychische Entwicklungsstörungen im Schulalter und ihre Diagnostizierung durch Klassenleiter*, 1982 Fachabschluß auf dem Gebiet der Klinischen Psychologie, 1987 Berufung zur Professorin für Pädagogische Psychologie, 1993 Bestätigung als Universitätsprofessorin, seit 1990 Geschäftsführende Direktorin des Fachbereiches Psychologie der Universität Potsdam, verantwortlich für die

Lehrgebiete Entwicklungspsychologie und Fehlentwicklungen im Rahmen der Lehramtsstudiengänge.

Walter Kosack, Jg. 1951, Studium der Fächer Physik, Chemie, Biologie an der Pädagogischen Hochschule Schwäbisch Gmünd sowie Technik an der PH Karlsruhe, seit 1975 Realschullehrer, Lehrbeauftragter für das Fach Technik an der PH sowie dem Realschullehrerinstitut in Ludwigsburg.

Hubert Lohrenz, Jg. 1940, Diplom-Pädagoge, Lehramtsstudium für Grund- und Hauptschule an der Pädagogischen Hochschule in Braunschweig, GHS-Lehrer in Salzgitter, 1970 Wissenschaftlicher Assistent an der Pädagogischen Hochschule Hildesheim, seit 1978 Akademischer Rat an der Universität Hildesheim, Mitglied der GEW.

Manuela Petersen, Jg. 1969, 1985-89 Institut für Lehrerbildung Halle, seit 1989 Grundschullehrerin, seit 1990 Mitglied im VBE, seit 1992 Landesvorsitzende der ADJ in Mecklenburg-Vorpommern.

Dagmar Rickert, Jg. 1960, 1978-81 Studium für das Lehramt Primarstufe an der Universität Dortmund, seit 1985 Grundschullehrerin in Dortmund, seit 1991 Fachleiterin für Deutsch am Primarstufenseminar Bochum, seit 1989 Stadtsprecherin der ADJ in Dortmund.

Rita Schafferhans, Jg. 1946, 1966-69 Studium für das Lehramt an Volksschulen an der PH Ruhr, 1970-87 Grundschullehrerin, 1976-79 Fachleiterin für Sprache am Gesamtseminar Arnsberg, 1979-80 Fortbildungsfachleiterin für das Lehramt an Grund- und Hauptschulen in Arnsberg, 1981 Fachleiterin Deutsch am Studienseminar für die Primarstufe, Bochum; 1987 Fachleiterin Hauptseminar in Bochum, seit 1992 Stellvertretende Seminarleiterin am Studienseminar für das Lehramt für die Primarstufe in Dortmund, seit 1987 Mitglied im ÖPR beim Schulamt Ennepe-Ruhr-Kreis, Stellv. Vorsitzende des VBE-Kreisverbandes Ennepe-Ruhr, z. Zt. kommissarische Leiterin des Ausschusses Primarstufe des Landesverbandes Nordrhein-Westfalen.

Waldemar Staniczek, Jg. 1956, 1978-83 Studium der Fächer Deutsch, Geschichte an der Pädagogischen Hochschule Ludwigsburg für das Lehramt an Realschulen, 1984/85 Vorbereitungsdienst, seit 1985 Realschullehrer in Stuttgart, seit 1989 tätig in der Lehrerfortbildung, Fachberater für das Fach Deutsch.

Bernd Urlaub, Jg. 1941, Schulleiter einer großen Sonderschule für Lernbehinderte und Verhaltensgestörte/Erziehungsschwierige in Nürnberg, Mitglied des Landesvorstandes des Verbandes Deutscher Sonderschulen in Bayern, Schriftleiter der Fachzeitschrift *Behindertenpädagogik in Bayern*, Schriftleiter der *Nürnberger Lehrerzeitung*, im BLLV Referent für die "Schulen zur Erziehungsbeihilfe", Vorsitzender des Personalrats für Sonderschulen bei der Regierung von Mittelfranken, Lehrbeauftragter für Sonderpädagogik an der Erziehungswissenschaftlichen Fakultät der Universität Erlangen/Nürnberg, seit 20 Jahren Verfasser zahlreicher Fachartikel zu Fragen der Verhaltenstherapie.

Gitta Zöllmer, Jg. 1943, Studium zur Grund-/Hauptschullehrerin an der Pädagogischen Hochschule Osnabrück, Schulleiterin einer Haupt-/Realschule mit Orientierungsstufe, Mitglied der Rahmenrichtlinienkommisssionen für Englisch an Orientierungs- und Realschulen des niedersächsischen Kultusministeriums, seit 1989 stellvertretende Bundesvorsitzende des VBE und seit 1992 Landesvorsitzende des VBE in Niedersachsen.